한 권으로 읽는

고사성어

한권으로 읽는 고사성어

초판 1쇄 발행 2000년 9월 10일
 2판 1쇄 발행 2017년 12월 20일

엮은이 송영주
펴낸이 배태수 ___펴낸곳 신라출판사
등 록 1975년 5월 23일 제6-0216호
전 화 02)922-4735 ___팩 스 02)922-4736
주 소 서울 구로구 중앙로 3길12

ISBN 978-89-7244-142-7   03380

한 권으로 읽는

고사성어

송영주 엮음

신라출판사

우리나라는 아주 오랜 세월부터 한자를 사용해 왔으며, 미래를 향해 숨 가쁘게 달리고 있는 오늘 또한 실생활에서 한자를 많이 사용하고 있다. 한자 폐지 운동이 있었는가 하면, 얼마 못가 다시 한자 부활 운동이 일어나기도 했다. 그만큼 한자는 우리 실생활 깊은 곳에 뿌리를 내리고 있기 때문에 도외시할 수 없는 일이기 때문이다.

우리는 실생활 속에서 알게 모르게 고사성어와 숙어를 많이 사용하고 있다. 그러나 그 진의를 알고 적절한 곳에 사용하고 있는 경우는 극히 드물 것이다.

고사성어는 오랜 역사 속에서 체험한 삶의 지혜와 처세를 함축적인 의미로 응축시켜 놓은 것이다. 그렇기 때문에 하나하나의 고사성어에 담긴 유래와 의미를 제대로 파악하지 못하고 사용하여 실수를 범하는 경우가 종종 발생하게 된다.

그럼 고사성어란 무엇일까?

고사는 예부터 전해 내려오는 실재하는 일화를 지니고 있지만, 성어는 옛사람이나 현대인들이 만들어 널리 사용하고 있는 말이라 할 수 있다. 즉 옛날의 어떤 유래와 사건으로 만들어져 실생활 속에서 쓰여 지고 있는 말이다.

　현대를 살아가고 있는 우리는 고사성어와 숙어를 다소 어렵고 고리타분한 추물로 여겨 의식적으로 거부하고 멀리하는 경우가 있다. 그러나 고사성어에 담겨 있는 선현들의 삶의 지혜와 해학은 아무리 오랜 세월이 흘러도 그 빛이 바래지지는 않을 것이다.

　선현들의 삶의 지혜와 생활 속의 철학이 담겨있는 《한 권으로 읽는 고사성어》에서는 시험에 자주 출제되었던 고사성어는 한눈에 알아보기 쉽도록 *로 표시하여 각종 시험대비에 최상의 도움이 될 수 있도록 하였으며 복잡하고 빠르게 그리고 앞만 보며 치달리는 현대인들에게 답답한 생활 속으로부터 벗어나 작은 여유라도 누릴 수 있는 탈출구가 되기를 희망한다

엮은이

차례

가인박명 佳人薄命

佳 아름다울 가   人 사람 인   薄 적을 박   命 목숨 명

여인의 용모가 지나치게 빼어나고 재주가 많으면 운명이 기박하다는 뜻이다.

두 뺨은 우윳빛을 띠고, 머리털은 옻칠을 한 듯
눈빛은 발로 들어와 구슬처럼 빛나네.
본시 흰 비단 선녀의 옷을 지으니
붉은 연지는 타고 난 바탕을 더럽힐 수 없네.
오(吳)나라 말소리는 귀엽고 부드러워 앳되기만 한데
한없는 인간의 근심은 전혀 알 수가 없네.
예로부터 아름다운 여인의 운명은 기박하다 하지만
문을 닫은 채 봄이 다하면 버들 꽃도 지겠지.

이 시는 송(宋)나라의 문장가인 소식(蘇軾)의 칠언 율시에 나오는 한 대목이다.

작가 소식이 항주(杭州), 양주(楊州) 등의 지방 장관으로 있을 때였다. 우연히 어느 절에서 나이 삼십이 이미 넘었을 아름다운 여승을 보고 그녀의 아름다웠을 어린 시절을 그려보며, 예로부터 아름다운 여인들은 대개 운명이 기박하였음을 시로 읊은 것이다.

佳	人	薄	命	佳	人	薄	命				

가가대소 (呵呵大笑)

껄껄거리며 크게 웃음.

가급인족 (家給人足)

집집마다 생활이 넉넉하고 사람마다 의식에 부족함이 없이 세상이 융성함.

가기이기방 (可欺以其方)

그럴듯한 방법으로 남을 속일 수 있음.

가담항어 (街談巷語)

길거리나 항간에 떠도는 소문.

가동주졸 (街童走卒)

① 길거리에 노는 철없는 아이들. ② 떠돌아다니는 상식 없는 사람들.

---

* **가렴주구 (苛斂誅求)**

조세를 가혹하게 징수함.

가부득감부득 (加不得減不得)

더할 수도 없고 덜할 수도 없음.

가빈사양처 (家貧思良妻)

집안이 가난해지면 어진 아내를 생각한다는 뜻이니, 넉넉히 지낼때와는 달리 곤궁한 지경에 이르면 어진 관리자를 생각하게 된다는 말.

가빈친로 (家貧親老)

집이 가난하고 어버이가 늙었을 때는 그 봉양을 위해서 마땅찮은 벼슬자리라도 해야 한다는 말.

가언선행 (嘉言善行)

좋은 말과 착한 행실을 일컬음.

가유호세 (家諭戶說)

집집마다 깨우쳐 일러주어 알아듣게 함.

가정맹어호 苛政猛於虎

苛 가혹할 가 政 정사 정 猛 사나울 맹 於 어조사 어 虎 호랑이 호

포악하고 무분별한 정치 제도는 백수의 왕인 호랑이보다도 더 무섭다는 뜻이다.

어느 날 공자(孔子)가 제자들과 함께 태산을 지나가고 있을 때였다.

어디선가 여자의 울음소리가 들려와 발걸음을 소리가 나는 곳으로 옮기니 한 부인이 세 개의 무덤 앞에서 울고 있었다. 그런데 그 울음소리에는 이루 표현할 수 없을 정도의 애절함이 담겨 있었다.

공자는 걸음을 멈추고 제자인 자로(子路)에게 연유를 물어보라고 일렀다.

"부인, 무슨 일로 그리 구슬피 우십니까?"

"이곳은 참으로 무서운 곳입니다. 몇 년 전에 시아버님이 호랑이에게 물려 돌아가셨습니다. 그런데 얼마 안 되어 남편도 당했습니다. 그런데 이번에는 아들 놈까지 잡아먹혔답니다."

"정말 애통한 일이군요. 그런데 그토록 무서운 곳이라면서 왜 이곳을 떠나지 않는 겁니까?"

부인이 눈물을 훔치며 말했다.

"이곳이 위험한 건 사실이지만 세금을 혹독하게 징수하거나 부역을 강요당할 걱정은 없으니 계속 이곳에 머무르는 것이지요."

자로에게서 이 말을 전해 들은 공자는 동행하는 제자들에게 말했다.

"잘 새겨들어라. 가혹한 정치는 호랑이보다 더 무서운 법이다."

苛	政	猛	於	虎	苛	政	猛	於	虎		

가추불외양 (家醜不外揚)
집안의 부끄러운 일은 밖에 드러내어 말하지 않음.

가화만사성 (家和萬事成)
집안이 화목하면 모든 일이 다 잘 이루어진다는 뜻.

---

* **각골난망 (刻骨難忘)**
은혜에 대한 고마운 마음이 뼈에 새겨져 잊혀지지 않음.

각골통한 (刻骨痛恨)
뼈에 사무치게 마음 속 깊이 맺힌 원수.

각로청수 (刻露淸秀)
가을의 맑고 아름다운 경치를 말함.

각심소원 (各心所願)
사람마다 원하는 바가 같지 아니함.

각자무치 (角者無齒)
뿔이 있는 짐승은 이가 없다는 뜻으로, 한 사람이 모든 재주나 복을 겸할 수 없음을 이름.

각축 (角逐)
서로 이기려고 다투며 덤벼듦. 승리를 위하여 경쟁함.

간과 (干戈)
방패와 창이라는 뜻으로 전쟁을 일컬음.

---

* **간난신고 (艱難辛苦)**
갖은 고초를 겪어 몹시 힘들고 괴로움.

간뇌도지 (肝腦塗地)
몸의 간과 머리의 뇌가 흙에 범벅이 되었다는 뜻으로, 참살을 당하였다는 말.

간담초월 (肝膽楚越)
착안 여하에 따라 간담처럼 가까운 사이에도 서로 멀리 떨어져 관계가 없는 사이를 이룸을 일컫는 말.

각자위정 各自爲政

各 각각 각   自 스스로 자   爲 할 위   政 정치 정

사람마다 제각기 마음을 따로 품어 전체와의 조화나 타인과의 협력을
고려하지 않는 것을 뜻한다.

춘추 시대 때의 일이다. 송나라는 진나라와 서로 동맹을 맺어 초나라
와 사이가 악화되었다. 초나라 장왕(莊王)은 자국의 실력을 과시하기 위
해 동맹국인 정나라에게 송나라를 치라고 명하였다.

싸움이 있기 전날 밤, 송나라의 대장 화원(華元)은 병사들의 사기를 북
돋우기 위해 특별히 양고기를 지급하였다. 병사들은 크게 기뻐하며 양
고기를 먹었지만, 화원의 마차를 모는 양짐(羊斟)만은 양고기를 먹지 못
했다. 한 병사가 그것이 의아해하며 묻자, 그는 대답했다.

"마부는 이 전쟁과 아무런 연관이 없지 않은가?"

이튿날 양군의 접전이 시작되었고, 화원은 양짐이 모는 마차에서 직
접 지휘를 했다. 쉽게 승패가 나지 않자, 화원이 양짐에게 명하였다.

"마차를 적의 병력이 허술한 곳으로 돌려라."

그런데 양짐은 정나라 군사가 밀집해 있는 곳으로 마차를 모는 것이
아닌가. 이에 당황한 화원이 소리를 버럭 질렀다.

"도대체 지금 어디로 가고 있는지 알고 있는 건가?"

"어제의 양고기가 당신 뜻이라면, 오늘의 이 일은 나의 뜻이오."

양짐은 이렇게 말하며 정나라 군사가 모여 있는 곳으로 마차를 몰아
화원은 정나라 군사의 손에 잡히고 말았다.

各	自	爲	政	各	自	爲	政				

간목수생 (乾木水生)

바싹 마른 나무에서 물을 짜내듯이, 아무것도 없는 사람에게 내놓으라고 요구함.

간불용발 (間不容髮)

머리털 하나 들어갈 틈이 없을 정도로 사태가 대단히 위급해 조그마한 여유도 없음을 비유하는 말.

간성지재 (干城之材)

뛰어난 무예(武藝). 또는 나라를 지키는 믿음직한 인재를 말함.

간세지재 (間世之材)

여러 세대만에 나는 드문 인재.

간어제초 (間於齊楚)

강한 자들의 틈에 끼여 괴로움을 받는 것을 가리키는 말.

간운폐일 (干雲蔽日)

구름을 찌르고 해를 덮는다는 뜻으로, 큰 나무를 비유하여 이르는 말.

갈불음도천수 (渴不飮盜泉水)

목이 말라도 '도천(盜泉)'이란 나쁜 이름의 샘물은 마시지 말라는 뜻으로, 어떠한 곤경을 당할지라도 의롭지 않은 일은 하지 말라고 이르는 말.

갈이천정 (渴而穿井)

목이 말라야 스스로 우물을 판다는 뜻으로, 일을 미리 준비하여 두지 않고 급히 하면 이미 때가 늦어 일이 되지 않는다는 뜻.

----

* 감언이설 (甘言利說)

남의 비위에 맞게 꾸미거나 이로운 조건을 내세워 그럴 듯하게 꾀는 말.

감언지지 (敢言之地)

거리낌 없이 말할 만한 자리.

*각주구검 刻舟求劍

刻 새길 **각**　舟 배 **주**　求 찾을 **구**　劍 칼 **검**

칼을 강물 한복판에 떨어뜨리자 뱃전에 표시를 해두었다가 나중에 배가 움직인 것은
생각지도 않고 표시해 두었던 곳에서 칼을 찾는다는 뜻으로,
사람이 미련해서 융통성이 없음을 비유한 말이다.

　전국 시대 초(楚)나라 때 어떤 사람이 칼 한 자루를 가슴에 품고 양자
강을 건너고 있었다. 그런데 배가 강 한가운데를 지나고 있을 무렵 그만
귀중히 여기던 칼을 물에 빠뜨리고 말았다.

　그는 몹시 당황하여 칼을 건지려고 물 속에 손을 집어 넣어보았으나,
칼은 이미 물 속 깊이 가라앉은 후였다. 그는 재빨리 허리춤에서 단검을
꺼내 칼을 떨어뜨린 지점을 뱃전에 표시해 두었다. 그리고는 안도의 숨
을 내쉬며 말했다.

　"칼이 떨어진 곳을 표시해 두었으니 이제 한시름 놓았다. 배가 멈추
면 찾아보아야지."

　잠시 후 강을 다 건너와 배가 나루터에 닿았다. 그는 곧 배에서 내려
와 뱃전에 표시해 놓은 칼집을 보고 물 속으로 뛰어들었다. 그러나 강
한가운데서 잃어버린 칼이 그 밑에 있을 리가 없었다. 사람들은 그를 조
롱하며 비웃었으나 그는 오래도록 강바닥을 뒤지고 있었다.

刻	舟	求	劍	刻	舟	求	劍		

감지공친 (甘旨供親)
맛 좋은 음식으로 부모를 대접함.

감지덕지 (感之德之)
분수에 넘치는 듯싶어 몹시 고맙게 여김.

＊ **감탄고토 (甘呑苦吐)**
달면 삼키고 쓰면 뱉는다는 뜻으로, 신의 없이 사리를 꾀함.

갑론을박 (甲論乙駁)
자기 주장만 내세우고 남의 주장은 반박함.

＊ **강구연월 (康衢煙月)**
태평한 시대의 평화로운 풍경.

강장하무약병 (強將下無弱兵)
강한 대장 밑에는 약한 병졸이 없다는 말.

강호지락 (江湖之樂)
자연을 벗 삼아 누리는 즐거움.

개문납적 (開門納賊)
문을 열고 도둑을 불러들인다는 뜻으로, 스스로 재화를 이끌어 들임을 이름.

객반위주 (客反爲主)
주객이 전도된 경우를 이름.

객창한등 (客窓寒燈)
객창에 쓸쓸히 비치는 등불로 외로운 나그네 신세를 일컬음.

＊ **거두절미 (去頭截尾)**
어떤 사실의 앞뒤 사설은 떼어 버리고 요점만 말함.

거일반삼 (擧一反三)
한 일을 미루어 모든 일을 헤아림.

거자불추 내자불거 (去者不追來者不拒)
가는 사람 붙잡지 않고, 오는 사람 막지 않는다는 뜻.

[*]간담상조 肝膽相照

肝 간 **간**   膽 쓸개 **담**   相 서로 **상**   照 비칠 **조**

서로의 간과 쓸개를 꺼내 보인다는 뜻으로, 서로의 마음을 터놓고
격의 없이 지내는 사이를 일컫는 말이다.

당송팔대가(唐宋八大家) 중의 한 사람인 한유(韓愈)는 유종원(柳宗元)과
절친한 사이로, 고문(古文) 부흥 운동을 제창하기도 했다.

유종원이 유주(柳州) 자사(刺史)로 임명되었을 때 친구 유몽득(劉夢得)
또한 파주(播州) 자사로 임명되었다. 그 소식을 들은 유종원은 유몽득을
찾아가 이렇게 말했다.

"파주는 변방이어서 자네 살 곳이 못되네. 더구나 노모를 모시고 부
임할 수도 없을 테고 또 그 사실을 어떻게 어머니께 말할 수 있겠나. 자
네 대신 내가 파주로 가는 것이 좋을 듯하네."

한유는 이와 같은 친구의 우정에 감동되어 훗날 유종원이 죽자 그의
묘지명에 다음과 같은 글을 남겼다.

"곤경에 처했을 때 참다운 우정과 의리를 알 수 있다. 평소에는 희로
애락을 함께하며 또 농담이나 우스갯소리를 하기도 하고 떨어져 지내는
시간이 많으면 그리워하고, 간과 쓸개를 꺼내 보이고, 해를 가리켜 눈물
을 흘리며 서로 배신하지 말자고 맹세를 하기도 한다. 그러나 일단 털끝
만큼이라도 이해관계가 생기면 언제 보았느냐는 듯이 모른 척한다. 더
욱이 그 상대가 함정에 빠지면 손을 내밀어 구해 주기는커녕 오히려 더
깊이 밀어 떨어뜨리고 돌까지 던지는 자들이 세상 곳곳에 널려 있다."

肝	膽	相	照	肝	膽	相	照		

거자일소 (去者日疎)
멀리 떠난 사람이나 죽은 사람에 대한 생각은 날이 갈수록 점점 잊혀진다는 뜻.

거재두량 (車載斗量)
수레에 싣고 말에 실을 만큼 매우 많음.

건목수생 (乾木水生)
마른 나무에서 물이 난다는 뜻으로, 없는 것을 무리하게 강요함을 비유. 이치에 맞지 않음을 비유.

걸해 (乞骸)
늙은 재상이 나이가 많아 관청에 출근하지 못하게 될 때 임금에게 그만두기를 청함.

격세지감 (隔世之感)
너무 많이 변해서 마치 다른 세상이 된 듯한 느낌.

* 격화소양 (隔靴搔痒)
신을 신고 가려운 데를 긁는다는 뜻으로, 아무리 해도 일의 효과를 얻지 못한다는 뜻.

* 견리사의 (見利思義)
눈앞에 이익이 보일 때 의리를 생각함.

* 견마지로 (犬馬之勞)
개나 말의 노력이라는 뜻으로, 자기의 노력이나 공로를 낮추어서 하는 말.

견마지양 (犬馬之養)
부모를 소홀히 대접하고 공경치 않음을 두고 하는 말.

* 견물생심 (見物生心)
막상 실제로 물건을 보면 욕심이 생김.

견여금석 (堅如金石)
서로 맺은 언약이나 맹세가 금석처럼 굳음.

*개과천선 改過遷善

改 고칠 **개**　過 허물 **과**　遷 옮길 **천**　善 착할 **선**

지난날의 잘못이나 허물을 고치고 착하게 변화되는 것을 뜻한다.

진(晉)나라 혜제 때, 양흠에 주처(周處)라는 사람이 살았다.

그는 어린 나이에 아버지를 여의고 방탕한 생활을 하며 걸핏하면 사람들을 괴롭히고 다녀 마을 사람들로부터 미움을 받게 되었다.

세월이 흘러 자신의 잘못을 깨달은 주처는 새로운 사람이 되겠다고 마음을 다지고, 어느 날 마을 사람들에게 물었다.

"지금 세상은 평화롭고 아무 걱정 없이 잘 사는데 왜 여러분은 나만 보면 얼굴을 붉힙니까?"

"지금 우리는 세 가지 해로운 것을 제거하지 못했는데 어찌 태평을 기대하겠나? 그 세 가지란 남산에 있는 사나운 호랑이와 장교(長橋) 아래에 있는 교룡(蛟龍), 그리고 바로 자네일세."

이 말에 충격을 받은 주처는 마을 사람들이 말한 세 가지 해로운 것들을 제거하기로 마음먹었다. 그는 곧바로 남산에 올라가 호랑이를 잡아죽이고, 장교 아래 물로 뛰어들어 교룡과 싸움을 벌이고 마을로 돌아왔으나 이번에도 마을 사람들은 그를 반갑게 여기지 않았다.

주처는 마음의 각오를 더욱 더 굳게 다지며 동오로 갔다.

주처는 그곳에서 뜻을 세워 10여 년 동안 학문을 닦고 덕을 쌓아 마침내 대학자로 성장하였다.

改	過	遷	善	改	過	遷	善				

견위수명 (見危授命)

나라가 위급할 때 목숨을 아끼지 않고 나라를 위해 싸우는 것을 뜻함.

---

* **견인불발 (堅忍不拔)**

군게 참고 견뎌 마음을 빼앗기지 않음.

견토방구 (見兎放狗)

토끼를 발견한 후에 사냥개를 풀어놓아서 잡게 하여도 늦지 않음. 일이 일어남을 기다린 후에 응하여도 좋다는 뜻.

---

* **결자해지 (結者解之)**

맺은 자가 풀어야 한다는 뜻으로, 자기가 저지른 일은 자기가 해결해야 한다는 말.

겸인지용 (兼人之勇)

혼자서 능히 몇 사람을 당해 낼만한 용기.

---

* **경거망동 (輕擧妄動)**

경솔하고 망령되게 행동함.

---

* **경국지재 (經國之才)**

나라 일을 경륜할 만한 재주, 또는 그런 재주를 가진 사람.

경륜지사 (經綸之士)

정치적이거나 조직적인 일에 수완이 좋은 유능한 사람.

---

* **경세제민 (經世濟民)**

세상을 다스리고 백성을 구제함.

경이원지 (敬而遠之)

겉으로는 공경하는 체하지만 속으로는 멀리함. 공경하기는 하되 가까이 지내지는 않음.

경천동지 (驚天動地)

하늘이 놀라고 땅이 흔들릴 정도로 세상이 몹시 놀라거나 기적같은 것이 일어남을 이르는 말.

거안제미 擧案齊眉

擧 들 거   案 책상 안   齊 엄숙할 제   眉 눈썹 미

밥상을 눈썹과 가지런하도록 공손히 들어 남편 앞에 가지고 간다는 뜻으로,
아내가 남편을 극진히 공경하여 받드는 것을 비유한 말이다.

중국 평릉현에 가난하지만 절개가 곧은 양홍(梁鴻)이라는 학자가 있었
다. 같은 현에 뚱뚱하고 못생긴 처녀가 살고 있었는데, 어려서부터 양홍
을 흠모해 서른이 넘도록 혼인을 하지 않고 지냈다.

'양홍 같은 훌륭한 분이 아니면 시집을 가지 않겠다'는 말을 전해 들
은 양홍은 그녀에게 청혼을 했다. 그런데 혼인을 한 지 일주일이 지나도
잠자리를 함께 하지 않자 속이 상한 색시가 그 이유를 물었다.

"내가 원했던 아내는 비단옷을 입고 화려한 화장을 한 여자가 아니
라, 누더기를 입고 산으로 들어가서도 살 수 있는 여자였소."

양홍의 처는 남편의 말에 부끄러워 머리를 숙이며 남편의 뜻을 따르
기로 했다. 그들은 살림살이를 모두 정리하고 패릉의 산 속으로 들어가
농사를 지으며 가난하게 살았다.

그러던 어느 날, 왕실을 비방하는 시를 지은 탓에 장제(章帝)에게 쫓기
는 몸이 되었다. 양홍은 성과 이름을 바꾸고 오(吳)나라로 건너가 고백
통(皐白通)의 집에서 품팔이를 하며 지냈다.

양홍의 처는 남편이 일을 마치고 돌아오면 눈을 아래로 깔고 밥상을
눈썹 위까지 들어올려 남편에게 공손히 바쳤다. 이것을 눈여겨 본 고백
통은 양홍이 뜻을 펼칠 수 있도록 후원을 해 주었다. 그렇게 하여 양홍
은 수십 편의 책을 저술할 수 있었다.

擧	案	齊	眉	擧	案	齊	眉				

경화수월 (鏡花水月)

거울에 비친 꽃과 물 위에 비친 달로서, 말로 표현할 수 없는 묘취(妙趣)를 비유.

경황망조 (驚惶罔措)

놀라고 두려워 어리둥절하며 어찌할 바를 모름.

계고지력 (稽古之力)

학문이 넓고 지식이 많음.

---

* ### 계란유골 (鷄卵有骨)

계란에 뼈가 있다는 말로, 공교롭게 일이 방해됨.

계륵 (鷄肋)

① 닭의 갈비뼈로, 그다지 가치는 없으나 버리기 아까운 사물을 일컫는 말. ② 몸이 몹시 연약함.

계명지조 (鷄鳴之助)

어진 아내의 내조를 이르는 말. 옛 임금의 어진 비(妃)는 새벽이면 반드시 왕께 말하여 닭이 울었으니 아침임을 권하여 밝은 정사를 하게 도왔다 함.

고굉지신 (股肱之臣)

임금이 자신의 팔다리처럼 가장 아끼고 신임하는 신하.

고군약졸 (孤軍弱卒)

고립되고 힘없는 군사. 아무도 돌보아 줄 사람 없는 외롭고 힘없는 사람을 이름.

고독지옥 (孤獨地獄)

너무도 외로워서 지옥과 같이 고독한 심경.

고량자제 (膏粱子弟)

고량진미(膏粱珍味), 즉 기름진 고기와 좋은 곡식으로 만든 음식을 먹은 자제라 함이니, 부귀한 집에서 자라 고생을 모르는 사람을 이르는 말.

*건곤일척 乾坤一擲

乾 하늘 건　坤 땅 곤　一 한 일　擲 던질 척

하늘과 땅을 한 번에 내던진다는 뜻으로, 운명과 흥망을 걸고
단판걸이로 승부나 성패를 겨루는 것을 말한다.

　　한(漢)나라 유방(劉邦)과 초(楚)나라 항우(項羽)는 동맹하여 진(秦)나라를
무너뜨렸지만 천하의 패권을 독차지하기 위해 겨루게 되었다. 그러나
승부가 가려지지 않자 결국 천하를 둘로 나누기로 휴전 합의를 하였다.

　　유방은 홍구(鴻溝)에서 서쪽을, 항우는 동쪽을 차지하기로 하였다. 휴
전 합의가 끝나자 항우는 군사를 이끌고 귀국했는데 유방의 참모인 장
량(張良)과 진평(陳平)이 유방에게 말했다.

　　"지금 초나라 군대는 지쳐 있고 군량미도 떨어졌습니다. 지금이야말
로 초나라를 멸하고 천하를 손에 넣을 절호의 기회입니다. 말머리를 돌
려 즉시 항우를 치십시오." 그렇지 않으면 호랑이를 길러 후환을 남기
는 격이 될 것이라는 참모들의 간언에 유방은 항우의 뒤를 추격하여 마
침내 천하의 패권을 잡았고, 오강(烏江)으로 도주한 항우는 그곳에서 자
결했다.

　　한유는 유방과 항우의 싸움이야말로 천하를 걸고 싸운 모험으로 여
기고 그 감회를 <과홍구(過鴻溝)>라는 칠언 절구에 담았다.

　　　용은 지치고 범은 곤하여 천하를 나누니
　　　만천하 백성들은 목숨을 보존하게 되었구나.
　　　누가 군왕에게 말머리를 돌리도록 권하여
　　　진정 천하를 건 성패를 겨루게 하였던가.

乾	坤	一	擲	乾	坤	一	擲				

고분지통 (鼓盆之痛)

아내가 죽은 설움.

＊ **고식지계 (姑息之計)**

당장의 편안함만을 꾀하는 일시적인 변통.

고운야학 (孤雲野鶴)

외로운 구름이요 들의 학으로, 속세를 떠나 숨어 사는 은사(隱士)를 가리키는 말.

＊ **고육지계 (苦肉之計)**

적을 속이기 위해 자신의 몸의 희생을 무릅쓰고 꾸미는 계책.

고자과학 (孤雌寡鶴)

짝을 잃은 새. 곧 남편이나 아내를 잃은 사람의 비유.

＊ **고장난명 (孤掌難鳴)**

손바닥 하나로는 소리를 내지 못한다는 말로, 혼자서는 일하기 어려움을 나타냄. 또는 서로 같으니까 싸움이 된다는 뜻.

고제왕이지래 (告諸往而知來)

① 지나간 일을 이야기함으로써 앞으로 다가올 일을 알아차린다는 뜻.
② 하나를 말하면 둘을 안다는 뜻.

고주일배 (苦酒一杯)

① 한 잔의 쓴 술. ② 대접하는 술이 변변치 못하다 하여 겸손하게 이르는 말.

고중작락 (苦中作樂)

괴로움 속에도 즐거움이 있다는 뜻.

＊ **고진감래 (苦盡甘來)**

쓴 것이 다하면 단 것이 온다는 말로써, 고생 끝에 즐거움이 옴.

고혈단신 (孤孑單身)

혈육이 없는 외로운 홀몸.

*견토지쟁 犬兎之爭

犬 개 견   兎 토끼 토   之 갈 지   爭 다툴 쟁

개와 토끼의 다툼이라는 말로, 양자의 싸움에 제삼자가 이익을 보는 것을 비유한 말이다.

　전국 시대 제(齊)나라에 순우곤(淳于髡)이라는 해학과 말솜씨가 뛰어난 세객(說客)이 있었다. 그는 제나라 왕이 위(魏)나라를 치려고 하자 이렇게 진언했다.

　"옛날에 발이 빠른 한자로(韓子盧)라는 명견이 역시 몸놀림이 재빠른 동곽준(東郭逡)이라는 토끼를 뒤쫓았습니다. 둘은 수십 리나 되는 산기슭을 세 바퀴나 돌고, 또 높디높은 산을 다섯 번이나 오르락내리락 하는 바람에 지쳐 그만 둘 다 쓰러져 죽고 말았습니다. 마침 그곳을 지나가던 농부가 운 좋게 손가락 하나 까딱하지 않고 두 마리 짐승을 손에 넣었습니다. 지금 위나라와 제나라는 오랫동안 싸움을 하느라 백성이나 군사들 모두 지쳐 곧 쓰러질 지경에 이르렀습니다.

　이러한 상황을 간파한 진(秦)나라나 초(楚)나라가 농부처럼 힘 하나 들이지 않고 위나라와 제나라를 손에 넣지 않을까 그것이 걱정이옵니다."

　순우곤의 말을 들은 왕은 위나라를 칠 계획을 포기하고 오로지 부국강병을 위해 노력을 아끼지 않았다.

犬 兎 之 爭 犬 兎 之 爭

곡굉이침지 (曲肱而枕之)
팔을 굽혀 베개 삼아 벤다는 말이니, 청빈을 즐긴다는 말.

곡부득이소 (哭不得已笑)
울어야 할 것을 마지못해 웃는다는 뜻으로, 어쩔 수 없이 그 일을 하게 된 때를 이름.

곡불욕이백 (鵠不浴而白)
따오기는 목욕을 하지 않아도 희다 함이니, 천성이 아름다운 사람은 배우지 않고도 착하고 훌륭하다는 뜻.

곡지통 (哭之痛)
매우 구슬프게 욺. 목을 놓아 슬프게 욺.

곤궁이통 (困窮而通)
궁하면 통한다는 뜻.

곤수유투 (困獸猶鬪)
쫓긴 짐승이 사람을 향해 덤벼듦.

곤이득지 (困而得之)
학문 등을 고생 끝에 성취함.

곤이지지 (困而知之)
지식 등을 고생하며 공부한 끝에 얻음.

곤재핵심 (困在核心)
어찌할 도리가 없이 처지가 매우 곤란함.

---

* **골육상잔 (骨肉相殘)**
친족간에 서로 해치고 죽이고 함.

골육지친 (骨肉之親)
① 뼈와 살이 서로 떨어질 수 없는 것과 같은 깊은 관계로, 부모와 자식·형제 등 가까운 혈족을 말함. ② 혈통이 같은 것.

공과상반 (功過相半)
공로와 허물이 서로 반반임.

결초보은 結草報恩

結 맺을 **결**   草 풀 **초**   報 갚을 **보**   恩 은혜 **은**

풀을 엮어서 은혜를 갚는다는 뜻으로, 죽어 혼령이 되어도
은혜를 잊지 않고 꼭 갚는 것을 말한다.

진(晉)나라에 위무자(魏武子)라는 사람이 살고 있었는데, 그에게는 사랑하는 첩이 있었다. 평소에 그는 자기가 먼저 죽거든 그 여인을 개가시킬 것을 아들 위과(魏顆)에게 당부했다.

그런데 막상 병이 들어 소생할 가능성이 없게 되자, 생각이 달라져 그 여인과 함께 묻어 달라고 하였다.

아버지가 돌아가시자 위과는 아버지의 정신이 맑았을 때의 유언에 따라 그 여인을 다른 곳으로 시집 보냈다.

그후 진(秦)나라의 환공(桓公)이 진나라에 쳐들어와 전쟁이 일어났다. 위과도 장군이 되어 출전했다.

싸움이 한창일 때 적의 두회(杜回)라는 힘센 용사가 공격해 오는 것을 누군가 풀을 엮어 막아내고 있었다. 그 바람에 적군의 말이 매듭에 걸려 쓰러져 위과는 두회를 사로잡을 수 있었다.

그날 밤 위과의 꿈 속에 한 백발 노인이 나타났는데, 바로 풀을 엮던 그 사람이었다.

"나는 그대가 시집 보내 준 여자의 아비되는 사람이오. 그대가 선친의 유언대로 무덤 속에 그 아이를 함께 묻지 않고 살려 준 것이 너무 고마워 그 보답으로 내가 풀들을 엮어 자네에게 은혜를 갚은 것이라네."

結	草	報	恩	結	草	報	恩			

공불승사 (公不勝私)
공(公)은 사(私)를 이기지 못함이니, 공사에도 사정(私情)이 끼게 된다는 말.

공사 (貢士)
재덕과 학식이 높은 지방의 선비를 임금에게 천거해 올림.

공사양편 (公私兩便)
공사(公事)로든지 사사(私事)로든지 다 잘되었다는 뜻.

공산명월 (空山明月)
빈 산에 외로이 비치는 밝은 달로, 대머리를 놀리는 말.

공석불난 (孔席不暖)
한 군데 오래 머무르지 않고 왔다갔다함을 이름.

공수래공수거 (空手來空手去)
빈손으로 왔다 빈손으로 간다는 뜻으로, 사람이 세상에 태어났다가 허무하게 죽는다는 말.

공언무시 (空言無施)
빈말만 하고 실천이 없음.

공염불 (空念佛)
① 신심(信心)없이 입 끝으로만 외는 헛된 염불. ② 아무리 타일러도 허사가 되는 말.

공옥이석 (攻玉以石)
옥을 가는데 돌로써 함은 천한 물건으로 귀한 물건을 수리한다는 뜻.

공왈성인 (孔曰成仁)
공(孔)은 공자, 성인은 살신이성인(殺身以成仁)의 약칭으로써, 즉 생명을 바쳐 심덕(心德)을 온전하게 이룸.

공재공망 (公才公望)
정승이 될 만한 재덕과 인망이 있음을 이름.

*경국지색 傾國之色

傾 기울어질 **경**   國 나라 **국**   之 갈 **지**   色 빛 **색**

임금이 혹하여 나라가 뒤집혀도 모를 만큼 뛰어난 미인이란 뜻으로,
나라 안의 으뜸가는 미인을 가리키는 말이다.

한(漢)나라 유방과 초(楚)나라 항우가 서로 패권을 놓고 다툴 때, 유방
의 부모 처자가 항우에게 사로잡힌 적이 있었다.

그때 언변이 뛰어난 후공(候公)이 항우를 설득하여 인질들을 풀어 주
었는데, 이를 보고 유방이 '후공은 천하의 변사로다. 그가 있는 곳은 나
라를 기울게 한다' 라고 감탄한데서 경국은 나라를 위태롭게 한다는 뜻
으로 사용됐다.

그후 이연년(李延年)이란 가수가 무제를 위해 노래를 지어 바치면서
자기 누이를 '경국지색(傾國之色)' 이라 묘사했다.

북방에 가인 있어
절세로 단 한사람뿐
일고하면 성을 기울게 하고
재고하면 나라를 기울게 했다.
어찌 경성 경국을 모르리요마는
가인은 두 번 다시 얻기 어려우리.

무제는 곧 이연년의 누이동생을 불러들였는데 바로 그녀가 이부인(李夫
人)이었는데 천하일색에다가 춤까지 잘 추어 무제의 마음을 사로잡고 말
았다. 그때부터 경국지색은 절세의 미인을 가리키는 말로 쓰이게 됐다.

傾	國	之	色	傾	國	之	色		

공전도지 (公傳道之)
비밀로 하여야 할 일을 공개하여 퍼뜨림.

공전절후 (空前絕後)
비교할 만한 것이 이전에도 없고 이후에도 없음을 이르는 말.

공평무사 (公平無私)
조금도 사사로운 마음이 없음.

공행공반 (空行空返)
행하는 것이 없으면 제게 돌아오는 소득도 없다는 말.

과공비례 (過恭非禮)
지나친 공손은 오히려 예에서 벗어난다는 말.

과두시사 (蝌蚪時事)
올챙이 적의 일이라는 뜻으로, 발전된 현재에 비해 뒤떨어진 과거의 일
이라는 뜻.

과목불망 (過目不忘)
한번 본 것은 결코 잊어버리지 않음.

과목성송 (過目成誦)
어떤 책이든 한 번 읽으면 곧 왼다는 뜻으로, 기억력이 썩 좋음.

과문불입 (過門不入)
아는 사람의 문 앞을 지나면서도 들어가지 않음.

과분지망 (過分之望)
분수에 넘치는 욕망.

* **과유불급 (過猶不及)**
정도를 지나침은 미치지 못한 것과 같음.

과인 (寡人)
덕이 없는 사람이란 뜻으로, 임금이 자기를 낮추어 하는 말.

과인지력 (過人之力)
보통 사람보다 훨씬 센 힘.

계구우후 鷄口牛後

鷄 닭 계   口 입 구   牛 소 우   後 뒤 후

닭의 부리는 될지언정 소의 꼬리는 되지 말라는 뜻으로,
큰 단체의 꼴찌가 되어 뒤쫓는 것보다는 작은 단체의 우두머리가 되라는 말이다.

전국 시대 중엽, 진(晉)나라가 천하 통일의 패권을 잡고 주변 국가를 노리고 있을 때였다.

낙양(洛陽)에 살고 있는 소진(蘇秦)이란 종횡가(縱橫家)가 한(韓)나라 선혜왕(宣惠王)을 알현하며 이렇게 말했다.

"한나라는 지세가 견고하고 군사력도 강한 것으로 알려져 있습니다. 그런데 싸우지도 않고 진나라를 섬긴다면 천하의 웃음거리가 될 것이 뻔합니다. 더욱이 진나라는 한치의 땅도 남겨 놓지 않고 계속 내놓으라고 요구할 것입니다. 그러니 이 기회에 여섯 나라가 힘을 합쳐 남북으로 손을 잡는 합종책(合縱策)으로 진나라의 동진 정책을 막고 국토를 보존하십시오. '차라리 닭의 부리가 될지언정 소의 꼬리는 되지 말라'는 옛 말도 있지 않습니까?"

선혜왕은 소진의 합종설에 전적으로 동의하였다. 소진은 나머지 다섯 나라도 돌아다니며 각국의 왕들을 설득하여 합종책은 성공을 하게 되었다.

그후 소진은 여섯 나라의 재상을 겸임하는 대 정치가가 되었다.

鷄	口	牛	後	鷄	口	牛	後		

과전불납리 (瓜田不納履)
오이 밭에서 신을 고쳐 신지 말라는 뜻으로, 오해받기 쉬운 일은 하지
말라는 뜻.

관감흥기 (觀感興起)
눈으로 보고 감동하며 귀로 듣고 분기(奮起)함.

관동지별 (冠童之別)
어른과 아이의 구별.

관불이신 (官不移身)
오랫동안 벼슬살이를 함.

관왕이지래 (觀往以知來)
과거의 일을 살피어 미래를 미루어 짐작한다는 말.

관인대도 (寬仁大度)
너그럽고 어질며 도량이 넓음을 이름.

관자여도 (觀者如堵)
구경하는 사람이 많아 마치 담장처럼 쭉 줄지어 늘어서 있음.

관중규표 (管中窺豹)
보는 시야가 좁고 작음.

관홍뇌락 (寬弘磊落)
마음이 너그럽고 크며 선선하여 사소한 일에 거리끼지 아니함.

광담패설 (狂談悖說)
이치에 맞지 않고 허황되며 도의에 어긋나는 말.

광대무편 (廣大無遍)
넓고 커서 끝이 없음.

광세지도 (曠世之度)
세상에 아무도 없는 것처럼 멸시하는 도량(度量).

광세지재 (曠世之才)
세상에서 보기 드물게 비범한 재주, 또는 그런 재주를 가진 사람.

고복격양 鼓腹擊壤

鼓 북칠 고 腹 배 복 擊 칠 격 壤 부드러운 흙 양

배를 두드리고 땅을 치면서 흥겨워한다는 뜻으로, 태평 성대를 가리키는 말이다.

천하의 성군으로 칭송받는 요(堯)임금이 즉위한 지 어언 50년이 지났다. 요임금은 자신이 나라를 잘 다스리고 있는지 확신이 서지 않아 민심을 살펴보기 위해 평범한 옷차림을 하고 거리로 나섰다. 요임금이 어느 네거리를 지날 때 한 무리의 어린아이들이 서로의 손을 잡고 놀면서 임금을 찬양하는 노래를 부르고 있었다.

"우리가 이렇게 편안히 살 수 있음은 우리 임금님 덕분일세. 우리는 아무것도 모르지만 그저 임금님이 다스리는 대로 살아가네."

아이들의 노랫소리에 요임금은 흐뭇한 마음으로 걸음을 옮겼다. 조금 더 걸어가다 이상한 광경을 목격하게 되었다. 한 백발 노인이 무언가를 우물거리면서 손으로 배를 두드리고 발로 땅을 치면서 흥겹게 노래를 부르고 있는 것이었다.

"해가 뜨면 일하고 해가 지면 집으로 돌아가네.
밭을 갈아서 먹고 사니 임금의 덕 따위가 나와 무슨 상관인가."

이 노래를 듣고 나서야 요임금은 비로소 가슴이 탁 트이는 듯했다.

백성들이 배를 두드리고 땅을 치면서 흥겨워하고, 정치의 힘 따위를 의식하지 않고 즐겁게 살아가고 있으니 걱정할 것이 없다고 요임금은 생각했다.

이것이 바로 요임금이 펴고자 했던 이상적인 통치인 것이다.

鼓	腹	擊	壤	鼓	腹	擊	壤		

광언망설 (狂言妄說)
이치에 맞지 않는 엉뚱하고 허망한 말.

광음사서수 (光陰似逝水)
흘러가는 물과 같이 빠른 세월.

광음여류 (光陰如流)
세월이 가는 것이 물의 흐름처럼 빠름.

광일지구 (曠日持久)
헛되이 세월만 보냄.

광풍제월 (光風霽月)
비가 갠 뒤의 바람과 달이란 뜻으로, 마음결이 명쾌하고 집착이 없으며 쇄락(灑落)함.

교교월색 (皎皎月色)
매우 맑고 밝은 달빛.

교룡득운우 (蛟龍得雲雨)
영웅이 일조(一朝)에 때를 만나면 곧 세력을 얻어 패업(霸業)을 이룬다는 비유.

교목세가 (喬木世家)
여러 대에 걸쳐 중요한 벼슬을 지내고 내려와, 자기 집안의 운명을 그 나라의 운명과 함께 하는 집안.

교문작자 (咬文嚼字)
말이 한결 같지 않고 중언부언(重言復言) 지껄임.

교발기중 (巧發奇中)
교묘하게 말을 꺼내어 이상스럽게도 들어맞춘다는 뜻.

교사불여졸성 (巧詐不如拙誠)
교묘하게 남을 속이는 것보다는 옹졸한 성심이 낫다는 말.

교송지수 (喬松之壽)
교송의 수명처럼 오래 삶을 이르는 말.

고침안면 高枕安眠

高 높을 고   枕 베개 침   安 편안 안   眠 쉴 면

베개를 높이 하여 편히 잠을 잔다는 뜻으로,
근심이 없고 안심할 수 있는 상태를 가리키는 말이다.

전국 시대, 소진(蘇秦)과 장의(張儀)는 종횡가(縱橫家)로서 이름을 날린
인물들이다. 소진은 강력한 진(秦)나라에 대항하기 위하여 한(韓)·위
(魏)·조(趙)·연(燕)·초(楚)·제(齊) 여섯 나라가 동맹해야 한다는 합종설
(合縱說)을 주창하였다.

장의는 연횡설(連橫說)을 주창하여 여섯 나라가 각각 동맹해서 진나라
에 복종하기를 권했다.

장의는 진나라의 무력을 배경으로 이웃 나라에 압력을 가했다. 진나
라 혜왕(惠王) 10년에는 장의 자신이 진나라 군사를 이끌고 위나라를 침
략한 것을 시발로 위나라의 재상이 되었다. 뿐만 아니라 위나라 애왕(哀
王)에게 연횡책을 수용할 것을 권했으나 받아들여지지 않았다. 그래서
진나라는 본보기로 한나라를 토벌하여 8만의 군사를 살상했다. 이 소식
을 전해 들은 위나라 애왕은 전전긍긍했다. 그러자 장의는 이 기회를 놓
치지 않고 애왕에게 말했다.

"폐하, 만약 진나라를 섬기게 되면 초나라나 한나라가 쳐들어오지는
않을 것입니다. 초나라나 한나라가 쳐들어오리라는 근심만 없다면 폐
하는 베개를 높이 베고 편히 잠을 이루실 수가 있고 나라에도 아무런 근
심이 없을 것입니다."

또한 진나라의 목적은 초나라를 치는데 있으므로 위나라와 함께 초
나라를 공격하여 영토를 나누어 갖자고 설득했다.

高	枕	安	眠	高	枕	安	眠			

교아절치 (咬牙切齒)
이를 갈고 몹시 분해한다는 뜻.

교언난덕 (巧言亂德)
꾸며대는 말은 시비를 어지럽게 하고 도덕을 괴란시킨다는 뜻.

교왕과직 (矯枉過直)
굽은 것을 바로 잡으려다 지나치게 곧게 함.

교유부잡 (交游不雜)
친구 등을 올바르게 사귐.

교자이의방 (敎子以義方)
자식을 교육시킴에는 정의로써 해야 함.

교자졸지노 (巧者拙之奴)
재주 있는 사람이 어리석은 사람에게 쓰이게 됨을 이름.

교절불출악성 (交絶不出惡聲)
군자는 절교한 후에도 그 사람의 악사(惡事)를 말하지 않음.

* **교주고슬 (膠柱鼓瑟)**
고지식하여 변통성이 전혀 없음.

교지불여졸속 (巧遲不如拙速)
일을 진행함에 있어서 교묘하게 하려다 늦어짐은 오히려 서투른 솜씨라도 빨리 해치우는 것만 못하다는 말.

교천언심 (交淺言深)
교제한 지는 얼마 안되지만 서로 심중을 털어놓고 이야기함.

교칠지교 (膠漆之交)
아교와 옻칠과 같은 매우 친밀한 사귐.

교토삼굴 (狡兎三窟)
교활한 토끼는 숨을 굴을 세 개를 준비한다는 뜻으로, 교묘하게 잘 숨는 사람을 비유.

*곡학아세 曲學阿世

曲 굽을 **곡**　學 배울 **학**　阿 언덕 **아**　世 세상 **세**

학문을 왜곡하여 세상 사람에게 아첨한다는 뜻으로,
정도를 벗어난 학문으로 세상에 아첨함을 말한다.

한나라 무제(武帝)는 즉위하자마자 원고생(轅固生)이라는 시인을 등용
했다. 원고생은 특히 시경 연구에 있어서는 그를 따라올 학자가 없을 정
도로 탁월했으며, 학식이 인정되어 전한의 경제(景帝) 때에는 박사로 임
명된 적이 있었다.

그 즈음 산동의 공손홍(公孫弘)이라는 소장 학자도 부름을 받아 원고
생과 함께 등용되었다.

공손홍은 늙은이라고 은근히 무시하는 눈초리로 원고생을 대했으나,
원고생은 전혀 개의치 않고 이렇게 말했다.

"지금 학문의 도는 어지러워지고 속설이 유행하고 있네. 이대로 방치
해 두면 유서 깊은 학문의 전통이 마침내는 사설(邪說)로 말미암아 참모
습을 잃게 될 걸세. 그러니 올바른 학문을 힘써 닦아 세상에 펼쳐 주기
바라네. 자신이 믿는 학설을 굽혀 세상의 속물들에게 아부해서는 결코
안되네."

노학자의 충고를 들은 공손홍은 절조를 굽히지 않는 원고생의 훌륭
한 인품과 풍부한 학식에 감동되어 그 동안의 무례를 사과하고 그의 제
자가 되었다고 한다.

曲	學	阿	世	曲	學	阿	世		

* **교학상장 (敎學相長)**
가르치거나 배우거나 모두 나의 학업을 증진시킨다는 뜻.

구강지화 (口講指畵)
말로 설명하고 손으로 그려가면서 자세하게 가르쳐 줌.

구경부정 (究竟不淨)
사람이 죽어서 파묻히면 흙이 되고 벌레가 먹으면 똥이 되고 불에 타면
재가 되므로 신체의 마지막은 깨끗하지 못하다는 뜻.

구곡간장 (九曲肝腸)
굽이굽이 서린 창자라는 뜻으로, 깊디깊은 마음 속.

구교지간 (舊交之間)
오래 전부터 사귀던 사이.

구로일 (劬勞日)
자기를 낳아 키우기에 고생한 부모의 은혜를 생각하여 자기의 생일을
이르는 말.

구마지심 (狗馬之心)
개나 말이 주인에게 충성을 다하는 참된 마음이라는 뜻으로, 자기의 진
심을 낮추어 이르는 말.

구명도생 (救命圖生)
구차하게 겨우 목숨을 보전하여 살아감. 근근이 목숨만 이어나감.

구무소식 (久無消息)
오래도록 편지나 연락이 없음.

구무완인 (口無完人)
누구에게나 좋게 말하지 않고 흠점만을 꼬집어 들추어내는 버릇이 있
는 사람을 욕으로 이르는 말.

공중누각 空中樓閣

空 빌 공 中 가운데 중 樓 다락 루 閣 누각 각

공중에 누각을 짓는 것처럼, 근거가 없는 가공의 사물을 가리킨다.

북송의 과학자이자 정치가인 심괄(沈括)이 저술한 ≪몽계필담(夢溪筆談)≫이란 책에 다음과 같은 글이 실려 있다.

"등주(登州)는 사면이 바다로 둘러싸여 있는데, 늦은 봄과 여름에 걸쳐 멀리 수평선 위로 누각들이 줄을 이은 도시가 보인다. 고을 사람들은 이것을 해시(海市)라고 한다."

그 뒤에 청나라 학자 적호(翟灝)는 그가 지은 <통속편(通俗篇)>에서 심괄의 이 글을 수록한 다음, "지금 말과 행동이 허황된 사람을 가리켜 공중누각(空中樓閣)이라고 하는데 바로 이것을 말하는 것이다."라고 기록하였다.

그러므로 '공중누각'이라는 말은 이미 청나라 시대부터 쓰여지고 있었으며, 심괄의 글 가운데 '해시(海市)'라는 것은 '신기루(蜃氣樓)'를 가리키는 것이다.

空	中	樓	閣	空	中	樓	閣			

구무택언 (口無擇言)

하는 말이 다 착하면 고를 것이 없다는 뜻.

구미속초 (狗尾續貂)

개꼬리를 노란 담비 꼬리에 잇는다는 뜻으로, 훌륭한 것 뒤에 보잘것없는 것이 잇따름.

구변이호세 (口辨而戶說)

사람마다 일러주고 집집마다 달래어 말함.

구복지루 (口腹之累)

먹고 사는 것에 대한 걱정이란 뜻.

구사불첨 (救死不瞻)

곤란이 몹시 심하여 다른 일을 돌아볼 겨를이 없음.

구색친구 (具色親舊)

몹시 다정하게 사귄 친구가 아닌 널리 사귀어서 생긴 각 방면의 친구.

구설 (口舌)

남의 입에 오르내려 시비하거나 비방하는 말.

구설부득 (究說不得)

이치에 어긋난 일을 추구하면 오히려 이해하기 어려움.

구세동거 (九世同居)

구 대(九代)가 한 집안에서 산다는 뜻으로, 집안이 화목함을 가리키는 말.

구수 (鳩首)

비둘기가 머리를 숙여 모이를 쪼아먹듯 여럿이 머리를 맞댐.

구수 (丘首)

여우는 한평생 구릉에 굴을 파고 살며 죽을 때에는 반드시 머리를 언덕 쪽으로 두고 죽는다는 뜻으로, 그 근본을 잊지 않음을 비유한다. 그러므로 사람도 그 근본을 잊지 말라는 비유.

관포지교 管鮑之交

管 성 관　鮑 성 포　之 갈 지　交 사귈 교

관중(管仲)과 포숙아(鮑叔牙)의 우정을 얘기한 것으로,
친구 사이의 매우 다정하고 허물없는 교우 관계를 일컫는 말이다.

　제(齊)나라에 관중(管仲)과 포숙아(鮑叔牙)라는 두 관리가 있었다. 그들은 죽마고우(竹馬故友)로 무엇을 하든 함께 했는데 포숙아는 관중의 뛰어난 재능에 항상 감탄했다.

　훗날 관중은 포숙아에 대해 이렇게 술회하였다.

　"내가 가난할 적에 포숙아와 함께 장사를 한 일이 있는데 이익을 나눌 때에 내가 좀더 많이 가졌으나 그는 나를 욕심쟁이라고 하지 않았다. 우리 집이 가난한 것을 알고 있었기 때문이다. 또 그를 위해 계획한 일이 도리어 그를 궁지로 몰아넣는 결과가 되었으나 그는 나를 어리석은 자라고 하지 않았다. 일에는 성패가 있다는 것을 알고 있었기 때문이다. 또 나는 몇 번이나 벼슬길에 나갔다가 번번이 쫓겨났지만 그는 나를 무능한 사람으로 보지 않았다. 내게 시운이 없다는 것을 알고 있었기 때문이다. 내가 싸움터에서 도망쳐 온 일이 여러 번 있었는데 나를 겁쟁이로 보지 않았다. 내게 늙은 어머니가 계심을 알고 있었기 때문이다. 공자 규(糾)가 후계자 다툼에서 패했을 때 나는 포박당하는 욕된 몸이 되었는데 그는 나를 비겁하다고 하지 않았다. 내가 공명을 천하에 떨치지 못하는 것이야말로 정말 치욕이라 생각하고 있다는 것을 알고 있었기 때문이다. 나를 낳아 준 이는 부모이지만 나를 알아 준 이는 포숙아이다."

管	鮑	之	交	管	鮑	之	交

구시심비 (口是心非)
말로는 옳다 하고 마음 속으로는 그르게 여김.

구십춘광 (九十春光)
봄의 석 달 동안을 이르는 말.

구약현하 (口若懸河)
흐르는 물과 같이 거침없이 말을 전한다는 뜻.

구연세월 (苟延歲月)
구차하게 세월을 보냄.

구염오속 (舊染汚俗)
오래 전부터 배어 든 더러운 풍속.

구외불출 (口外不出)
말을 입 밖에 내지 않음. 곧 비밀을 지킴의 비유.

구우지감 (舊雨之感)
옛 친구를 추모하는 정.

구육미랭 (柩肉未冷)
관 속의 시체가 아직 체온이 있어 식지 않았다는 뜻으로, 죽은지 얼마 안 됨의 뜻.

구이지학 (口耳之學)
귀로 들은 것을 그대로 남에게 이야기할 뿐 조금도 제것으로 만들지 못한 학문.

구일척안 (具一隻眼)
한 개의 눈을 갖추었다는 뜻으로, 보통 사람이 따를 수 없는 특이한 감식(鑑識)이 있음을 이름.

구임책성 (久任責成)
오랫동안 일을 맡겨 그 직책을 다하게 함.

구자관야 (口者關也)
입은 관문(關門)과 같은 것으로 함부로 놀려서는 안 된다는 말.

괄목상대 刮目相對

刮 깎을 **괄**　目 눈 **목**　相 서로 **상**　對 대답할 **대**

눈을 비비고 상대방을 본다는 뜻으로,
남의 학식이나 재주 등이 놀랄 만큼 향상되었음을 일컫는 말이다.

　삼국이 서로 대립하고 있을 무렵, 오(吳)나라 왕 손권(孫權)의 부하 중에 여몽(呂蒙)이라는 장수가 있었다. 그는 전공을 많이 쌓아 장군이 되었는데, 무용(武勇)에 있어서는 누구보다 뛰어났지만 글을 전혀 모르는 문맹자이었다.

　어느 날 손권이 여몽을 불러 말했다.

　"자네는 우리 나라 대신이니 앞으로 책을 많이 읽어 학식을 쌓도록 하게."

　이에 여몽이 대답했다.

　"너무 바빠 글을 읽을 틈이 없습니다."

　"그건 핑계에 불과하오. 공자도 가장 유익한 것이 독서라 했고, 광무제는 전쟁터에서도 책을 읽지 않았소?"

　얼마 후 손권의 부하 중 가장 학식이 뛰어난 노숙이 여몽을 찾아갔다. 여몽과 노숙은 오랜 친구 사이로 노숙은 이야기하는 사이에 여몽의 박식함에 깜짝 놀라고 말았다.

　"언제 그렇게 공부했는가? 예전에 내가 알고 있던 그 여몽이 아니로군."

　그러자 여몽이 이렇게 대답했다.

　"무릇 선비란 헤어진 지 사흘이 지나면 눈을 비비고 다시 대면할 정도로 달라져야 하는 법이라네."

刮	目	相	對	刮	目	相	對				

구전문사 (求田問舍)

자기의 논밭과 가옥 따위 재산만 안다는 뜻에서, 원대한 뜻이 없음에 비유하여 이르는 말.

구전심수 (口傳心授)

입으로 가르쳐 주고 마음으로 전함.

구전지훼 (求全之毀)

자기의 몸을 수양하여 완전하게 하려던 것이 뜻밖에 남으로부터 욕설을 들음을 이르는 말.

구절양장 (九折羊腸)

아홉 번 꺾어진 양의 창자라는 뜻으로, ① 험하고 꼬불꼬불한 산길을 가리킴. ② 세상이 복잡하여 살아가기 어렵다는 뜻.

구절판 (九折坂)

비탈길이 꼬불꼬불한 것을 이름. 또 대단히 험준한 곳을 이름.

구주필벌 (口誅筆伐)

① 말이나 글로 권선징악의 뜻을 나타내는 일. ② 말이나 글로 남의 잘못을 폭로하는 말.

구중궁궐 (九重宮闕)

누구나 함부로 드나들 수 없도록 문을 겹겹이 달아 막은 깊은 대궐.

구지부득 (求之不得)

구하려고 하여도 얻지 못함. 얻으려야 얻을 수 없음.

구지유도 (求之有道)

사물을 탐구함에 있어서 그 방법이 있음을 이름.

구태의연 (舊態依然)

예나 이제나 조금도 변함없이 여전함.

구폐생폐 (救弊生弊)

폐해를 바로잡으려다가 도리어 폐해를 일으킴.

*교언영색 巧言令色

巧 교묘할 교   言 말씀 언   令 하여금 영   色 빛 색

타인의 환심을 사기 위해 교묘한 말과 보기 좋게 꾸미는 표정을 가리킨다.

《논어(論語)》의 <학이편(學而篇)>에는 "교묘한 말과 아첨하는 얼굴빛에는 인(仁)이 적다."라고 적혀 있다. 즉 겉으로는 알랑대지만 속으로는 남을 속이려는 마음을 갖고 있는 사람은 어질지 못하다는 뜻이다.

한편 공자는 이 말을 달리 표현해 <자로편(子路篇)>에서는 '강의목눌(剛毅木訥)'이라고 했다. 의지가 굳고 강직하며 용기가 있고 순진하며 말수가 적은 사람은 인에 가깝다는 뜻이다. 그러나 이러한 사람일지라도 '인(덕을 갖춘 군자)' 그 자체는 아니라고 공자는 <옹야편(雍也篇)>에서 말했다.

공자가 바라는 인간상은 '문질빈빈(文質彬彬)한 연후에야 군자(君子)라 할 수 있다' 라는 말에 집약되어 있다. 문(형식)과 질(실질) 이 잘 어울려 조화를 이루어야 진정한 군자라는 뜻이다.

巧	言	令	色	巧	言	令	色				

구혈미건 (口血未乾)
맹세할 때 입에 묻은 피가 아직 마르지 않았다는 뜻으로, 맹세한 지가 오래되지 않음의 비유.

구화양비 (救火揚沸)
불을 끄기 위해 끓는 물을 뿌리면 더욱 형세가 위급해진다는 말.

구화지문 (口禍之門)
말을 삼가도록 경계하는 말로, 화는 입으로부터 들어온다고 해서 문(門)이라 한 것임.

구화투신 (救火投薪)
불을 끄는데 장작을 넣음. 급하게 행동하다 일을 더욱 악화시킴.

구환분재 (救患分災)
타인의 환난을 구하고 또 재해를 분담하여 깊은 동정을 베풂.

국궁진췌 (鞠躬盡瘁)
마음과 몸을 다하여 나라 일에 이바지함.

국란사양상 (國亂思良相)
나라가 어지러워지면 어진 재상을 생각하게 되니, 늘 비상시를 생각하여 좋은 사람과 접촉하여 멀리하지 말라고 이르는 말.

국록지신 (國祿之臣)
나라의 녹봉(祿俸)을 받는 신하.

국수대호전필망 (國雖大好戰必亡)
나라가 강대하여도 전쟁을 즐기면 반드시 망한다는 뜻으로, 싸움을 좋아하는 나라는 망한다는 것을 경계하는 말.

국태민안 (國泰民安)
나라가 태평하고 국민이 살기가 평안함.

국파산하재 (國破山河在)
나라가 망하여 국민은 흩어지니 다만 보이는 것은 그저 솟아 있는 높은 산과 흐르는 물뿐이라는 뜻.

구밀복검 口蜜腹劍

口 입구 蜜 꿀밀 腹 배복 劍 칼검

입에는 꿀을 담고 뱃속에는 칼을 지녔다는 뜻으로,
겉으로는 친절한 듯하나 마음 속으로는 해칠 생각을 품는 것을 비유한 말이다.

이임보(李林甫)는 당나라 현종(玄宗)의 재상으로서 황제와 같은 종족이
면서 재능이 뛰어나 황제의 비호 아래 오랜 세월 재상을 지낸 인물이었
다. 그러나 이임보는 교활하기가 이루 말할 수 없으며 권세가들만 사귀
고, 자신보다 학문과 인품이 뛰어난 사람에 대해선 몹시 시기하여 어떤
술책을 동원해서든 제거해 버리곤 했다.

그가 정적을 제거할 때에는 먼저 상대방을 한껏 추켜세운 다음 뒤통
수를 치는 표리부동한 수법을 썼기 때문에, 많은 정치가들이 이임보를
두려워하여 그 앞에선 몸을 잔뜩 사렸다.

그리고 그는 황제 신변에 가까이 있는 사람들에게 뇌물을 주어 황제
의 일거수 일투족을 훤히 꿰뚫고 있었다.

이임보는 나쁜 짓이란 나쁜 짓은 다 하면서도 겉으로는 사람들에게
좋은 모습만 보였으며 그가 하는 말은 꿀처럼 달콤했다. 그리고 뒤에서
는 남을 해치는데 그 심보가 검(劍)처럼 지독했다. 그래서 그를 잘 아는
사람들은 그가 입에는 꿀을 담고 뱃속에는 날카로운 칼을 품었다고 말
했다.

口	蜜	腹	劍	口	蜜	腹	劍				

군욕신사 (君辱臣死)
임금과 신하가 간난(艱難)과 생사를 같이 함.

군의 (群疑)
① 여러 사람들의 의심. ② 많은 의문.

군의만복 (群疑滿腹)
많은 의심이 마음에 가득함.

군자노심소인노력 (君子勞心小人努力)
군자는 정신을, 소인은 육체를 수고롭게 한다는 말로 인격이 있고 없고에 따라 그 노력한 바가 다르다는 말.

군자무소쟁 (君子無所爭)
군자는 사람과 다투지 아니함을 이름.

군자애구호표애피 (君子愛口虎豹愛皮)
군자는 입을 귀중히 여기고 호랑이는 가죽을 아낀다는 말.

군자우도불우빈 (君子憂道不憂貧)
군자는 도리에 어긋나는 일에는 우려하지만 가난에 대해서는 근심하지 않는다는 말.

군자의야 (君者儀也)
임금은 백성의 의표(儀表)가 되어야 함을 말함.

군자지덕풍 (君子之德風)
윗자리에 있는 사람의 덕은 바람과 같아서 아랫사람은 다 그 풍화(風化)를 입게 된다는 말.

군자표변 (君子豹變)
군자는 허물을 고치어 선(善)에 옮김이 몹시 뚜렷하다는 뜻.

군주신수 (君舟臣水)
도와 주는 사람도 때로는 해가 되는 수가 있다는 뜻.

굴지 (屈指)
수많은 가운데에서 손가락을 꼽아 셀 만큼 아주 뛰어남.

*구상유취 口尚乳臭

口 입 구   尚 오히려 상   乳 젖 유   臭 냄새 취

입에서 아직 젖내가 난다는 뜻으로, 말과 행동이 유치함을 얕잡아 일컫는 말이다.

한(漢)나라 왕 유방이 초(楚)나라 항우와 천하의 패권을 놓고 대치하던 때의 일이다.

한때 한나라에 복종했던 위(魏)나라 왕 표(豹)는 일신의 안전을 위해 항우에게 붙었다 유방에게 붙었다 하는 간신배였다.

유방이 한신(韓信)에게 위나라 왕 표를 공격하라고 명령하면서 물었다.

"위나라의 대장이 누구인가?"

주변에 있던 신하들이 대답했다.

"백직(栢直)이라는 자입니다."

그러자 유방이 코웃음을 치며 말했다.

"백직이라면 입에서 아직도 젖비린내가 나는 어린애가 아닌가? 그런 자가 어찌 우리 한신과 대적할 수 있겠는가?"

유방의 예견대로 표는 한신의 적수가 못 되었다. 한신은 위나라 군사를 무찌르고 표를 사로잡아 유방의 손에 넘겨 주었다.

口	尚	乳	臭	口	尚	乳	臭		

궁구막추 (窮寇莫追)
곤경에 빠진 사람을 건드리면 화를 입음.

궁구물박 (窮寇勿迫)
궁지에 빠진 적을 추격하지 말라는 말. 잘못하다가는 오히려 해를 입는다는 말.

궁리진성 (窮理盡性)
성정(性情) 및 변화와 이치를 깊이 연구하여 밝힘.

궁사남위 (窮思濫爲)
궁하면 아무 짓이나 함.

궁서설묘 (窮鼠齧猫)
쫓기는 쥐가 궁지에 몰리면 고양이를 문다. 죽을 지경에 이르면 아무리 약한 놈이라도 강적에게 용기를 내어 대든다는 말.

궁수저서 (窮愁著書)
현인이 곤란에 부딪쳐 그 뜻을 펴지 못하고, 글을 지어 그 뜻을 표함을 이름.

궁심멱득 (窮心覓得)
온갖 힘을 다 들이어 고생한 끝에 겨우 찾아냄.

궁여지책 (窮餘之策)
막다른 골목에서 그 국면을 타개하려고 생각다 못해 짜낸 한 가지 꾀.

궁절전진 (弓折箭盡)
활이 꺾이고 화살이 다 됨. 술계가 다하여 어찌할 도리가 없음.

궁조대 (窮措大)
곤궁하고 청빈한 선비.

궁조입회 (窮鳥入懷)
쫓긴 새가 품 안에 날아든다는 뜻으로, 곤궁한 사람이 와서 의지하는 것을 비유.

*구우일모 九牛一毛

九 아홉 구 牛 소 우 一 한 일 毛 털 모

아홉 마리 소 중에서 뽑힌 한 개의 털을 말하는 것으로,
썩 많은 것 중에서 매우 적은 것을 일컫는다.

한(漢)나라 무제(武帝) 때였다. 흉노를 정벌하러 갔던 명장 이릉(李陵) 장군이 흉노에게 투항하여 융숭한 대접을 받고 있다는 소문이 들려오자, 조정에서는 이릉 일족을 참형에 처하라는 엄명을 내렸다. 누구도 이릉을 변호하려고 나서는 이가 없는데 사마천(司馬遷)이 이릉이 투항한 것은 필시 훗날 설복의 기회를 노리고 잠시의 치욕을 참는 고육지책임이 분명하니, 그를 벌하기보다는 그의 이름을 온 천하에 널리 알리는 것이 현명한 처사라는 것이었다.

이 말에 진노한 무제는 사마천을 궁형(宮刑)에 처했다. 궁형이란, 남성의 생식기를 잘라 없애는 것으로 가장 수치스런 형벌이었다. 이 일을 세인들은 '이릉의 화(禍)'라고 일컬었다.

사마천은 당시의 참담한 심경을 친구 임안(任安)에게 써보냈다.

"내가 법에 따라 사형을 받는다고 해도 그것은 아홉 마리 소 중에서 터럭 하나 없어지는 것과 같을 뿐이니, 나와 같은 자가 땅강아지나 개미 같은 미물과 다를 게 무언가? 그리고 사람들은 이런 수치스런 일을 당하고도 죽지 않았으니 졸장부라고 여길 걸세."

사마천이 이런 치욕을 무릅쓰고도 살아가야 하는 데는 그만한 까닭이 있었다. 아버지 사마담(司馬談)이 '통사(通史)'를 기록하라고 한 유언에 따라 ≪사기(史記)≫를 집필하고 있었기 때문이었다.

九	牛	一	毛	九	牛	一	毛		

권권불망 (眷眷不忘)

가엾게 여기어 늘 돌보며 잊어버리지 않음.

---

* **권모술수 (權謀術數)**

목적 달성을 위해서는 수단과 방법을 가리지 않고 때와 형편에 따라 능
갈치게 둘러맞추는 모략이나 술책.

권문세가 (權門勢家)

벼슬의 직위가 높고 권세 있는 집안.

권불십년 (權不十年)

권세가 십 년을 가지 못한다는 뜻으로, ① 이 세상은 무상하여 늘 변한
다는 뜻. ② 아무리 높고 센 권세라도 그렇게 오래 가지는 못한다는 말.

권설 (卷舌)

놀라서 혀가 꼬부라져 말을 할 수 없음을 이름.

권재족하 (權在足下)

일을 척결하는 모든 권리가 다 한 사람에게 달렸다는 말.

궐각 (厥角)

① 각(角)은 이마, 이마를 땅에 대고 절을 함. ② 무서워 어쩔 줄을 모름.

궐각계수 (厥角稽首)

이마를 땅에 대고 가장 큰 경례를 함.

귀감 (龜鑑)

거북은 길흉을 점치고 거울은 사물의 그림자를 비침. 사물의 거울. 본
보기가 될 만한 것.

귀거래 (歸去來)

관직을 사임하고 고향으로 돌아감.

귀귀수수 (鬼鬼崇崇)

남몰래 숨어서 일을 꾸미는 것을 욕하는 말.

국사무쌍 國士無雙

國 나라 국   士 선비 사   無 없을 무   雙 둘 쌍

한 나라 안에 경쟁할 만한 사람이 없을 정도로 훌륭한 사람이란 뜻으로,
천하 제일의 뛰어난 인재를 이르는 말이다.

진(秦)나라가 멸망하고 초(楚)나라 항우와 한(漢)나라 유방이 천하의 패권을 놓고 다투고 있을 무렵, 한나라에 한신(韓信)이라는 장군이 있었다.

한신은 항우의 부하였는데 항우가 자신의 책략을 매번 받아들이지 않으므로 도망쳐 나와 유방에게로 투항했다. 승상이었던 소하(蕭何)는 한신의 재능을 꿰뚫어 보고 유방에게 몇 번이나 천거했지만, 유방도 그를 등용하려 하지 않았다.

유방에게 마저 외면을 당하자 한신은 도망을 가는 병사들 무리에 섞였다. 한신이 도망쳤다는 소식을 들은 소하는 급히 그 뒤를 쫓았다. 그런데 그 모습을 본 어떤 자가 유방에게 소하가 도망쳤다고 보고를 했다. 그런데 며칠 후 소하가 돌아와 자신은 도망을 간 것이 아니라 도망가는 자를 뒤쫓았을 뿐이라고 유방에게 아뢰었다.

그리고 한신의 등용을 천거하는 이유를 밝혔다.

"이제까지 도망친 자들과 한신은 다릅니다. 한신은 실로 국사무쌍(國士無雙)이라고 칭찬할 만한 인물입니다. 만약 천하를 다투실 생각이시라면 한신 이외에는 달리 대사를 논할 만한 인물이 없는 줄로 압니다."

소하의 판단은 틀리지 않았다. 대장군으로서 전권을 쥐게 된 한신은 뛰어난 전략으로 유방을 천하의 패자로 만들었다.

國	士	無	雙	國	士	無	雙				

귀모토각 (龜毛兎角)
거북의 털과 토끼의 뿔이라는 뜻으로, 도저히 있을 없는 물건을 말함.

귀목술심 (劌目鉥心)
눈을 놀라게 하고 마음을 놀라게 함. 뜻이 바뀌어 문장의 구상이 뛰어나서 사람의 생각을 벗어남의 비유.

귀배괄모 (龜背刮毛)
거북의 등에 있지도 않은 털을 긁는다는 뜻으로, 도저히 구할 수 없는 곳에 가서 구한다는 뜻.

귀어허지 (歸於虛地)
오직 수고스럽기만 하고 헛노릇이 됨.

귀이천목 (貴耳賤目)
가까운 것은 천하게 생각하고 먼 데 있는 것은 귀하게 생각함.

귀인천기 (貴人賤己)
군자는 인서(仁恕)의 마음이 있으므로 만사에 있어 자신보다 타인을 높인다는 뜻.

귀토 (歸土)
사람의 죽음을 이름. 사람은 죽으면 혼(魂)은 하늘로 올라가고, 백(魄)은 흙으로 돌아간다 함.

귀학 (龜鶴)
거북과 학. 장생하므로 사람의 장수를 비유하여 이름.

규각 (圭角)
모서리가 예리한 벽옥(璧玉). 언행이 모가 나서 남과 맞지 않음.

규중처녀 (閨中處女)
집 안에 들어앉아서 자라난 처녀.

규천호지 (叫天呼地)
몹시 슬프거나 분하거나 할 때, 하늘과 땅을 향해 울부짖는 일.

*군계일학 群鷄一鶴

群 무리 **군**　鷄 닭 **계**　一 한 **일**　鶴 학 **학**

닭 무리 속에 끼어 있는 한 마리의 학이란 뜻으로,
여러 평범한 사람 가운데 뛰어난 사람이 섞여 있음을 비유한 말이다.

중국 진(晉)나라에 죽림에 모여 청담(淸談)을 일삼았던 선비들 중에 죽림칠현(竹林七賢)으로 불리던 대표적인 인물들이 있었다. 완적(阮籍), 완함(阮咸), 혜강(嵆康), 산도(山濤), 왕융(王戎), 유령(劉伶), 향수(向秀)가 이에 속한 인물들이었다.

혜소(嵆紹)는 혜강의 아들로 나이 열 살 때, 아버지를 여의고 홀어머니를 모시며 살고 있었다. 아버지의 친구이며 죽림칠현의 한 사람인 산도가 무제(武帝)에게 혜소의 등용을 천거했다.

"폐하, ≪서경(書經)≫ <강고편(康誥篇)>에 아버지의 죄는 아들에게 미치지 않으며 아들의 죄는 그 아비에게 미치지 않는다고 기록되어 있습니다. 혜소는 비록 혜강의 아들이지만 그 영특함이 춘추 시대의 진(晉)나라 대부인 극결(郤缺)에 버금간다고 합니다. 부디 그에게 비서랑(秘書郎) 벼슬을 주셨으면 합니다."

"경이 추천하는 인물이라면 승(丞)이라도 마다하지 않겠소."

황제는 그를 비서랑보다 한 계급 위인 비서승(秘書丞)에 임명하였다. 혜소가 처음으로 입궐하던 날, 그 모습을 멀찍이서 본 어떤 사람이 죽림칠현의 한 사람인 왕융에게 말했다.

"어제 많은 사람들 틈에 끼어 입궐하는 혜소를 보았는데 그 늠름한 모습이 마치 닭의 무리 속에 우뚝 선 한 마리 학과 같았네."

群	鷄	一	鶴	群	鷄	一	鶴			

귤화위지 (橘化爲枳)

중국 회남(淮南)의 귤을 회북(淮北)에 옮겨 심으면 탱자가 된다는 뜻으로, 환경과 조건에 따라 사물의 질도 따라서 변함을 이르는 말.

극구광음 (隙駒光陰)

흘러가는 세월의 빠름은 달려가는 말을 문 틈으로 보는 것과 같다는 뜻으로, 인생의 덧없고 짧음을 이르는 말.

극기복례 (克己復禮)

과도한 욕망을 누르고 예절을 좇게 함을 이르는 말.

극벌원욕 (克伐怨慾)

이기고자 하며, 제 자랑하기를 좋아하며, 원망하고 화를 내며, 탐욕하는 네 가지 나쁜 행위.

극성즉패 (極盛則敗)

왕성함이 지나치면 얼마 가지 못해서 패망함.

극진지두 (極盡地頭)

① 극진하여 여지가 없음. ② 맨 끝.

근검치가지본 (勤儉治家之本)

근검은 집안을 다스리는데 근본이 됨.

근근간간 (勤勤懇懇)

썩 부지런하고 정성스러운 모양.

근근도생 (僅僅圖生)

살림살이가 몹시 가난하여 가까스로 살기를 꾀함.

* 근묵자흑 (近墨者黑)

먹을 가까이 하면 검은빛이 된다는 뜻으로, 사람은 그가 가까이하는 사람에 따라 그 영향을 받아서 변하니 조심하라는 말.

근신골강 (筋信骨强)

근육은 신장(伸張)하고 뼈는 강건(强健)함.

군맹무상 群盲撫象

群 무리 군   盲 소경 맹   撫 어루만질 무   象 코끼리 상

여러 명의 소경이 제각기 코끼리를 어루만진다는 뜻으로,
모든 사물을 자기의 주관과 좁은 소견으로 그릇 판단함을 이르는 말이다.

인도의 경면왕(鏡面王)이 어느 날 소경들에게 코끼리라는 동물을 가르쳐 주기 위해 그들을 궁궐로 불러 들였다. 그리고 소경들에게 코끼리를 만져 보고 어떻게 생겼는지 말하도록 했다.

코끼리의 상아를 만져 본 소경이 대답했다. / "무와 같사옵니다."

귀를 만져 본 소경이 말했다. / "키와 같사옵니다."

머리를 만져 본 소경이 말했다. / "돌 같습니다."

코를 만져 본 소경이 말했다. / "마치 절굿공이 같사옵니다."

다리를 만져 본 소경이 말했다. / "딱딱한 널빤지 같습니다."

배를 만져 본 소경이 말했다. / "커다란 항아리 같습니다."

꼬리를 만져 본 소경이 말했다. / "새끼줄 같습니다."

이처럼 소경들은 자신이 각기 만져 본 부위만으로 코끼리의 전체를 본 것처럼 말하였다.

이는 사물을 볼 때 작은 일부분으로 전체를 판단하는 오류를 범하는 경솔한 태도에 대한 경고이다. 이 이야기에 나오는 코끼리는 석가모니를 비유한 것이고, 소경들은 중생들을 비유한 것이다.

群	盲	撫	象	群	盲	撫	象				

근화일조몽 (槿花一朝夢)
허무한 영화(榮華)에 비유하여 이르는 말.

금강견고 (金剛堅固)
금강과 같이 견고하여 무엇이든지 깨뜨리고 어떤 물건한테도 깨지지 않음을 가리키는 말.

금고종신 (禁錮終身)
죄과나 혹은 신분에 허물이 있음으로 말미암아 일생 동안 벼슬길에 쓰이지 않는 일.

금곤복거 (禽困覆車)
새도 괴로우면 수레를 뒤엎는다는 뜻으로, 약자도 기운을 내면 큰 힘을 낼 수 있다는 말.

---

* 금과옥조 (金科玉條)
금이나 옥처럼 귀중히 여겨야 할 법칙이나 규정.

금구폐설 (金口閉舌)
귀중한 말을 할 수 있는 입을 다물고 침묵을 지킨다는 말.

금독지행 (禽犢之行)
짐승과 같은 짓이라는 뜻으로, 친족 사이에서 생긴 음행(淫行).

---

* 금란지계 (金蘭之契)
금(金)은 지극히 견고하지만, 두 사람의 마음을 합하면 그 견고함이 금을 능히 절단할 수 있으며, 두 사람의 진정(眞情)의 말을 향기로운 난초에 비유하여 금란이라 함. 친구 사이의 두터운 우정을 말함.

금린옥척 (錦鱗玉尺)
한 자 가량 되는 물고기를 미칭(美稱).

금보리견시 (錦褓裏犬矢)
비단보에 개똥이라는 말. 겉은 좋으나 내용이나 마음씨가 나쁘다는 것.

군자삼락 君子三樂

君 임금 군   子 아들 자   三 석 삼   樂 즐거울 락

군자에게는 세 가지 즐거움이 있다는 말이다.

전국 시대, 공자의 사상을 계승하여 발전시킨 맹자는 ≪맹자(孟子)≫ <진심편(盡心篇)>에서 군자가 가지는 세 가지 즐거움에 대해 이렇게 말했다.

"군자에게는 세 가지 즐거움이 있다.

첫째 즐거움은 부모가 살아 계시고 형제가 무고한 것이고,

둘째 즐거움은 하늘을 우러러 부끄러움이 없고 아래로는 사람들에게 부끄럽지 않은 것이며,

셋째 즐거움은 천하의 영재를 얻어서 교육하는 것이다.

군자에게는 이렇게 세 가지 즐거움이 있으나, 천하를 통일하여 군왕이 되는 것은 이 세 가지에 들어 있지 않다."

君	子	三	樂	君	子	三	樂			

금산철벽 (金山鐵壁)
어떤 물건이 매우 견고함을 이르는 말.

금석지감 (今昔之感)
지금과 옛적을 비교해 생각할 때, 그 차이가 심함을 보고 느끼는 정.

금석지언 (金石之言)
금석과 같이 확실한 말.

금석지전 (金石之典)
금석처럼 변함없는 가치를 지닌 법전.

금석하석 (金夕何夕)
무척 즐거운 밤을 맞이하여 감탄해서 하는 말.

금설폐구 (金舌蔽口)
금으로 혀를 만들어 입을 가린다는 뜻으로, 입을 꼭 다물고 말하지 아니함을 이름.

금성옥진 (金聲玉振)
작은 업적을 모아 크게 집대성함을 이르는 말.

금성천리 (金城千里)
성이 튼튼한 위에 천리의 넓이가 있다는 뜻으로, 중국의 진시황이 그 나라의 견고함을 자랑한 말.

금성철벽 (金城鐵壁)
방비가 아주 견고한 성. 아주 견고한 사물의 비유.

금성탕지 (金城湯池)
견고하여 용이하게 접근해서 쳐부수기 어려운 성.

금수어충 (禽獸魚蟲)
새와 짐승과 고기와 벌레, 즉 사람이 아닌 모든 동물을 가리킴.

금수의끽일시 (錦繡衣喫一時)
비단옷이 한 끼란 뜻으로, 값비싼 잠시의 영화를 이름.

권선징악 勸善懲惡

勸 권할 **권**　善 착할 **선**　懲 혼날 **징**　惡 악할 **악**

착하고 선한 일을 권장하고, 못되고 악한 일을 징계한다는 말이다.

≪춘추좌씨전(春秋左氏傳)≫에 다음과 같은 기록이 있다.

"때는 노(魯)나라 성공(成公) 14년에 제(齊)나라로 공녀(公女)를 맞이하러 가 있던 교여(僑如)가 부인 강씨를 데리고 제나라로 돌아왔다. 교여라고 높여 부른 것은 부인을 안심시켜 슬며시 끌고 오기 위해서였다.

이보다 앞서 선백(宣伯)이 제나라로 공녀를 맞이하러 갔었을 때는, 선백을 숙손(叔孫)이라고 불러 군주의 사자로서 높여 부르는 방법을 사용했다.

그러므로 군주는 이렇게 말한다. '춘추 시대의 호칭은 알기 어려운 것 같으면서도 정돈되어 있고, 노골적인 표현을 쓰지만 품위가 없지 않으며, 악행을 징계하고 선행을 권한다. 성인이 아니고서야 누가 이렇게 지을 수 있겠는가?'"

악을 징계하고 선을 권한다는 것은 악한 사람을 책망하고 선한 사람을 권장한다는 뜻이며, 권선징악(勸善懲惡)은 여기에서 나온 말이다.

勸	善	懲	惡	勸	善	懲	惡		

금수지장 (錦繡之腸)

① 비단결같이 고운 마음씨를 이름. ② 아름다운 마음씨의 소유자란 뜻.

금슬부조 (琴瑟不調)

부부가 서로 화락(和樂)하지 못한 것.

금슬지락 (琴瑟之樂)

부부간의 화목한 즐거움.

금시발복 (今時發福)

어떤 일을 한 뒤에 이내 좋은 수가 트이어 부귀를 누리게 됨을 이르는 말.

금시작비 (今是昨非)

오늘은 옳고 어제는 그름. 과거의 잘못을 비로소 깨닫는다는 뜻.

금시초문 (今始初聞)

이제야 비로소 처음으로 들음.

금옥군자 (金玉君子)

금과 옥처럼 절조가 굳고 점잖은 사람.

금옥만당 (金玉滿堂)

금관자, 옥관자를 붙인 높은 벼슬아치들이 방안에 가득함. 현명한 신하가 조정에 가득함.

금옥패서 (金玉敗絮)

겉치레만 하고 내면이 추악함을 비유하여 이르는 말.

금옥숭구도지 (金玉崇寇盜至)

너무 재물만을 탐하면 재화(災禍)를 만나게 된다는 말.

금의옥식 (金衣玉食)

좋은 옷과 음식을 말함이니 호화롭고 사치스런 생활을 말함.

* 금의환향 (錦衣還鄉)

출세를 하고 고향으로 돌아옴.

*권토중래 捲土重來

捲 말 권 土 흙 토 重 거듭할 중 來 올 래

흙먼지를 일으키며 다시 온다는 뜻으로,
한번 패하였다가 세력을 회복하여 다시 쳐들어온다는 뜻이다.

이 시는 당나라 시인 두목(杜牧)의 <제오강정(題烏江亭)> 마지막 구절
이다.

> 승패는 병가도 기약할 수 없는 것.
> 수치를 참을 수 있음이 바로 남아라
> 강동의 자제 중에는 준재가 많으니
> 흙먼지를 일으키며 다시 쳐들어오는 것을 알 수 없네.

유방과의 싸움에서 패한 항우는 오강(烏江) 강변까지 달아났다. 그곳
에서 강동 지방으로 몸을 피하라고 배를 준비해 놓고 기다리던 사람을
만났으나 항우는, "나와 함께 싸웠던 8천 여 젊은이들은 한 사람도 고
향 땅을 밟지 못하게 되었는데 나 혼자 도망쳐서 무슨 면목으로 그들의
부모 형제를 대한단 말인가."라고 말하며 쓴웃음을 지었다. 그 뒤 항우
는 오강에서 스스로 목숨을 끊고 말았다.

항우가 죽은 지 천여 년이 지난 후, 시인 두목은 항우의 성급함을 애
석하며 시를 지었다. 이 시는 항우를 추억하며 읊은 시 중에서 가장
유명한 것으로, 분연히 일어나 다시 한번 대적할 수 있는 기회를 가질
수 있었음에도 불구하고 시도 한번 해보지 않고 31세의 젊은 나이로 생
을 마감한 항우를 애석하게 여기며 읊은 시이다.

捲	土	重	來	捲	土	重	來				

금전옥루 (金殿玉樓)
규모가 크고 화려하게 지은 전각(殿閣)과 누대(樓臺).

---

* **금지옥엽 (金枝玉葉)**
① 임금의 자손이나 집안. ② 귀여운 자손. ③ 가장 귀중한 물건을이름.

금혁지세 (金革之世)
전쟁이 일어난 세상.

금환탄작 (金丸彈雀)
황금의 탄환으로 참새를 쏘는 것으로, 소득이 적은데 쓸데없는 비용만
들임에 비유함.

급격물실 (急擊勿失)
빨리 쳐서 공격하여 때를 놓치지 말아야 함.

급난지풍 (急難之風)
남의 어려운 일을 구해 주는 의협심이 있는 태도.

급수공덕 (給水功德)
물을 떠 남에게 주는 공덕이라는 뜻으로, 지극히 쉽고도 대단치 　않으
나, 남을 위하여 일하는 것은 선행이라는 말.

급어성화 (急於星火)
급하기가 마치 운성의 빛과 같다는 뜻으로, 매우 급하고 빠름을 　이르
는 말.

급인지풍 (急人之風)
남의 위급한 곤란을 구원하여 주는 의협스러운 기풍.

급전직하 (急轉直下)
어떤 일이나 형세가 갑자기 바뀌어 걷잡을 수 없이 막 내리밀림.

급행무선보 (急行無善步)
너무 급히 걸어가면 넘어지고 엎어지듯이 무슨 일이고 급히 서둘면 오
히려 일의 진전이 잘 되지 못한다는 것을 비유한 말.

금의야행 錦衣夜行

錦 비단 금   衣 옷 의   夜 밤 야   行 다닐 행

비단옷을 입고 밤길을 간다는 뜻으로, 아무 보람이 없는 행동을 비유한 말이다.

유방에 이어 진나라의 수도 함양(咸陽)에 입성한 항우는 유방과는 다른 행동을 취했다. 우선 유방이 살려 준 진왕의 아들 영(嬰)을 죽였다.

이제 제왕으로의 제일보를 내디딘 항우가 스스로 그 발판을 무너뜨리려 하자, 그 모습을 옆에서 지켜보던 범증(范增)이라는 신하가 극구 말렸으나 소용없는 일이었다. 오랜 싸움 끝에 그는 망향의 그리움에 사로잡혀 있었다. 그래서 진나라에서 약탈한 재물과 미녀들을 손에 넣고 고향인 강동으로 돌아가고 싶어했다. 그러자 한생(韓生)이란 신하가 항우를 설득시키려 했다.

"함양은 산하가 조격되어 사면이 막혀 있으며 토질도 비옥하니 이곳을 도읍으로 정하면 천하를 제패할 수 있을 겁니다."

그러나 항우는 그 무엇보다도 하루 빨리 고향으로 돌아가 자기의 성공을 과시하고 싶은 마음뿐이었다. 그는 동쪽 하늘을 바라보며 읊조렸다.

"부와 명성을 손에 넣었는데도 고향으로 돌아가지 않는 것은 비단옷을 입고 밤길을 가는 것과 같다. 누가 이것을 알아 줄 것인가."

한생은 항우의 앞을 물러 나와 이렇게 말했다.

"초나라 사람은 원숭이에게 옷을 입히고 갓을 씌워 놓는 것처럼 지혜가 없다고 하더니 과연 그 말대로구먼."

후에 이 말을 들은 항우는 크게 노하여 한생을 삶아 죽였다고 한다.

錦	衣	夜	行	錦	衣	夜	行			

기갈자심 (飢渴滋甚)
굶주림이 점점 더 심하여짐.

기개세 (氣蓋世)
씩씩한 기백이 지극히 뛰어나 일세(一世)를 뒤덮고도 남을 만함.

기거동작 (起居動作)
사람이 살아가는 모든 동작.

기거만복 (起居萬福)
서간 용어로 상대방의 신상이 한결같이 변함없이 많은 복을 받으라는 말.

기거무시 (起居無時)
은사(隱士)의 자유로운 몸을 이름.

기괴망측 (奇怪罔測)
기괴하기가 이루 말할 수 없음.

* **기고만장 (氣高萬丈)**
일이 뜻대로 잘될 때 기꺼워하거나, 또는 성을 낼 때에 그 기운이 펄펄 나는 일.

기구망측 (崎嶇罔測)
① 운수가 사납기 짝이 없음. ② 산길이 험하기 짝이 없음.

기군망상 (欺君罔上)
임금을 속임.

기남숙녀 (奇男淑女)
남달리 재주와 슬기가 뛰어난 남자와 교양과 품격을 갖춘 여자.

기담괴설 (奇談怪說)
기이하고 괴상한 이야기.

기미상적 (氣味相適)
생각하는 바나 취미가 서로 맞음.

기인지우 杞人之憂

杞 나라 이름 **기**　人 사람 **인**　之 갈 **지**　憂 근심할 **우**

기(杞)나라 사람의 근심이란 뜻으로, 공연히 쓸데없는 걱정이나 무익한 근심을 말한다.

옛날 중국 기(杞)나라에 항상 걱정으로 세월을 보내는 한 사나이가 있었다. 그는 만약 하늘이 무너져 내리고 땅이 꺼지면 어디로 숨어야 하는지 피신할 곳이 없어진다고 걱정하며 잠도 이루지 못하고 밥도 잘 먹지 못하며 걱정만 하고 있었다.

그러던 어느 날, 걱정으로 세월을 보내는 그의 모습을 보다못한 한 친구가 찾아와 말했다.

"하늘은 공기가 뭉쳐 굳은 것에 불과하므로 무너지지 않을 걸세."

그러자 그가 다시 심각한 표정으로 말했다.

"하늘이 정말 공기가 뭉쳐 굳은 것이라면 해나 달이나 별 같은 것은 떨어질지도 모르잖는가?"

"그것들 역시 공기의 덩어리이므로 떨어지지 않을 걸세. 떨어진다고 해도 맞아서 다치는 일은 없네."

"그럼 땅은 갈라질지도 모르는 일 아닌가?"

"땅은 흙덩이가 쌓인 것뿐이야. 사방에 꽉 차서 꺼지는 일 같은 것은 없을 걸세."

그러자 사나이는 비로소 안심이 되어 크게 기뻐했다.

열자는 이 소리를 듣고 웃으면서 말했다.

"천지가 무너지지 않는다고 말한 그 사람 역시 틀렸다. 무너질지 안 무너질지는 우리들로서는 알 수 없는 일이다."

杞	人	之	憂	杞	人	之	憂

기불택식 (飢不擇食)

굶주린 사람은 먹을 것을 가리지 않는다는 뜻으로, 빈곤한 사람은 대수롭지 않은 은혜에도 감격함.

기사회생 (起死回生)

다 죽게 되었다가 다시 살아난다는 뜻.

기산지절 (箕山之節)

굳은 절개나 신념을 충실히 지킴.

기소불욕물시어인 (己所不欲勿施於人)

자기가 싫어하는 것은 다른 사람 역시 싫어하는 것이니 이것을 남에게 시키면 안 된다는 뜻.

기욕입이입인 (己欲立而立人)

자기의 입신(立身)을 바라면 남도 입신하도록 하여야 한다는 말.

기자이위식 (飢者易爲食)

기갈(飢渴)이 심한 자는 그 음식의 여하를 막론하고 먹는다는 뜻으로, 곤궁한 사람은 사소한 은혜라도 감수한다는 말.

기진맥진 (氣盡脈盡)

기력과 의지력이 다 없어져 스스로 가누지 못할 만큼 노그라짐.

기한도골 (飢寒到骨)

기한이 뼛속까지 이름. 극심한 기한.

기한발선심 (飢寒發善心)

굶주려 고생을 하면 착한 마음이 생긴다는 뜻.

기화가거 (奇貨可居)

진귀한 물건을 사두었다가 훗날 기회를 만나 큰 이익을 얻게 한다는 뜻으로, 좋은 기회를 기다려 큰 이익을 얻음.

길상선사 (吉祥善事)

더할 나위 없이 기쁘고 매우 좋은 일.

기호지세 騎虎之勢

騎 말탈 기 虎 호랑이 호 之 갈 지 勢 형세 세

호랑이를 타고 달리는 듯한 기세라는 뜻으로,
일을 시작한 이상 중도에서 그만둘 수 없는 형세를 말한다.

남북조 시대에 최후의 왕조인 북주(北周)의 선제(宣帝)가 죽자 외척인 양견(楊堅)이라는 자가 왕을 보좌하여 국사를 총괄하였다. 한족이었던 양견은 오랑캐인 선비족에게 빼앗긴 땅을 되찾고 한족의 천하로 만들겠다는 큰 뜻을 품고 있었다.

그러던 차에 선제가 죽고 왕좌에 오른 왕이 아직 어리고 영특하지 못하자 양견은 모반을 꾀하기 시작했다.

그 때 남편의 뜻을 알고 있던 아내 독고 부인으로부터 한 통의 편지가 왔다.

"지금 당신은 호랑이를 타고 달리는 기세와 같으므로 중도에서 멈춰서는 안됩니다. 최후까지 밀고 나가 목적을 달성하십시오."

아내의 편지에 용기를 얻은 양견은 나이 어린 정제(靜帝)를 몰아내고 스스로 제위에 올라 문제(文帝)라 일컫고 수(隋)나라를 세웠다.

그후 문제는 진(陳)나라를 멸하고 천하를 통일했다.

그러나 아내가 똑똑하다 하여 좋은 점만 있는 것은 아니었다. 그녀는 결혼 당초에 남편에게 첩의 자식을 낳지 않겠다는 맹세를 받았는데 그 때 나이가 14세였다. 왕후가 된 후에도 질투가 어찌나 심한지 후궁에 대한 감시의 눈초리를 늦추지 않았다. 그녀가 쉰 살의 나이로 죽을 때까지 후궁의 소생은 단 한 명도 없었다.

騎	虎	之	勢	騎	虎	之	勢			

낙극애생 (樂極哀生)

즐거움이 다하면 슬픔이 생긴다는 뜻.

낙락장송 (落落長松)

가지가 축축 늘어진 키 큰 소나무.

낙목공산 (落木空山)

나뭇잎이 다 져서 텅 비고 볼 만한 것이 아무것도 없는 쓸쓸한 산.

낙미지액 (落眉之厄)

눈썹에 떨어진 액(厄)이란 뜻으로, 뜻밖의 액운을 이르는 말.

낙생어우 (樂生於憂)

쾌락은 항상 고생하는 데서 나온다는 말.

낙월옥량 (落月屋梁)

지는 달이 지붕을 비춘다는 뜻으로, 고인(故人)을 생각하는 마음이 간절하다는 데 쓰는 말.

낙정하석 (落穽下石)

우물에 빠진 사람을 구해 주지는 않고 오히려 돌을 던진다는 뜻으로, 타인이 고난을 당하면 더욱 가해한다는 비유.

낙천도모 (落天圖謀)

다른 사람이 잘된 것은 자기가 힘써 그렇게 된 것이라 하여 그에 대한 사례로 금품을 요구하는 행동을 말함.

낙화난상지 (落花難上枝)

한번 진 꽃은 다시 필 수 없다는 뜻으로, 한번 저지른 일은 다시 전 상태로 돌이킬 수 없음을 이름.

낙화유수 (落花流水)

① 땅에 떨어지는 꽃과 흐르는 물. ② 남녀간에 서로 그리워하는 정이 있음의 비유.

낙양지귀 洛陽紙貴

洛 서울 이름 **락** 陽 볕 **양** 紙 종이 **지** 貴 귀할 **귀**

낙양(洛陽)의 종이 값이 오른다는 뜻으로,
저서가 호평을 받아 매우 잘 팔리는 것을 일컫는 말이다.

진(晉)나라 때, 제(齊)나라 임치(臨淄) 출신인 좌사(左思)라는 사람이 있었다.

그는 추남에다 말주변도 없어 매일 집에 틀어박혀 글 공부에만 전념했다. 그는 열심히 글을 읽혀 《제도의 부(齊都之賦)》라는 서사시를 1년 동안 집필하여 이름을 얻었다.

그후 그는 삼국 시대 촉한(蜀漢)과 오(吳)나라, 위(魏)나라 도읍의 제도와 풍물을 읊은 《삼도부(三都賦)》란 책을 10년 만에 완성하였다. 그러나 그 책의 진가를 알아 주는 사람이 없었다. 당대 제일의 문학자라 일컬어졌던 육기(陸機)는 좌사를 경멸하고 있었는데, 우연히 좌사가 지은 시를 읽고는 격찬을 하자 많은 사람들이 관심을 갖기 시작했다.

그러던 어느 날, 장화(張華)라는 유명한 시인이 우연히 《삼도부(三都賦)》를 읽고 깜짝 놀라 '이것이야말로 반(班)·장(張)의 저서에 버금간다' 고 격찬을 하였다.

'반·장' 이란 후한 때 《양도부(兩都賦)》를 지은 반고(班固)와 양경부(兩京賦)를 쓴 장형(張衡)과 같은 대시인을 말한 것이다.

《삼도부(三都賦)》는 어느새 낙양의 화제작이 되었고, 사람들마다 그 책을 다투어 베껴 쓰는 바람에 낙양 땅의 종이 값이 갑자기 올랐다고 한다.

洛	陽	紙	貴	洛	陽	紙	貴		

난공불락 (難攻不落)

공격하기가 어려워 좀처럼 함락되지 아니함.

난득자형제 (難得者兄弟)

형제는 인력으로 얻어지는 것이 아니므로 형제간에 의가 좋아야 한다는 뜻.

난득지물 (難得之物)

매우 얻기 어려운 물건.

난망지은 (難亡之恩)

잊을 수 없는 은혜. 큰 은덕.

난보지경 (難保之境)

보호하기 어려운 지경.

난신적자 (亂臣賊子)

반란을 일으켜 나라를 어지럽게 하는 신하와 부모를 해치는 자.

난아심곡 (亂我心曲)

가지가지 일로 마음이 산란하다는 뜻.

난언지지 (難言之地)

말하기 어려운 경우나 처지.

난의포식 (暖衣飽食)

옷을 따뜻하게 입고 몸을 덥게 하고 음식을 배부르게 먹음. 곧 사 치스런 생활을 말함.

난중지난 (難中之難)

어려운 가운데서도 가장 어려움.

난화지맹 (難化之氓)

교화시키기 어려운 백성.

날이불치 (捏而不緇)

검은 빛에 물을 들이려 해도 물들지 않는다는 뜻으로, 군자는 악 에 물들지 않는다는 뜻.

난형난제 難兄難弟

難 어려울 난　兄 형님 형　弟 아우 제

누구를 형이라 아우라 하기 어렵다는 뜻으로,
두 사물의 낫고 못함을 분간하기 어렵다는 말이다.

후한(後漢) 때의 일이다.

진식(陳寔)이라는 사람이 자기 집에서 친구를 만나 어디를 함께 가기로 약속을 한 일이 있었다. 그런데 이 친구가 늦게까지 나타나지 않자 진식은 먼저 출발했다. 그런데 뒤늦게 찾아온 친구가 화를 내며 진식을 욕하자 옆에서 조용히 듣고 있던 진식의 아들 진기가 말했다.

"손님께선 저희 아버님과 약속을 하셨죠? 그런데 약속 시간이 훨씬 지나 이제야 오셨으니 손님과 제 아버지 중 누가 신의를 저버린 것입니까? 그리고 자식 앞에서 그 아버지 욕을 한다는 것은 예의에 어긋난 일이 아닙니까?"

진식을 찾아왔던 사람은 친구의 어린 아들에게 창피를 당하는 순간 자신의 잘못을 크게 깨닫고 사과를 하려고 수레에서 내려왔으나 진기는 이미 대문 안으로 들어가 버린 뒤였다.

또 언젠가 사촌간인 진기(陳紀: 元方)의 아들과 진심의 아들 진충(陳忠)이 서로 자기 아버지의 공적과 덕행을 자랑하며 논쟁을 벌였다. 그런데 결론이 나지 않자 할아버지인 진식에게 공정한 판정을 내려줄 것을 요구하였다.

진식이 그들을 보고 빙긋이 웃으며 말했다.

"원방(元方)도 형이 되기 어렵고, 계방(季方)도 형이 되기 어렵다."

難	兄	難	弟	難	兄	難	弟				

남귤북지 (南橘北枳)
강남의 귤을 강북에 옮겨 심으면 탱자 나무로 변한다는 뜻으로, 사람도 환경에 따라 선하게도 악하게도 된다는 말.

남래여왕 (南來女往)
남녀간에 왕래하며 서로 교제하는 것을 이름.

남루지회 (南樓之會)
달 밝은 가을밤에 연회를 베푸는 것을 이름.

남만격설 (南蠻鴃舌)
남쪽 오랑캐의 말은 때까치 소리와 같다는 뜻으로, 알아들을 수 없는 외국 사람의 말을 멸시하는 말.

* 남부여대 (男負女戴)
남자는 등에 짐을 지고 여자는 머리에 인다는 뜻으로, 가난한 사람들이 살 곳을 찾아 떠돌아다니는 형상을 말함.

남산지수 (南山之壽)
남산이 한없이 이 세상에 있듯이, 오래 사는 수명을 가리키는 뜻으로, 장수(長壽)를 축원할 때 쓰는 말.

남상 (濫觴)
거대한 양자강도 그 원천은 겨우 술잔을 띄울 만한 적은 물에 불과하다는 뜻으로, 모든 사물의 시초나 근원을 이르는 말.

남선북마 (南船北馬)
중국의 남쪽은 강이 많아 배를 이용하고 북쪽은 산이 많아 말을 타고 다닌다는 뜻으로, 바쁘게 여기저기를 돌아다닌다는 뜻.

남아일언중천금 (男兒一言重千金)
남자의 말 한 마디가 천금의 무게를 가졌다는 뜻으로, 한 마디 말도 매우 중요하므로 말하기를 극히 삼가라는 말.

남전북답 (南田北畓)
소유한 전토(田土)가 여기 저기 흩어져 있음을 이르는 말.

*남가일몽 南柯一夢

南 남녘 **남** 柯 가지 **가** 一 한 **일** 夢 꿈 **몽**

**남쪽으로 뻗은 나뭇가지 밑에서 꾼 꿈이란 뜻으로,
꿈과 같이 헛된 한때의 부귀와 영화를 비유한 말이다.**

당나라 덕종(德宗) 때 양자강 하류에 순우분(淳于芬)이라는 사람이 살고 있었다. 순우분의 집에는 한 그루의 커다란 화나무가 있었는데, 잎이 무성해 나무 밑은 쉬기에 안성맞춤인 곳이었다.

어느날 순우분은 여느 때와 마찬가지로 친구들과 술을 마시고 나무 밑에서 잠이 들었는데 어디선가 낯선 두 사람이 나타나 이렇게 말했다.

"괴안국(槐安國) 국왕의 어명으로 당신을 모시러 왔습니다."

그는 그들을 따라 화나무 구멍 속으로 들어가자 곧 이어 괴안국 국왕이 그를 맞이하기 위해 성문 앞에서 기다리고 있었다. 그는 재상으로 임명되었으며, 그 나라 공주와 결혼을 하기도 했다. 그러나 때마침 침공해 온 단라국군(檀羅國軍)에게 참패하고 아내마저 병으로 죽어 고향으로 돌아오지 않으면 안 되는 신세가 되었다.

잠에서 깨어나 보니 아내는 마당을 쓸고 있었고, 해는 아직 넘어가지 않았으며 술 주전자도 그대로 있었다. 괴이하게 생각한 그가 화나무 밑을 살펴보았더니 그곳에 커다란 개미구멍이 하나 있었다.

그가 꿈속에서 벼슬을 한 괴안국은 다름 아닌 이 개미구멍이었으며, 화나무의 맨 남쪽 가지가 바로 그가 재상으로 있던 남가군이었다. 남가일몽의 덧없음을 깨달은 그는 개미구멍을 원래대로 고쳐 놓고 도술에만 전념하게 되었다.

南	柯	一	夢	南	柯	一	夢			

남전출옥 (藍田出玉)
용모가 아름다움을 이름.

남중일색 (男中一色)
남자로서 얼굴이 아름답고 잘 생긴 사람을 이름.

남지락북지개 (南枝落北枝開)
매화의 남쪽 가지는 낙화되고 북쪽 가지는 개화한다는 뜻으로, 한난(寒暖)의 차이를 말함.

남풍불경 (南風不競)
남방의 풍악이 보잘것없고 생기가 없다는 뜻으로, 힘이나 세력따위를 떨치지 못함을 비유한 말.

남풍지훈 (南風之薰)
우순(虞舜)이 오현금(五絃琴)으로 남풍가(南風歌)를 노래하니 천하 백성이 화락하고 태평을 구가하였다 함.

남흔여열 (男欣女悅)
부부가 화락하는 것을 말함.

납전삼백 (臘前三白)
동지 지난 셋째 술일(戌日) 전에 눈이 하얗게 세 번 온다는 뜻으로, 이듬해 농사의 풍년들 징조라 함.

낭다육소 (狼多肉少)
이리는 많은데 먹을 고기는 적다는 뜻으로, 금액은 적은데 분배를 원하는 사람은 많음을 이름.

낭두 (囊頭)
주머니를 뒤집어 쓴 머리, 또는 자루를 머리에 쓴다는 뜻으로, 함구(緘口)하여 돈수(頓首)한다는 말.

낭랑세어 (朗朗細語)
낭랑한 목소리로 소곤거리며 말함.

*낭중지추 囊中之錐

囊 주머니 낭　中 가운데 중　之 갈 지　錐 송곳 추

주머니 속에 든 송곳이란 뜻으로, 포부와 역량이 뛰어난 사람은
많은 사람 중에 섞여 있을지라도 눈에 드러난다는 말이다.

　전국 시대 말, 진나라의 공격을 받은 조(趙)나라 혜문왕은 평원군(平原
君)을 초(楚)나라에 보내어 구원군을 청하기로 했다. 어명을 받은 평원군
은 그의 식객 중에서 유능한 사람 20여 명을 뽑아 수행원을 삼기로 했
다. 그런데 19명은 뽑았으나, 나머지 한 사람을 뽑지 못해 고심하고 있
을 때 모수(毛遂)라는 식객이 스스로를 추천하며 나섰다.

　"나리, 제발 부탁이오니 저를 데리고 가 주십시오."

　평원군은 처음 보는 얼굴이었다.

　"그대는 내 집에 온 지 얼마나 되었소?"

　"한 3년쯤 됩니다."

　"무릇 재능이 뛰어난 사람은 주머니 속에 든 송곳처럼 그 예리함이
저절로 나타나는 법이오. 그대는 내 집에 온 지 3년이나 되었지만 나는
그대에 관해서 들은 바가 없소. 그대는 수행할 만한 능력이 없으니 머물
러 있는 편이 좋을 듯하오."

　그러자 모수가 대답했다.

　"저를 좀더 일찍 주머니 속에 넣어 주셨다면 송곳의 끝이 아니라 송
곳 자루까지 주머니 밖으로 나왔을 것입니다."

　그의 재치 있는 대답에 만족한 평원군은 모수를 수행원으로 뽑았다.
그리고 모수가 활약한 덕분에 초나라 구원군을 얻을 수 있었다.

낭유도식 (浪遊徒食)

하는 일 없이 헛되이 놀고 먹음.

낭자야심 (狼子野心)

이리의 새끼는 아무리 길을 들이려고 해도 야수의 성질을 버리지 못한다. ① 길들이기 힘든 성질. ② 신의가 없음을 비유한 말.

낭중취물 (囊中取物)

주머니 속에 든 것을 집어내듯이 매우 손쉬운 일.

낭형 (囊螢)

개똥벌레를 주머니에 넣음. 고생하며 학문을 닦음.

내무내문 (乃武乃文)

문무(文武)를 아울러 갖춘다는 뜻으로, 임금의 덕을 기리고 높이는 말.

내성불구 (內省不疚)

마음 속에 조금도 즐거움이 없음.

내세불가대 (來世不可待)

장래의 일은 기대할 것이 못된다는 뜻.

내소외친 (內疏外親)

마음 속으로는 소홀히 하고 겉으로는 친한 척함.

내심왕실 (乃心王室)

마음을 왕실에 둠. 나라 일에 충성함.

내유외강 (內柔外剛)

사실은 마음이 약한데도 외부에 나타난 태도는 강하게 보임.

내윤외랑 (內潤外朗)

옥(玉)의 광택이 안에 함축된 것을 내윤, 밖으로 나타난 것을 외랑이라 함. 인물의 재덕을 형용하는 말.

내인거객 (來人去客)

오고 가는 사람. 자주 오가는 많은 사람들.

내우외환 內憂外患

內 안 내 憂 근심할 우 外 바깥 외 患 근심 환

나라 안의 근심과 나라 밖에서 오는 재난을 뜻하는 것으로,
인간은 근심 속에서 산다는 것을 가리키는 말이다.

춘추 시대 중엽, 세력이 막강한 초(楚)나라와 진(晉)나라가 대립하고 있었다.

진나라 여공이 송나라와 동맹을 맺음으로써 평화가 유지되었지만, 그리 오래 가지는 못했다.

마침내 초나라 공왕(共王)이 정(鄭)나라와 위나라를 침략함으로써 평화가 깨지고 말았다.

이보다 앞서 낙씨는 진나라에 항거한 정나라를 치기 위하여 동원령을 내리고, 스스로 장군이 되었다. 범문자(范文子)는 그 부장군이 되었지만 진나라와 초나라 두 군대가 충돌하자 낙씨는 초나라와 싸울 것을 주장했다.

그러나 범문자는 이에 반대하여, "제후로 있는 사람이 반란을 꾀하면 이것을 토벌하고 공격을 당하면 이를 구원하여 나라는 이로써 혼란해진다. 즉 제후는 어려움의 근본이다."라고 지적하였다.

"성인이라면 내부의 근심도 외부로부터의 재난에도 흔들림 없이 견디지만, 우리들에게는 밖으로부터의 재난이 없으면, 반드시 내부에 근심이 생긴다. 초나라와 정나라 등 밖에서 오는 재난은 내버려두어야 한다."

內	憂	外	患	內	憂	外	患			

내자가추 (來者可追)
이미 지난 일은 어찌 할 수 없으나 장차의 일은 조심하여 지금까지와 같은 과실을 범하지 않을 수 있다는 뜻.

내자불거 (來者不拒)
오는 사람을 막지 말라는 뜻으로, 자유 의사에 맡기라는 말.

내전보살 (內殿菩薩)
알면서도 모른 체하고 가만히 있는 사람의 비유.

내정돌입 (內庭突入)
남의 집 안에 주인의 허락 없이 불쑥 들어간다는 뜻.

내청외탁 (內淸外濁)
깨끗하고 곧은 마음으로 어지러운 세상을 삶.

냉어침인 (冷語侵人)
① 매정한 말로 남의 마음을 찌름. ② 말로 남을 풍자함.

노갑이을 (怒甲移乙)
갑(甲)에 대하여 노한 것을 을(乙)에게 옮긴다는 뜻으로, 어떤 사람에게서 당한 노염을 다른 사람에게 화풀이함.

노기복력 (老驥伏歷)
천리마(千里馬)가 늙도록 마구간에 엎드려 있다는 뜻으로, 유능한 인물이 늙기까지 아직 때를 만나지 못하였음을 비유하는 말.

노래지희 (老萊之戲)
초(楚)나라의 효자인 노래자(老萊子)가 나이 칠십에 어린이 옷을 입고 늙은 부모 앞에서 재롱을 부려 부모에게 자기의 늙음을 잊게 했다는 고사에서 유래한 말.

노류장화 (路柳墻花)
누구든지 쉽게 꺾을 수 있는 길가의 버들과 담 밑의 꽃이라는 뜻으로, 화류계의 여자들을 말함.

노당익장 老當益壯

老 늙을 로   當 마땅할 당   益 더할 익   壯 장할 장

나이가 들어 늙어 갈지라도 쇠하지 말고 뜻과 기백을 더욱 세게 지녀야 한다는 말이다.

동한(東漢)의 명장 마원(馬援)은 어렸을 때부터 큰 뜻을 품어 글을 배우고 예절을 익히는 데 게을리 하지 않았으며, 무예도 뛰어나 그의 형은 동생 마원은 언젠가는 큰 인물이 될 것이라고 말하곤 했다. 그런데 동생의 재능을 일찍 간파했던 형이 불행히도 일찍 세상을 떠나고 말았다. 마원은 몹시 슬펐으나 과부가 된 형수를 잘 섬기며 아우로서의 예절을 다하였다.

몇 년 후 마원은 부풍군의 독우(督郵)란 벼슬에 오르게 되었다. 어느 날, 군태수의 명을 받들어 많은 죄수들을 장안으로 압송하게 되었다. 그러나 도중에 죄수들이 고통을 이기지 못하고 애통하게 울부짖는 광경을 목격하고는, 그들을 압송하여 형벌을 받게 한다는 것이 너무 가슴 아프게 생각되어 모두 풀어 주었다. 그리고 자신도 관직을 버리고 북방으로 달아나 버렸다.

북방으로 간 마원은 어렸을 때부터 키워 온 꿈인 목축업에 종사하며 평화로운 세월을 보냈다. 부지런하고 수완이 좋은 마원은 얼마 지나지 않아 대 목축업주 겸 지주가 되었다. 생활이 윤택해지자 그는 가까운 친구와 이웃 사람들에게 자신의 재산을 나누어 주었다.

마원은 항상 친구들에게 말했다.

"무릇 대장부란 가난할수록 의지가 더 강해야 하며 늙을수록 의기가 더 왕성해야 한다."

老	當	益	壯	老	當	益	壯		

노마십가 (駑馬十駕)

둔한 말이 열 수레를 끈다는 뜻으로, 재주가 없는 사람이라도 열심히 하면 훌륭하게 된다는 뜻.

노말지세 (弩末之勢)

큰 활 끝의 세(勢)라는 뜻으로, 걷잡을 수 없이 퉁겨 나오는 세력을 말함.

노목시지 (怒目視之)

성난 눈으로 바라봄.

노변담화 (爐邊談話)

난롯가에 앉아서 가족과 이야기하듯이 친밀한 태도로 서로 주고받는 이야기.

노불습유 (路不拾遺)

길에 떨어져 있는 남의 물건을 주워서 자기가 가지려는 따위의 짓은 하지 않는다는 뜻에서, 나라가 잘 다스려져 모든 백성이 매우 정직한 모양을 이르는 말.

노사숙유 (老士宿儒)

나이가 많고 학식이 깊은 선비.

노생지몽 (盧生之夢)

노생의 꿈. 한때의 헛된 부귀 영화.

노승발검 (怒蠅拔劍)

파리를 보고 칼을 뺀다는 뜻으로, 사소한 일에 화를 냄을 이름.

노실색시 (怒室色市)

방안에서 노하고 거리에 나가 노여움을 나타낸다는 뜻으로, ① 노여움을 다른 곳에 옮긴다는 뜻. ② 때늦게야 행동함을 이름.

---

* **노심초사 (勞心焦思)**

마음을 몹시 졸이며 애를 태움.

노마지지 老馬之智

老 늙을 로   馬 말 마   之 갈 지   智 지혜 지

**늙은 말의 지혜라는 뜻으로, 아무리 하찮은 대상이라도
그 나름대로 장점과 배울 점이 있다는 말이다.**

춘추 시대, 제(齊)나라 환공(桓公)이 관중(管仲), 습붕(隰朋)을 데리고 소국인 고죽(孤竹)을 토벌한 뒤 귀국하다가 산중에서 길을 잃고 말았다.

전쟁이 시작되었을 때는 봄이었으나 싸움이 끝나고 귀국길에 오를 때에는 겨울이 되어 있었다. 살을 에는 찬바람과 악천후 속에서의 행군은 몹시 고통스러웠다.

군사들 모두 지독한 추위에 떨고 있을 때 관중이 나서서 말했다.

"늙은 말은 거의 본능적으로 길을 찾는다고 합니다. 바로 지금이야말로 늙은 말의 지혜가 필요한 때입니다."

그래서 그들은 늙은 말 한 필을 골라 풀어놓았다. 그리고 군사들은 늙은 말의 뒤를 좇아 행군한 끝에 큰길을 찾을 수 있었다. 또 한번은 험한 산길을 행군하다가 물이 떨어져 군사들은 갈증에 시달려 더 이상 한 걸음도 전진할 수가 없게 되었다. 이때 습붕이 나서서 말했다.

"개미는 겨울에는 산의 남쪽에 집을 짓고 여름에는 산의 북쪽에 집을 짓습니다. 개미집에 흙이 한 치쯤 쌓여 있으면 그 아래 8척이 되는 곳에 물이 있습니다."

습붕의 말이 끝나자마자 군사들이 개미집을 찾아 그곳을 파 내려가니 정말로 물이 솟아 나왔다고 한다.

老	馬	之	智	老	馬	之	智		

노안비슬 (奴顔婢膝)

얼굴은 사내종과 같이 비굴하게 갖고 몸은 계집종과 같이 놀린다는 뜻으로, 남에게 굽실거리는 더러운 태도를 이름.

노어지오 (魯魚之誤)

글자를 잘못 쓰기 쉬움을 가리키는 말.

노이무공 (勞而無功)

애를 썼으나 아무런 보람이 없음.

노이불원 (勞而不怨)

① 효자의 행위. ② 인민의 행위.

노일지설 (勞逸之說)

안일을 즐기며 노고를 물리침.

노전분하 (爐田分下)

그 당시 현장에 있는 사람에게만 나누어 줌.

노주지분 (奴主之分)

종과 상전의 나뉨이라는 뜻으로, 매우 거리가 멀어 바꿔 설 수 없는 대인 관계를 이름.

노지남자 (魯之男子)

사람의 행위(行爲)를 배우는 데는 그 외형(外形)을 배우지 말고 심의(心意)를 배워야 함을 이름.

노파심절 (老婆心切)

남을 위하여 지나치게 걱정을 함을 이름.

녹림호걸 (綠林豪傑)

불한당이나 화적을 달리 이르는 말.

녹사불택음 (鹿死不擇音)

사슴은 그 소리가 아름다우나 죽게 되었을 때는 그 아름다운 소리를 가리어 낼 여유가 없다는 말로, 사람도 위급한 지경을 당했을 때는 악성(惡聲)이 나온다는 뜻.

녹림 綠林

綠 푸를 녹 林 수풀 림

푸른 숲이란 뜻으로, 세상을 등진 호걸들이 있는 도적의 소굴을 일컫는다.

전한 말, 왕실의 외척 왕망(王莽)은 한(漢)나라를 무너뜨리고 스스로 왕위에 올라 나라 이름을 신(新)이라 정했다.

왕망은 모든 제도를 개혁하여 이전의 왕보다 더 나은 정치를 해야 민심을 자기 편으로 돌릴 수 있다는 생각에 새로운 정책을 수립했지만 모두 실패로 돌아갔다. 실패한 정책들의 몫은 백성들이 모두 떠안아야 했다. 삶의 기반을 잃은 백성들은 떠돌아다녀야 했으며 문전걸식하는 농민이 도처에 생길 정도로 백성들은 극도의 생활고에 빠졌고, 귀족들 또한 왕망에게 심한 반감을 드러내기 시작했다.

급기야 농민들이 폭동을 일으키고 각처에서 반란이 일어났다. 그중에서 형주 녹림산(綠林山)에 근거지를 둔 8천여 명의 왕망의 무리들은 스스로를 '녹림지병(綠林之兵)'이라 일컬으며 탐관오리와 관청의 창고를 털어 문전걸식하는 사람들에게 골고루 나누어 주었다.

그후 이 무리는 5만 명을 헤아리는 큰 세력으로 성장했는데, 광무제(光武帝)는 이들을 이용하여 신나라를 무너뜨리고 후한(後漢)을 세웠다.

'녹림'이란 원래 형주에 있는 산 이름이지만, 왕망의 무리들이 이곳에 근거지를 두고 도둑질을 했기 때문에 '녹림'이 도둑의 소굴을 일컫는 말로 쓰여지게 되었다.

綠	林	綠	林					

녹수청산 (綠水靑山)
푸른 물과 푸른 산.

녹원 (鹿苑)
① 사슴을 놓아 기르는 뜰. ② 석가가 불도를 닦은 곳.

----

* **녹음방초 (綠陰芳草)**
나뭇잎이 푸르게 우거진 나무 그늘과 아름답게 우거진 풀이라는 뜻으로, 주로 여름철의 자연 경치를 이름.

녹의홍상 (綠衣紅裳)
연두 저고리에 다홍치마라는 뜻으로, 젊은 여자의 곱게 치장한복색을 이름.

녹창주호 (綠窓朱戶)
푸른 칠을 한 창과 붉은 칠을 한 문이라는 뜻으로, 호화롭게 꾸민 좋은 집을 이르는 말.

논공행상 (論功行賞)
공적의 유무·대소를 논결하여 각각 알맞은 상을 주는 일.

논인장단 (論人長短)
남의 잘잘못을 평가해서 말함.

농가성진 (弄假成眞)
장난으로 한 것이 진심으로 한 것같이 되었다는 뜻.

농교성졸 (弄巧成拙)
지나치게 솜씨를 부리다가 도리어 서툴게 됨.

농불실시 (農不失時)
농사짓는 일은 제때를 놓치지 말아야 한다는 뜻.

----

* **농와지희 (弄瓦之喜)**
딸을 낳은 기쁨을 말함. 옛날 중국에서는 딸을 낳으면 길쌈할 때쓰는 벽돌을 장난감으로 주었음.

농단 壟斷

壟 언덕 롱   斷 끊을 단

깎아지른 듯이 높이 솟은 언덕이란 뜻으로,
가장 유리한 위치에서 이익과 권력을 독차지함을 말한다.

전국 시대, 왕도 정치의 실현을 위해 여러 제국을 돌던 맹자(孟子)가 수년간 머물렀던 제(齊)나라를 떠나 귀국하려 하자, 선왕(宣王)은 이 현인을 놓치기 싫었다.

선왕은 맹자에게 높은 봉록(俸祿)을 줄 테니 자기 곁을 떠나지 말라고 부탁했다. 그러나 맹자는 단호하게 거절했다.

"폐하, 저는 봉록에 매달려 재물을 독차지할 마음이 추호도 없습니다."

그리고는 농단(壟斷)에 얽힌 이야기를 꺼냈다.

"먼 옛날에는 시장에서 물물교환의 상거래가 이루어졌습니다. 또 관료들은 시장의 질서에만 신경을 썼지 세금 따위를 징수하지는 않았습니다. 그런데 한 교활한 사나이가 나타나 시장의 상황을 쉽게 알 수 있는 높은 언덕에 올라갔습니다. 그곳에서라면 시장의 모습을 한눈에 읽을 수 있기 때문이었습니다. 누구도 장사를 하려는 마음이 없는데다 지리(地利)를 독차지하였으므로 그는 장사를 하여 이익을 독점했습니다. 그러자 사람들은 모두 이 사나이의 상술을 증오했고, 관료들은 그에게 세금을 부과하기로 했습니다. 그리고 이때부터 장사꾼에게 세금을 물리는 일이 비롯되었던 것입니다."

맹자는 이익을 독차지하는 장사치와는 달랐다. 맹자는 선왕이 제의한 거액의 봉록을 거들떠보지도 않고 제나라를 떠났다.

* **농장지희 (弄璋之喜)**

아들을 낳은 기쁨을 말함. 옛날 중국에서는 아들을 낳으면 구슬을 장난감으로 주었음.

농조연운 (籠鳥戀雲)

장 속에 갇힌 새가 구름을 그리워함과 같이 속박을 받는 몸이 자유를 희구하는 마음.

뇌동비평 (雷同批評)

남하는 대로 좇아서 하는 비평.

뇌락장렬 (磊落壯烈)

기상이 쾌활하고 지기(志氣)가 장대함.

뇌려풍비 (雷厲風飛)

벼락같이 빨리 일을 해치운다는 뜻.

뇌뢰낙락 (磊磊落落)

마음이 공명정대한 모양.

뇌봉전별 (雷逢電別)

우레같이 만났다가 번개같이 헤어진다는 뜻으로, 갑자기 잠깐 만났다가 곧 헤어짐을 이르는 말.

뇌성대명 (雷聲大名)

① 세상에 크게 드러난 알려진 이름. ② 남의 이름을 높여 하는 말.

뇌성벽력 (雷聲霹靂)

천둥치는 소리와 벼락.

뇌정벽력 (雷霆霹靂)

격렬한 천둥과 벼락.

누진취영 (鏤塵吹影)

먼지에 새기고 그림자를 입으로 분다는 데서 나온 말로, 쓸데없는 헛수고를 이름.

누란지위 累卵之危

累 쌓을 누　卵 알 란　之 갈 지　危 위태할 위

계란을 쌓아 놓으면 굴러 떨어져 곧 깨어질 것처럼, 아주 위태로운 상태를 비유한 말이다.

전국 시대, 위(魏)나라의 범저(范雎)라는 사람은 가난한 집 아들로 태어났지만 야심을 품고 있었다.

그러던 중, 제(齊)나라에 사신으로 가는 중대부(中大夫) 수가(須賈)의 부하가 되어 그를 수행하게 되었다. 그런데 제나라에서는 수가보다 범저의 인기가 높았다. 이에 자존심이 상한 수가는 귀국 후 재상에게 범저가 제나라와 내통하고 있다고 그를 모함하기에 이르렀다.

수가의 모함에 범저는 억울하게 옥에 갇히게 되었다. 그러나 그는 옥졸을 설득하여 탈옥한 뒤, 정안평이라는 사람의 집에 숨어 살며 이름을 장록(張祿)이라 바꾸었다.

그후 정안평의 도움으로 진나라의 사신인 왕계(王稽)를 따라 망명했다. 왕계는 진나라 왕에게 장록에 대하여 보고를 올렸다.

"위나라에 장록이란 사람이 있는데 그는 천하의 뛰어난 외교관입니다. 진나라의 정치를 논하기를 '진나라는 지금 알을 쌓아 놓은 것처럼 위태롭다. 나를 등용하면 평화를 유지할 수 있다. 그러나 이것을 글로 전할 수는 없다'고 하는 터라 신이 데리고 왔습니다."

그후 범저는 진나라 왕에게 원교근공(遠郊近攻)의 대외 정책을 진언하는 등 이름을 크게 날렸다.

累 卵 之 危 累 卵 之 危

눌언민행 (訥言敏行)

사람은 말하기는 쉬워도 행하기는 어려우므로, 말은 느리고 어눌하게 하여도 행동은 민첩해야 함을 이름.

능견난사 (能見難思)

능히 보고도 생각하기 어렵다는 뜻으로, 잘 살펴보고도 보통의 이치로는 추측할 수 없는 일.

능곡지변 (陵谷之變)

높은 언덕이 변하여 깊은 골짜기가 되고 골짜기는 변하여 언덕이 된다는 뜻으로, 세상 일의 극심한 변천을 이름.

* 능소능대 (能小能大)

재주와 주변이 좋아 모든 일에 두루 능함.

능문능필 (能文能筆)

문장을 짓는 솜씨와 글씨를 쓰는 솜씨가 능란함. 또는 그러한 솜씨가 있는 사람.

능운지지 (陵雲之志)

높은 구름을 훨씬 넘는 높은 뜻이라는 말로, ① 속세에 초연한 태도. ② 높은 지위에 오르려는 욕망.

능자다로 (能者多勞)

재능이 있는 사람은 고생이 많다는 말. 일을 잘하므로 필요 이상의 수고를 하게 된다는 말.

능서불택필 能書不擇筆

能 능할 능 書 쓸 서 不 아니 불 擇 택할 택 筆 붓 필

글씨를 잘 쓰는 사람은 붓을 가리지 않는다는 뜻으로,
진정한 달인은 종이나 붓 같은 재료를 두고 트집을 잡지 않는다는 말이다.

당나라 때, 서예의 달인으로 당초사대가(唐初四大家)가 있었다. 그들은 우세남(虞世南), 저수량(褚遂良), 안진경(顔眞卿), 구양순(歐陽詢) 등이었다. 그 중에서도 특히 구양순이 유명했다.

구양순의 서체는 솔경체(率更體)라 불리는데 힘찬 기세가 스승인 왕희지(王羲之)보다 뛰어났다.

구양순은 글씨를 쓸 때 붓과 종이를 가리지 않았다.

그러나 저수량은 좋은 붓과 먹이 없으면 글을 쓰려고 하지 않았다. 어느 날 저수량이 우세남에게 물었다.

"자네는 내 글씨와 구양순의 글씨 중 누가 더 뛰어나다고 생각하나?"

우세남이 대답했다.

"구양순은 종이나 붓에 구애됨이 없이 글씨를 훌륭하게 쓴다고 하오. 그러나 자네는 종이나 붓에 구애를 받으며 글을 쓰고 있으니, 구양순을 따르지는 못할 것 같소."

이 말에 저수량은 할 말이 없었다.

《후산담총(後山談叢)》에도 '선서(善書)는 지필을 택하지 않는다. 묘심(妙心)은 손에 있다'는 말이 있고, 《왕긍당필진(王肯堂筆塵)》에도 '명필은 붓을 가리지 않는다고 하지만 이 말은 구양순까지고, 그 이후 사람들은 붓이나 종이를 문제로 삼았다'라는 말이 있다.

能	書	不	擇	筆	能	書	不	擇	筆		

* **다기망양 (多岐亡羊)**
  달아난 양을 찾는데 길이 여러 갈래로 갈려 양을 잃었다는 뜻으로, ①
  학문의 길이 다방면으로 갈려 진리에 도달하기 어렵다는뜻. ② 방침이
  너무 많아 도리어 갈 바를 모름.

다문다독다상량 (多聞多讀多商量)
많이 듣고, 많이 읽으며, 많이 생각함. 중국의 구양수(歐陽修)가글 잘
짓는 비결로서 든 것임.

다문박식 (多聞博識)
보고 들은 것이 많고 학식이 넓음.

다방이오지 (多方以誤之)
여러 가지 방략을 써서 적을 속임.

다사다난 (多事多難)
일이 많은 데다 까닭도 많음.

다사자불의 (多私者不義)
사리와 사욕이 많은 사람은 의리를 잃어 버림을 이름.

다사지추 (多事之秋)
주로 국가적으로나 사회적으로 일이 많이 벌어진 때를 이름.

다언혹중 (多言或中)
말이 많으면 더러는 맞는 말이 있음.

다연빈사지감 (茶烟鬢絲之感)
사람이 늙어 백발이 성성할 때 절에 가서 놀며 차를 끓이는 연기가 맑
게 오르는 모양을 보고, 지난날의 젊은 시절을 회상(回想)하는 느낌.

다재다병 (多才多病)
재주가 많은 사람은 흔히 몸이 약하여 잔병이 많다는 말.

다재다예 (多材多藝)
재능과 기예가 많음.

다다익선 多多益善

多 많을 다   益 더할 익   善 좋을 선

많으면 많을수록 좋다는 뜻이다.

한나라 고조(高祖) 유방(劉邦)은 천하를 통일했으나, 항우(項羽)와 싸웠던 맹장들이 언젠가는 한나라를 위협하는 존재가 되지 않을까 걱정하고 있었다.

고조는 한신(韓信)이 항우의 장이었던 종리매(鐘離昧)를 숨겼다는 이유로 한신을 잡아 회음후(淮陰侯)로 좌천시키고 도읍인 장안을 벗어나지 못하게 했다.

어느 날 고조는 한신과 여러 장수들의 능력에 대해 이야기를 나누던 중 이렇게 물었다.

"나는 어느 정도의 군사를 거느릴 수 있는 장수라고 생각하오?"

"글쎄요, 폐하께서는 한 10만 정도가 아닌가 봅니다."

"그래, 그렇다면 그대는 어떤가?"

"신은 다다익선(多多益善)이옵니다."

그러자 고조는 한바탕 웃고 나서 말했다.

"다다익선이라면 어째서 10만의 장수감에 불과한 내게 잡혀 있는가?"

유방이 그렇게 묻자 한신은 이렇게 대답했다.

"그건 별개의 문제입니다. 폐하는 병사의 장수로는 능하지 못하나 장수들은 잘 거느리십니다. 신이 폐하의 포로가 된 이유는 그것뿐입니다. 그리고 폐하의 힘은 소위 하늘이 주신 것으로 인력이 미칠 수는 없습니다."

多	多	益	善	多	多	益	善			

다전선고 (多錢善賈)
밑천이 많으면 마음대로 장사를 잘 할 수 있다는 뜻.

다정불심 (多情佛心)
다정 다감하고 착한 마음.

다지위잡 (多知爲雜)
너무 많이 알면 도리어 잡박(雜駁)해져서 기율(紀律)이 없음.

다천과귀 (多賤寡貴)
모든 상품은 다과(多寡)에 의해서 그의 가격 고하가 이루어짐을이름.

단갈불완 (短褐不完)
가난한 사람의 제대로 차리지 못한 옷차림. 단갈(短褐)은 짧은 잠방이.

단금지교 (斷金之交)
쇠를 자를 만큼 정의가 두터운 벗간의 교분.

* **단기지계 (斷機之誡)**
학업을 중도에서 그만둠은 짜던 베의 날을 끊는 것과 같다는 뜻.

단도직입 (單刀直入)
① 혼자서 칼을 휘두르며 거침없이 적진으로 쳐들어감. ② 요점을 바로 풀이하여 들어감.

단말마 (斷末魔)
숨이 끊어질 때의 고통(苦痛).

단무타려 (斷無他慮)
조금도 다른 근심 걱정이 없음.

단문고증 (單文孤證)
한 쪽의 문서·한 개의 증거라는 뜻으로, 불충분한 증거를 말함.

단병접전 (短兵接戰)
창·칼 따위 단병을 가지고 접근하여 싸움을 이르는 말.

단장 斷腸

斷 끊어질 단　腸 창자 장

창자가 끊어진다는 뜻으로, 창자가 끊어질 듯한 슬픔을 비유하는 말이다.

　진(晉)나라의 환온(桓溫)이라는 사람이 촉나라를 정벌하기 위해 여러 척의 배에 군사를 나누어 싣고 양자강 중류의 협곡인 삼협(三峽)을 지날 때의 일이다.

　환온을 따른 부하 한 명이 숲에 들어갔다가 원숭이 새끼 한 마리를 붙잡아 가지고 배로 돌아왔다. 그러자 뒤를 쫓아온 어미 원숭이는 물에는 뛰어들지 못하고 강가에서 슬피 울기만 했다.

　곧 이어 배가 출발하자 어미 원숭이는 강기슭을 따라 필사적으로 배를 쫓아오면서 새끼 원숭이를 보며 울부짖었다. 이윽고 백 리도 더 간 곳에서 배가 기슭에 닿자 어미 원숭이는 재빠르게 배에 뛰어올랐으나 그 자리에서 죽고 말았다.

　나중에 사람들이 그 어미 원숭이의 배를 갈라 보니 너무나도 슬퍼했던 나머지 창자가 토막토막 끊어져 있었다고 한다.

斷	腸	斷	腸						

단사불성선 (單絲不成線)
외따로 떨어져서는 아무 소용없다는 것의 비유.

---

* **단사표음 (簞食瓢飮)**
도시락밥과 표주박의 물이란 뜻으로, 청빈한 생활을 이름.

단사호장 (簞食壺漿)
① 도시락밥과 단지에 넣은 음료수란 뜻으로, 적은 분량의 음식물을 비유. ② 길을 떠날 때 휴대하는 음식물. ③ 노상에서 군대를 환영하기 위하여 갖추는 음식.

---

* **단순호치 (丹脣皓齒)**
붉은 입술과 하얀 이란 뜻으로, 즉 여자의 아름다운 얼굴을 형용할 때 이르는 말.

단심 (丹心)
정성스러운 마음.

단심조만고 (丹心照萬古)
거짓이 없는 지성스러운 마음은 영원히 빛난다는 말.

단애청벽지명 (丹崖靑壁之銘)
붉은 바위의 낭떠러지와 푸른 돌벽이 높이 솟아 쳐다보기가 어렵다는 뜻으로, 쉽게 대면(對面)하기 어려운 사람을 만나봄을 이름.

단엄침중 (端嚴沈重)
단엄하고 침착하여 무게가 있음.

단장보단 (斷長補短)
긴 곳을 잘라 짧은 곳을 메꿔서 들쭉날쭉한 것을 곧게 함.

단지소장자적 (丹之所藏者赤)
적토(赤土)에 들어가면 붉어진다는 뜻으로, 사람은 착하고 악한 벗에 따라 착하게도 되고 악하게도 됨을 이름.

단청과실 (丹靑過實)
실지로 없는 것을 그린 그림을 이름.

*당랑거철 螳螂拒轍

螳 버마재비 **당**   螂 버마재비 **랑**   拒 막을 **거**   轍 수레바퀴 자국 **철**

**사마귀가 넓적한 앞발을 쳐들고 수레바퀴를 막는다는 뜻으로,
제 분수도 모르고 강적에게 대항하는 것을 말한다.**

춘추 시대, 제(齊)나라의 장공(莊公)이 사냥터로 가는데 웬 벌레 한 마리가 앞발을 치켜들고 장공이 탄 수레를 향해 덤벼들었다.

"호오, 기세가 대단한 놈이로구나. 저건 무슨 벌레인가?"

장공이 묻자 수레를 끌던 마부가 대답했다.

"사마귀입니다. 저놈은 앞으로 갈 줄만 알지 물러설 줄은 모릅니다. 자기 힘은 생각지도 않고 오직 적에게 덤벼드는 버릇이 있습니다."

장공은 고개를 끄덕이며 말했다.

"저 벌레가 만약 사람이라면 분명히 천하에 비할 데 없는 용사였을 것이다. 비록 미물이나 그 용기가 갸륵하니 수레를 돌려 피해 가도록 하라."

그리고는 수레를 뒤로 물리게 하여 사마귀를 피했다.

이후 많은 용사들이 장공의 인품을 사모하여 수하에 몰려들었다.

또 ≪장자(莊子)≫의 <천지편(天地篇)>에는 장자가, "광포하고 잔인하지만 지혜가 있는 군주를 섬기려면 어떻게 마음가짐을 취해야 하는가?"라는 질문을 받고 "우선 신중하게 자신의 품행을 바로잡아 자연히 상대를 감화해 가도록 힘쓰라."고 대답하고, 다시 "그 위에 당랑(螳螂)과 같이 두 발을 치켜들고 차바퀴에 덤비는 식이라면 소임을 다하지 못한다."고 말하고 있다.

螳	螂	拒	轍	螳	螂	拒	轍		

* **단표누항 (簞瓢陋巷)**

도시락과 표주박 그리고 누추한 마을이라는 뜻으로, 소박한 시골살림을 형용하여 이르는 말.

달인대관 (達人大觀)

도리에 통달한 선비의 탁월한 견식.

담대심소 (膽大心小)

문장을 지을 때 배짱을 크게 갖되 주의는 세심해야 한다는 말.

담대어신 (膽大於身)

담이 매우 크다는 것을 형용(形容)하는 말.

담부지역 (擔負之役)

① 짐을 지어 나르는 일. ② 막벌이 일. 막일.

담석 (儋石)

담(儋)은 두 섬, 석(石)은 한 섬. 한두 섬의 곡식이라는 뜻으로, 얼마 되지 않는 적은 분량의 곡식을 이르는 말. 적은 분량, 얼마 되지 아니하는 분량.

담석지록 (儋石之祿)

얼마 되지 않는 봉록(俸祿).

담소자약 (談笑自若)

정신적인 충격이 있어도 평소의 태도를 잃지 않음.

담언미중 (談言微中)

완곡하게 상대방의 급소를 찌르는 말을 이름.

담여수 (淡如水)

욕심이 없고 마음이 깨끗하여 물과 같다는 뜻으로, 군자의 마음씨를 형용하는 말.

답청 (踏靑)

① 봄날에 파랗게 난 풀을 밟으면서 거닒. ② 청명절에 교외를 산책하며 자연을 즐기는 중국의 풍속.

대기만성 大器晚成

大 큰 대   器 그릇 기   晚 늦을 만   成 이룰 성

**큰 그릇은 오랜 시간과 많은 노력을 들인 뒤에라야 완성된다는 뜻으로,
사람도 크게 될 사람은 늦게 이루어진다는 뜻이다.**

≪삼국지 위지(三國志魏志)≫에 다음과 같은 이야기가 실려 있다.

삼국 시대 위나라에 최염(崔琰)이라는 유명한 장군이 있었다. 그 최염에게 최림(崔林)이라는 사촌이 있었는데, 최림은 외모가 흉측해선지 출세를 못하고 일가 친척들로부터 항상 멸시를 당했다.

하지만 최염은 최림의 됨됨이를 꿰뚫어 보고, "큰 종이나 솥은 그리 쉽게 만들어지는 게 아니다. 마찬가지로 큰 인물도 대성하기까지는 오랜 시간이 걸리는 법이다. 너 또한 내가 보기에는 그처럼 대기만성하는 형이다. 두고 보아라, 너는 분명히 큰 인물이 될 것이다."라고 말하며 그의 인물됨을 평했다.

얼마 후 최림은 최염의 말대로 천자를 보좌하는 삼공(三公) 중의 한 사람으로 출세했다고 한다.

≪노자(老子)≫ 제 41장에 보면 이런 글이 있다.

"큰 네모는 모서리가 없으며, 큰 그릇은 늦게 만들어진다."

大	器	晚	成	大	器	晚	成			

당국자미 (當局者迷)

직접 그 일을 맡고 있는 사람이 도리어 그 실정에 어둡다는 뜻.

당금무배 (當今無輩)

이 세상에서는 어깨를 겨눌 사람이 없다는 말.

당대발복 (當代發福)

어버이를 좋은 땅에 묻어 그 아들이 곧 부귀를 누리게 됨을 이름.

당동벌이 (黨同伐異)

옳고 그름을 가리지 않고 뜻이 맞는 사람끼리는 한 패가 되고, 그렇지 않은 사람은 배척함.

당랑재후 (螳螂在後)

눈앞의 욕심에만 눈이 어두워, 장차 그 뒤에 올 재화를 알지 못한다는 뜻.

당시승상 (當時丞相)

권세 높은 사람을 일컫는 말.

당인불양어사 (當仁不讓於師)

인(仁)을 행하는 경우에는 스승이라도 사양할 필요가 없음을 이름.

대간사충 (大姦似忠)

매우 간사한 사람은 아첨하는 수단이 매우 교묘하여 흡사 크게충성된 사람처럼 보임.

대갈일성 (大喝一聲)

크게 한 번 소리침. 선문(禪門)의 법(法)임.

대경소괴 (大驚小怪)

몹시 놀라서 좀 의아스럽게 여김.

대경실색 (大驚失色)

크게 놀라서 얼굴빛이 변함.

대의멸친 大義滅親

大 큰 대　義 옳을 의　滅 멸할 멸　親 육친 친

국가의 대의를 위해서는 사사로운 정도 돌보지 않는다는 말이다.

　춘추 시대, 주(周)나라 환왕(桓王) 원년 때의 일이다.

　위(衛)나라의 공자(公子) 주우(州吁)는 환공을 죽이고 스스로 군주의 자리에 올랐다.

　환공과 주우는 이복 형제간으로서 둘 다 후궁의 아들이었다.

　석작(石碏)은 일찍이 주우에게 역모의 마음이 있음을 알고 있었다. 석작의 아들인 석후(石厚)는 주우와 친하게 붙어 다녔는데, 주우에게 역심이 있다는 사실을 아들에게 알리면서 그와 절교하라고 했으나 석후는 말을 듣지 않았다.

　석작은 관직을 버리고 뒷전으로 물러났다.

　주우의 반역은 성공을 한 듯했으나 이내 민심이 흉흉해지기 시작했다. 그러자 석후는 아버지 석작에게 민심을 수습할 수 있는 방법에 대해 조언을 구했다. 그때 석작이 대답했다.

　"무엇보다 주 왕실을 찾아뵙는 것이 상책일 것이다."

　"어떻게 하면 찾아뵙게 되겠습니까?"

　"먼저 주 왕실과 각별한 사이인 진나라 진공(陳公)에게 다리를 놓아달라고 부탁해라. 그렇게 하면 진공께서 선처해 주실 것이다."

　그 말을 듣고 주우와 석후는 진나라로 향했다. 그전에 석작은 비밀리에 사람을 진공에게 보내어 고했다.

　"조금 후에 당도할 주우와 석후는 우리 환공을 죽인 역적들이니 참형을 내려 대의를 바로잡아 주십시오."

大	義	滅	親	大	義	滅	親			

대교약졸 (大巧若拙)
아주 능한 사람은 꾀도 쓰지 않고 자랑도 하지 않으므로 도리어못난 것처럼 보인다는 뜻.

대덕멸소원 (大德滅小怨)
큰 덕(德)은 작은 원한(怨恨)을 없앤다는 말.

대덕지인필득기수 (大德之人必得基數)
덕이 많은 사람은 장수(長壽)를 누릴 수 있다는 말로, 이는 덕을많이 쌓으면 천우신조(天佑神助)를 받는다는 뜻.

대동소이 (大同小異)
거의 같고 조금만 다름.

대동지론 (大同之論)
여러 사람의 공론.

대면불상식 (對面不相識)
얼굴을 늘 보고 대하여도 마음이 서로 통하지 않으면 모르는 사이와 같다는 뜻.

대변여눌 (大辯如訥)
말을 썩 잘하는 것은 도리어 말이 서툴러 보인다는 뜻.

대분망천 (戴盆望天)
항아리를 이고 하늘을 바라보려고 한다는 뜻으로, 한 번에 두 가지 일을 동시에 할 수 없다는 비유.

대불핍인 (代不乏人)
어느 시대나 인재가 없지 아니함.

대사불호도 (大事不糊塗)
대사에는 결단성이 있게 처리하고 얼버무려서는 안됨.

대상입덕 (大上立德)
사람의 가장 훌륭한 행실은 덕을 닦아 세상을 다스리어 사람을구제하는 데 있음을 이름.

도원결의 桃園結義

桃 복숭아 도   園 동산 원   結 맺을 결   義 의 의

복숭아 나무 아래에서의 결의라는 뜻으로, 의형제를 맺는다는 말이다.

후한 때, 문란한 국정과 거듭되는 흉년으로 굶주린 백성들은 태평도 (太平道)의 교조 장각(張角)의 깃발 아래로 모여들어 황건적이 되었다. 황건적을 진압하기 위해 정부에서는 각 지방 장관에게 의용병을 모집하여 황건적을 진압하라는 지시를 내렸다. 유주(幽州) 탁현(涿縣)에도 의용군 모집 공고문이 높이 나붙었다.

공고문을 본 유비(劉備)는 나라 일을 걱정하며 길게 한숨을 내쉬었다. 그때 한 사나이가 한숨만 쉬고 싸울 생각은 왜 하지 않느냐고 고함을 치며 나타났다. 그가 바로 장비(張飛)였다.

그후에 기골이 장대한 관우(關羽)라는 사람을 만났다.

그들 셋은 자리를 같이 하고 술을 마시며 서로 나라 걱정을 하다가 의기투합하여 함께 일어서기로 결심을 했다.

장비의 청으로 유비의 집 후원 복숭아 나무 아래에서 세 사람이 의형제를 맺고 힘을 합쳐 천하를 위해 일하기로 맹세했다.

그후 세 사람은 황건적 토벌에 가담했고, 제갈공명을 군사(軍師)로 맞아들인 유비는 촉(蜀)나라를 세워 조조(曹操), 손권(孫權)과 함께 삼국 시대를 이루었다.

桃	園	結	義	桃	園	結	義		

대성이왕 (戴星而往)

별을 이고 간다는 뜻으로, 날이 새기 전에 일찍 일어나 간다는 말.

대성질호 (大聲叱呼)

큰 목소리로 꾸짖음.

대안지화 (對岸之火)

강 건너 불이라는 뜻으로, 어떤 일이 자기에게는 아무 관계도 없다는 듯이 관심이 없음을 이르는 말.

대언불참 (大言不慙)

실천 못할 일을 말로만 떠들어 대고 부끄러운 생각조차 없는 것.

대용불기 (大勇不忮)

큰 용기를 가진 자는 함부로 남을 해치지 않음을 말함.

대우탄금 (對牛彈琴)

소에게 거문고를 들려준다는 뜻으로, 어리석은 사람에게 도리를 일러 주어도 알아듣지 못함을 비유한 말.

대의명분 (大義名分)

사람으로서 지켜야 할 도리나 본분.

대인군자 (大人君子)

말과 행실이 올바르고 점잖은 사람.

대자위동량 (大者爲棟梁)

큰 재목은 기둥과 들보로 쓰이는 것처럼 인재도 역시 기량의 대조에 따라 쓰인다는 말.

대지여우 (大智如愚)

대지(大智)가 있는 사람은 견해나 이론 따위가 아주 깊고 오묘하여, 겉보기에 어리석은 사람과 같다는 뜻.

대한불갈 (大旱不渴)

오랜 동안 가물어도 마르지 않을 만큼 샘이나 물이 많음을 이름.

도주지부 陶朱之富

陶 질그릇 도 朱 붉을 주 之 갈 지 富 부자 부

도주공(陶朱公)의 부(富)란 뜻으로, 수억 만대의 큰 부를 일컫는다.

도주(陶朱)란 월(越)나라의 명신 범려(范蠡)의 늙었을 때의 이름이다. 월나라 왕 구천(句踐)은 재상 범려의 간언을 듣지 않고, 오나라를 침입했다가 크게 패했다. 인간으로서는 도저히 참기 힘든 굴욕적인 화해를 하고 복수를 위해 오로지 부국강병에 힘써 20년 뒤에 드디어 오나라를 멸망시키고 천하의 패자가 되었다.

구천이 패자가 되자 범려는 '구천과는 환난은 같이 해도 태평 세월은 함께 보내기 어렵다'고 제(齊)나라로 갔다.

범려는 제나라로 가서 치이자피(鴟夷子皮)로 이름을 바꾸고 장사를 시작하여 엄청난 부를 축적하였다.

제나라에서는 그의 재능을 아껴 재상으로 맞이하고자 했으나, "천금의 부를 누리고 재상까지 된다는 것은 영화의 극치다. 명성을 오래 누리려 하면 좋지 않다."고 거절함과 동시에, 수천 만금의 재산을 아낌없이 제나라 사람들에게 나누어 준 다음 다시 도(陶)로 떠났다. 도에서 다시 장사를 시작해 또다시 큰 재산을 축적하여 도주공(陶朱公)이라 불리게 되었다.

의돈(猗頓)은 춘추 시대 노(魯)나라 사람으로 소금과 목축으로 부를 쌓아 왕이나 공후들을 능가하는 생활을 했다.

이런 연유로 중국에서는 부를 운운하는 사람들을 '도주공' 혹은 '의돈'이라 말한다.

陶	朱	之	富	陶	朱	之	富				

덕륭망존 (德隆望尊)
덕행과 인망(人望)이 높음.

덕무상사 (德無常師)
덕을 닦는 데는 일정한 스승이 없음을 이름.

덕불고필유린 (德不孤必有隣)
덕이 있는 사람은 외롭지 않고 반드시 동류(同類)의 덕 있는 사람이 나타나서 도와준다는 뜻.

덕위인표 (德爲人表)
덕망(德望)이 높아 세상 사람의 사표(師表)가 됨.

도견와계 (陶犬瓦鷄)
외모(外貌)만 훌륭하고 실속이 없어 아무 필요도 없는 사람을 비웃어 이르는 말.

도난어기이 (圖難於基易)
어려운 일을 하고자 할 때는 그 일의 쉬운 곳부터 해 나감.

도로무공 (徒勞無功)
헛되이 애만 쓰고 아무런 보람이 없음.

도룡지기 (屠龍之技)
용을 잡는 재주가 있다는 뜻으로, 쓸데없는 재주를 이름.

도방고리 (道傍苦李)
사람들에게 시달림을 받으며 길가에 서 있는 오얏 나무를 가리키는 말로, 사람에게 버림받는다는 데에 비유함.

도불습유 (道不拾遺)
길에 떨어진 물건을 줍지 않는다는 말로, 나라가 잘 다스려지고 풍속이 아름답게 되었다는 뜻.

도비순설 (徒費脣舌)
헛되이 입술과 혀만 수고롭게 한다는 뜻으로, 부질없이 말만 하고 보람이 없음을 이름.

도탄지고 塗炭之苦

塗 진흙 도   炭 불 탄   之 갈 지   苦 괴로울 고

진흙의 수렁이나 숯불 속에 떨어진 것 같은 고통을 나타낸 말로,
참을 수 없는 심한 고통과 학정(虐政) 속에 빠져 있음을 뜻한다.

하(夏)나라의 걸왕(桀王)은 요염한 미녀 말희(妹喜)를 사랑하여 주지육림(酒池肉林)의 음락을 즐기다가 은(殷)나라를 세우는 탕왕(湯王)에게 망한다.

그러나 탕왕은 무력 혁명에 의하여 왕위를 찬탈한 것을 부끄럽게 생각하여, "나는 후에 사람들이 내가 한 행동으로써 구실을 삼을 것이 두렵다."고 하였다.

중훼(仲虺)는 이 말을 듣고 탕왕에게 고했다.

"하왕(夏王)은 나라가 있었으나 덕이 어두워 백성들은 모두 도탄에 빠졌는데 하늘이 왕에게 용기와 지혜를 주시어 만방에 올바름을 나타내게 하셨으니 여기에 그 떳떳함을 따르시고 하늘의 뜻을 받들어야 합니다."

중훼는 탕왕의 혁명을 긍정하고 걸왕 밑에서 신음하던 백성들을 도탄의 괴로움에서 구원하는 것이 천자(天子)에 오른 사람의 책임이고 의무라고 탕왕을 격려했던 것이다.

塗	炭	之	苦	塗	炭	之	苦			

도삼촌설 (掉三寸舌)

세 치 되는 혀를 흔든다는 뜻으로, 웅변을 토함을 이름.

도소지양 (屠所之羊)

도살장으로 끌려 가는 양이라는 뜻으로, 다 죽게 된 불행한 처지에 있는 사람을 비유한 말.

도장왈자 (道掌曰字)

어떠한 일이거나 나서서 잘난 체하는 사람.

도재간과 (倒載干戈)

칼날을 엎어 실음. 전쟁이 끝남을 일컫는 말.

도청도설 (道聽塗說)

거리에서 들은 말을 남에게 아는 체하며 말함. 깊이 생각하지 않고 예사로 듣고 말함.

도행역시 (倒行逆施)

행하는 바가 도리에 맞지 아니함을 이름.

독불장군 (獨不將軍)

① 혼자서는 장군이 못 된다는 뜻으로, 저 혼자 잘난 체하며 뽐내다가 남에게 핀잔을 받고 고립된 처지에 있는 사람. ② 가장 잘난체 하며 혼자서 모든 일을 처리하는 사람.

독서삼매 (讀書三昧)

딴 생각은 않고 오직 책 읽기에만 골몰하는 일.

독숙공방 (獨宿空房)

홀로 빈 방에서 잠. 흔히 결혼한 여자가 남편 없이 혼자 밤을 지내는 일.

독장난명 (獨掌難鳴)

손바닥 혼자는 소리를 내지 못한다는 뜻으로, 맞장구가 없으면서 혼자 그러다 만다는 뜻.

독서망양 讀書亡羊

讀 읽을 독　書 책 서　亡 잃을 망　羊 염소 양

글을 잃는 데 정신이 팔려 양을 잃었다는 뜻으로,
일에는 뜻이 없고 딴 생각만 하다가 낭패를 봄을 이르는 말이다.

　어떤 집에 장(臧)과 곡(穀) 두 사람이 양을 치면서 살고 있었다. 그런데
어느 날 두 사람 모두 양을 잃어 버렸다.
　주인이 장에게 어디에 신경을 썼기에 양을 잃어 버렸느냐고 묻자, 대
가지를 옆에 끼고 글을 읽고 있었다고 대답했다.
　곡에게도 어디에 신경을 썼기에 양을 잃어 버렸느냐고 묻자, 주사위
놀이를 하고 있었다고 대답했다.
　이 두 사람이 한 일은 각기 달랐지만 양을 잃어 버린 점에 있어서는
하등 다를 바가 없다.

讀	書	亡	羊	讀	書	亡	羊				

독장불명 (獨掌不鳴)

맞서는 이가 없으면 싸움이 되지 않는다는 뜻.

독청독성 (獨淸獨醒)

어지러운 세상, 술 취한 무리 속에서 홀로 깨끗하고 정신이 맑음을 이름.

독학고루 (獨學孤陋)

독학자(獨學者)는 견문이 좁고 학문의 정도에 들기 힘들다는 말.

돈단무심 (頓斷無心)

사물에 대하여 도무지 탐탁하게 여기는 마음이 없음.

돌탄막급 (咄嘆莫及)

아무리 탄식하여도 어쩔 수가 없음.

---

* **동가홍상** (同價紅裳)

같은 값이면 다홍치마라는 뜻.

---

* **동고동락** (同苦同樂)

괴로움과 즐거움을 함께 함.

동공이곡 (同工異曲)

재주나 솜씨는 같으나 그 표현한 내용이나 맛은 서로 다름.

동공일체 (同功一體)

① 같은 공로를 세워 서로 지위가 같음. ② 일의 공효가 서로 같음.

동구하갈 (冬裘夏葛)

겨울에는 털가죽을 입고 여름에는 칡으로 짠 베옷을 입음이 당연한 일이라는 뜻.

동귀이수도 (同歸而殊塗)

천하의 진리(眞理)는 하나이지만 그것을 추구하는 방법에는 여러가지가 있다는 말.

동기일신 (同氣一身)

형제 자매는 한 몸이나 다름 없음.

독서백편의자현 讀書百遍意自見

讀 읽을 독 書 글 서 百 일백 백 遍 두루 편 意 뜻 의 自 스스로 자 見 나타날 현

글을 백 번 읽으면 그 뜻이 저절로 드러난다는 뜻으로,
학문에 열심히 정진하다 보면 목적한 바가 자연히 이루어진다는 말이다.

후한(後漢) 말, 헌제(獻帝) 때 동우(董遇)라는 학자가 있었다. 그는 공부하는 것을 즐거워하여 어디를 가든 손에서 책을 놓는 일이 없었다. 그에 대한 이야기가 입에서 입으로 전해져 헌제의 귀에까지 들어갔다. 그의 학자다운 면모에 끌린 헌제는 그를 황문시랑(黃門侍郎)으로 임명하고 경서(經書)를 가르치도록 하였다.

동우의 명성이 차츰 알려지자 그의 문하에서 공부하려는 사람이 전국 각지에서 몰려들었다. 하지만 동우는 아무나 제자로 받아들이지 않았다. 그는 항상 이렇게 말했다.

"내게서 배우려 하기보다는 백 번 읽으면 그 의미를 저절로 깨닫게 된다."

하지만 사람들은 그의 말에 수긍은 하면서도 불평을 늘어놓았다.

"어떻게 책을 백 번이나 읽습니까?"

"그럴 시간적 여유가 없습니다."

그러면 동우는 이렇게 말했다.

"세 가지 여분을 가지고 해라. 그 세 가지란, 즉 겨울·밤·비오는 때 이 세 때를 말한다. 겨울은 한 해의 여분이고, 밤은 하루의 여분이며, 비오는 때는 한 때의 여분이다. 그러니 이 여분을 이용하여 학문에 정진하면 되는 것이다."

讀	書	百	遍	意	自	見				

동도서말 (東塗西抹)
이리저리 간신히 꾸며 대어 맞춤.

동두철신 (銅頭鐵身)
성질이 모질고 완강한 사람의 비유.

동량지재 (棟樑之材)
집의 들보가 될 나무란 뜻으로, 한 집·한 사회·한나라의 중심인물이
될 사람이라는 뜻.

동명상조 (同明相照)
대개 서로 비슷한 무리들이 한데 어울린다는 뜻.

* **동문서답 (東問西答)**
묻는 말에 대하여 전혀 엉뚱한 대답을 함.

동문수학 (同門受學)
한 스승 밑에서 함께 배움.

동방화촉 (洞房華燭)
부인의 방에 촛불이 아름답게 비침.

* **동분서주 (東奔西走)**
이리저리 분주히 돌아다님.

동빙가절 (凍氷可折)
물은 부드러우나 겨울에 얼음이 되면 단단하여 부러짐.

* **동상이몽 (同床異夢)**
같은 잠자리에서 다른 꿈을 꾼다는 뜻으로, 겉으로는 함께 행동하면서
속으로는 다른 생각을 가짐.

동색친구 (同色親舊)
한 색목(色木)에 속하는 친구.

동선하로 (冬扇夏爐)
겨울의 부채와 여름의 화로라는 뜻으로, 때에 맞지 않아 쓸데없이 된
물건이 된 것을 가리킴.

동가식서가숙 東家食西家宿

東 동녘동　家 집가　食 먹을식　西 서녘서　宿 잘숙
일정한 거처없이 떠돌아다니며 여기저기서 지내는 것을 이르는 말이다.

　제(齊)나라에 한 처녀가 살고 있었다.

　어느 날 그녀에게 두 곳에서 청혼이 들어왔다. 동쪽의 집 청년은 인물은 보잘것없으나 매우 부자였고, 서쪽의 집 청년은 인물은 출중했으나 집은 매우 가난했다.

　아버지는 딸의 의견을 물어보면서, "만일 동쪽의 총각에게 시집을 가고 싶으면 오른손을 들고 서쪽 총각에게 시집을 가고 싶으면 왼손을 들어라." 하였다.

　한참 후에 망설이다가 처녀가 손을 들었는데 한 손이 아니고 두 손을 다 들어 버렸다. 아버지가 깜짝 놀라 두 손을 든 이유를 물어보자 처녀는 이렇게 대답했다.

　"낮에는 동쪽 집에 가서 먹고 밤에는 서쪽 집에 가서 자고 싶어요."

東	家	食	西	家	宿	東	家	食	西	家	宿

동섬서홀 (東閃西忽)

동에서 번쩍 서에서 번쩍한다는 뜻으로, 이리저리 왔다갔다함을 일컫는 말.

동성상응 (同聲相應)

같은 소리로 서로 응대한다는 뜻으로, 비슷한 부류의 사람들이서로 어울림을 이르는 말.

동성이속 (同性異俗)

사람의 천성은 본래 한가지인데 습관에 따라서 여러 가지로 변한다는 말.

동심인성 (動心忍性)

마음을 단단히 먹고 품성을 강인하게 한다는 뜻으로, 사람이 사업을 성취하려면 이러한 공부가 필요함을 이르는 말.

동악상조 (洞惡相助)

나쁜 사람이라도 그들의 목적을 달성하기 위해 서로 돕고 힘을 합친다는 뜻.

동업상구 (同業相仇)

같은 업(業)을 경영하는 사람은 서로 배척함을 이르는 말.

* 동온하정 (冬溫夏情)

겨울에는 따뜻하게 여름에는 서늘하게 한다는 말이니, 자식된 자로 부모를 섬기는 도리를 이름.

동우지곡 (童牛之牿)

송아지를 외양간에 동여맴과 같은 자유가 없는 것을 이름.

동이불화 (同而不和)

겉으로는 동의를 표시하면서 내심은 그렇지 않음.

동정서벌 (東征西伐)

여러 나라를 이리저리 정복함.

동병상련 同病相憐

同 한가지 동 病 질병 병 相 서로 상 憐 불쌍히 여길 련

같은 병을 앓고 있는 사람끼리 서로 가엾게 여긴다는 뜻으로,
어려운 처지에 있는 사람끼리 서로 동정하고 도움을 준다는 말이다.

오자서(吳子胥)는 아버지와 형이 초(楚)나라 신하의 모함으로 처형을
당하자, 초나라를 등지고 오(吳)나라로 피신해 온 망명객이었다. 그가
반란에 적극 참여한 것은 사실은 유능한 광(光)이 왕위에 오르면 그 힘
으로 초나라를 쳐서 아버지와 형의 원수를 갚기 위해서였다.

얼마 후, 초나라 신하의 모함으로 아버지를 잃은 백비(伯嚭)가 찾아왔
다. 오자서는 그를 합려왕(闔閭王)에게 천거하여 벼슬 자리에 오르도록
힘을 썼다. 그러자 피리(被離)라는 신하가 물었다.

"백비를 겨우 한 번 보았을 뿐인데 어찌 그리 신임하시오?"

"별다른 뜻은 없습니다. 하상가(河上歌)에도 '동병상련 동우상구(同病
相憐 同憂相求)'란 말이 있듯, 나와 같은 처지에 있는 백비를 돕는 것은
당연한 일이지요."

"내가 보기에 그의 눈은 매와 같고 걸음걸이는 범을 닮았소. 사람 죽
이기를 보통으로 아는 잔인한 상이니, 마음을 주어서는 안 되오."

오자서는 피리의 충고를 듣지 않고 백비에게 태재(太宰)라는 벼슬을
주었다. 그러나 백비는 그 뒤 적국인 월나라의 뇌물에 팔려 충신 오자
서를 자살하게 만든다. 자기를 이끌어 준 그 큰 은공을 원수로 갚은 것
이다.

同	病	相	憐	同	病	相	憐

동족방뇨 (凍足放尿)
언 발에 오줌을 누어서 녹인다는 뜻으로, 일시 구급(救急)은 되나곤 그 효력(效力)이 없어질 뿐 아니라 더 악화됨을 이름.

동주상구 (同舟相救)
같은 배에 탔던 사람이 배가 전복될 때 서로 힘을 모아 구조함.이해 관계가 같은 사람은 나와 적의 구별 없이 돕고 구조함을 비유한 말.

동주제강 (同舟濟江)
원수끼리도 한가지 일을 위해서는 같은 배를 타고 서로 구한다는오월동주(吳越同舟)의 고사.

동첩견패 (童輒見敗)
일을 하려고 움직이기만 하면 꼭 실패를 본다는 말.

동추서대 (東推西貸)
여러 곳에서 빚을 짐을 이름.

동퇴서비 (東頹西圮)
이리저리 쏠리는 허술한 집이란 뜻.

동패서상 (東敗西喪)
이르는 곳마다 실패하여 되는 일이 없음.

동행서주 (東行西走)
되는 일이 없으면서도 여러 곳으로 바삐 돌아다님을 이르는 말.

동호지필 (董狐之筆)
권세를 두려워하지 않고 사실을 그대로 적어 역사에 정직한 기록을 남기는 일.

---

* 두문불출 (杜門不出)
세상과 인연을 끊고 밖에 나아가지 않음을 이름.

두상안두 (頭上安頭)
물건을 여유있게 마련하여 두는 것을 이름.

*득롱망촉 得隴望蜀

得 얻을 **득**   隴 땅이름 **롱**   望 바라볼 **망**   蜀 나라 이름 **촉**

농(隴)을 얻고 나니 촉(蜀)을 갖고 싶어한다는 뜻으로,
끝이 없는 인간의 욕심을 비유하여 쓰는 말이다.

후한(後漢)을 세운 광무제(光武堤)가 처음으로 낙양으로 입성하여 그곳을 수도로 정했을 무렵의 일이다.

농서(隴西)에는 외효(隗囂), 하서(河西)에는 두융(竇融), 촉(蜀)에는 공손술(公孫述)이 있고, 다시 휴양(睢陽)에는 유영(劉永), 여강(廬江)에는 이헌(李憲), 임치(臨淄)에는 장보(張步) 등의 군주들이 할거하고 있었는데 그중 유영, 이헌, 공손술 등은 저마다 황제를 일컫는 세력으로까지 발전하게 되었다.

그러나 얼마 뒤 외효와 공손술을 제외하고는 모두 광무제에게 토벌됐다.

검무 9년, 광무제와 대립하고 있던 외효가 병으로 죽자 그의 아들 외구순이 항복했다. 곧이어 농서 역시 광무제의 손에 들어왔다.

이때 광무제가 말했다.

"인간은 만족할 줄 모른다더니 이미 농(隴)을 손에 넣고도 또 촉을 바라보는구나."

그로부터 4년 후, 건무 13년 마침내 광무제는 대군을 이끌고 촉을 공격해 천하를 평정하는 숙원을 이루었다고 한다.

得	隴	望	蜀	得	隴	望	蜀		

두양소근 (頭痒搔跟)
머리가 가려움에 발뒤꿈치를 긁음. 무익한 일이란 뜻.

두주불사 (斗酒不辭)
말술도 사양하지 않을 정도로 주량(酒量)이 매우 큼.

득부실부 (得斧失斧)
얻은 도끼가 제가 잃은 도끼나 같다는 뜻으로, 얻고 잃음이 없음.

득불보실 (得不補失)
얻은 것으로는 그 잃은 것을 메워 채우지 못한다는 뜻으로서, 손해가 됨의 뜻.

득실상반 (得失相半)
얻은 것과 잃은 것이 서로 반반 이어서 별로 이득도 없고 손해도없다는 말.

득어망전 (得魚忘筌)
물고기를 잡고 나면 통발의 덕을 잊는다는 뜻으로, 어떤 일을 성취하고 나면 그때까지 도움을 준 존재를 잊어버린다는 말.

등고자비 (登高自卑)
높은 곳에 오르려면 낮은 곳부터 밟아야 한다는 뜻으로, 즉 모든일에는 차례를 밟아야 한다는 뜻. 또는 높은 지위에 오를 수 록 스스로를 낮추어야 함을 뜻한다.

등산질욕 (登山叱辱)
크게 욕하고 꾸짖는다는 뜻.

등하불명 (燈下不明)
등잔 밑이 어둡다는 뜻.

* **등화가친 (燈火可親)**
가을이 되면 마음이 밝고 상쾌하므로 등불을 가까이 하여 글 읽기에 매우 좋다는 말.

등용문 登龍門

登 오를 등 龍 용 룡 門 문 문

용이 되어 하늘로 올라갈 수 있는 문이란 뜻으로,
입신 출세에 연결되는 어려운 관문이란 의미로 쓰인다.

정의파 관료의 지도적 인물에 이응(李膺)이라는 사람이 있었다.

궁정은 환관의 발호로 퇴폐가 심했으나, 이응은 홀로 절조를 지켰으므로 명성이 더욱 높아져 태학의 청년 학생들은 그를 흠모하여 '천하의 모범은 이응' 이라 평했으며, 신진 관료들도 그와 친분을 갖거나 추천을 받는 것을 대단한 명예로 알고, 이것을 '등용문(登龍門)' 이라 일컬었다.

용문(龍門)이란 황하 상류에 있는 협곡의 이름이다. 물의 흐름이 너무 세차고 빨라 큰 물고기도 여간해서 거슬러 올라가지 못한다고 한다. 그러나 일단 한번 이 급류를 타고 넘으면 그 물고기는 단번에 용으로 변한다는 전설이 있다.

따라서 용문에 오른다는 것은 대단한 난관을 돌파해서 약진의 기회를 얻는 것을 뜻한다.

登	龍	門	登	龍	門				

마각노출 (馬脚露出)
숨기고 있던 마각이 부지중에 나타나게 됨을 이름.

마고소양 (麻姑搔痒)
마고가 긴 손톱으로 가려운 데를 긁는다는 뜻으로, 원하는 일이뜻대로 시원스럽게 잘 되어감을 이르는 말.

마권찰장 (摩拳擦掌)
단단히 벼르고 기운을 모아 기회를 기다린다는 뜻.

마맥분리 (磨麥分梨)
보리를 갈아 가루로 한 꿈을 꾸고, 잃었던 남편을 찾았으며, 배를쪼갠 꿈을 꾸니 잃었던 아들이 돌아왔다는 고사.

마상득지 (馬上得之)
군대의 힘으로 세상을 얻었음을 이르는 말.

마생각 (馬生角)
말에 뿔이 났다는 말로 세상에 결코 있을 수 없는 것의 비유.

마왕처우역왕 (馬往處牛亦往)
말 가는 데 소도 간다는 뜻으로, 호응이 있는 곳에 갖추어야 할것이 있는 것은 당연하다는 말.

마우이금거 (馬牛而襟裾)
말이나 소가 사람과 같이 깃이 달린 옷을 입었다는 뜻으로, 학식이 없는 사람을 비웃는 말.

---

* ### 마중지봉 (麻中之蓬)
구부러진 쑥도 꼿꼿한 삼밭에 나면 자연 꼿꼿하게 자란다는 뜻으로, 환경에 따라 악도 선으로 고쳐진다는 뜻.

마천철연 (磨穿鐵硯)
학문에 열중하여 딴 데 마음을 두지 않음을 이름.

마피모장 (馬疲毛長)
피로한 말은 몸이 말라 털만이 길게 자람을 이름.

*마이동풍 馬耳東風

馬 말 마 耳 귀 이 東 동녘 동 風 바람 풍

말의 귀를 스치는 동풍이라는 뜻으로, 남의 비평이나 의견을 조금도
귀담아 듣지 않고 그대로 흘려 버리는 것을 말한다.

이백(李白)의 친구 왕십이(王十二)는 당시의 정치 현실과 자신의 불우
(不遇)를 <한야(寒夜)에 독작(獨酌)하고 회포에 잠긴다에 답하다>라는
시에 담아 보냈다.

이백은 거기에 대해 달이 휘엉청 밝고 추운 밤에 독작을 하고 있는
친구의 쓸쓸함을 생각하면서 답을 보냈다. 술을 마셔 만고의 쓸쓸함을
씻어 버릴 것을 권하고 또 그대처럼 고결하고 뛰어난 인물은 지금 세상
에서는 쓰이지 못함이 당연하다고 위로하며, 다시 강개하는 말투로 자
기의 당세관(當世觀)을 엮어갔다.

"지금 세상은 투계(鬪鷄) ― 당시 왕후 · 귀족 사이에서 즐겨 유행되었
다. ―의 기술에 뛰어난 인간이 천자의 사랑을 얻을 수 있고, 그렇지 않
으면 만적(蠻賊)의 침입을 막아 공을 세운 인간이 권력을 잡고 거드름을
피우는 세상이다. 물론 자네나 나는 그런 인간들의 흉내는 낼 수 없다.
우리는 시를 읊거나 부(賦)를 짓는다.

그것이 뛰어난 걸작이라도 지금 세상에서는 한잔의 물만도 가치가
없다. 아니 그뿐 아니라 세상 사람들은 시나 부를 들으면 고개를 흔들며
동풍이 말의 귀를 스치는 정도로 밖에 생각지 않는다."

이백은 보답받는 일이 박했던 옛사람들의 예를 들어가며, 부귀 영화
따위는 바라지 않는 것이 좋지 않느냐고 끝을 맺고 있다.

馬	耳	東	風	馬	耳	東	風				

막감수하 (莫敢誰何)
상대편을 누구도 감히 건드리지 못함.

막막강병 (莫莫强兵)
더할 수 없이 강한 군사.

막부득이 (莫不得已)
마지못하여, 어쩔 수 없이.

막상막하 (莫上莫下)
실력이 엇비슷함.

막엄지지 (莫嚴之地)
임금의 앞이나, 또는 임금이 거처하는 곳.

----

* **막역지간 (莫逆之間)**
벗으로서 아주 허물없이 친한 사이.

막왕막래 (莫往莫來)
서로 왕래가 없음.

막지기묘지석 (莫知其苗之碩)
누구나 자기의 곡식의 큰 것은 모른다는 뜻으로, 자기 재물은 남의 것
만 못해 보인다는 뜻.

막지기자지악 (莫知其子之惡)
부모된 사람은 자기 자식의 잘못을 모른다는 뜻으로, 어버이의자식에
대한 사랑이 맹목적임을 비유하는 말.

막지동서 (莫知東西)
동서를 분간하지 못한다는 뜻으로, 사리를 모르고 어리다는 말.

막천석지 (幕天席地)
하늘을 장막으로 삼고 땅을 자리로 삼는다는 말로, 천지를 자기의 거처
로 하는 마음이 웅대함을 이른 말.

막현호은 (莫見乎隱)
어두운 곳은 도리어 드러난다는 것을 이름.

마혁과시 馬革裹屍

馬 말 마　革 가죽 혁　裹 쌀 과　尸 시체 시

말의 가죽으로 시체를 싼다는 뜻으로, 전쟁터에 나가 싸우다가 죽겠다는
용장의 각오를 가리킨다.

　　동한 때 마원(馬援)이라는 용맹하고 인격이 뛰어난 명장이 있었다. 그
는 광무제를 따라 남전 북정하면서 대단한 공로를 세웠다. 후에 그는 또
군대를 거느리고 남부 변경의 동란을 평정하여 남방 지대에 그 이름을
떨쳤고, 황제는 그를 복파(伏波) 장군으로 등용했다.

　　그의 나이 62세가 되는 해에 변경에서 또 전쟁이 발발하자 그는 자신
이 토벌하러 가겠노라고 분연히 일어섰다.

　　황제는 그의 나이가 많음을 이유로 승낙하지 않았다. 그러나 마원은
이에 굴하지 않고 출정을 나가겠다고 했다. 그의 신념에 감동된 황제는
그를 장수로 임명하여 군대를 거느리고 나가게 허락했다. 그후 그는 군
영에서 최후를 맞이했다.

　　마원은 생전에, "사나이는 마땅히 싸움터에서 죽어 말가죽에 싸여 땅
에 묻혀야 하느니라. 어찌 침대 위에 누워 여자의 시중을 받으며 죽을
수 있단 말인가?"라고 했는데 그의 원대로 이루어졌다.

馬	革	裹	屍	馬	革	裹	屍			

만가 (晩駕)
상여를 메고 갈 때에 부르는 노래. 죽은 사람을 애도하는 노래.

* **만경창파 (萬頃蒼波)**
만 갈래의 푸른 파도로 한없이 넓은 바다.

만고불멸 (萬古不滅)
오랜 세월을 두고 길이 없어지지 않음.

만고절색 (萬古絶色)
만고에 그 유(類)가 없을 만큼 뛰어난 미색.

만고천추 (萬古千秋)
과거와 미래를 통하여 영구히.

만고풍상 (萬古風霜)
사는 동안에 겪은 많은 고생.

만구일담 (萬口一談)
여러 사람의 말이 일치한다는 말.

만구칭송 (萬口稱頌)
여러 사람이 모두 한결같이 칭송함.

만년지택 (萬年之宅)
오래 견디도록 기초를 아주 튼튼하게 잘 지은 집.

만단설화 (萬端說話)
가슴속에 서리고 서린 모든 이야기.

만단수심 (萬端愁心)
여러 가지로 마음에 일어나는 수심.

만리동풍 (萬里同風)
하늘과 땅 사이 이르는 곳마다 같은 바람이 분다는 뜻으로, 천하가 통일되어 태평한 것의 비유.

만면수색 (滿面愁色)
얼굴에 가득히 나타난 근심의 빛.

막역지우 莫逆之友

莫 없을 **막**　逆 거스를 **역**　之 갈 **지**　友 벗 **우**

마음에 조금도 거슬림이 없는 친구라는 뜻으로,
더할 나위 없이 친하고 허물이 없는 친구를 말한다.

　《장자(莊子)》의 ＜대종사편(大宗師篇)＞에는 두 가지 일화가 실려
있다.

　자사(子祀), 자여(子輿), 자리(子犁), 자래(子來) 네 사람이 서로 말했다.

　"누가 능히 무(無)로써 머리를 삼으며 삶(生)으로써 등을 삼고, 죽음으
로써 엉덩이를 삼겠는가. 누가 죽고 살고 있고 없는 것이 하나라는 것을
알겠는가. 우리 더불어 친구가 되자."

　이렇게 말하고는 네 사람이 서로 바라보며 웃었다. 서로 마음에 거슬
림이 없어 드디어 친구가 되었다.

　또 하나는 자상호(子桑戶), 맹자반(孟子反), 자금장(子琴張) 세 사람이 서
로 이야기하기를, "누가 능히 서로 사귀지 않는 속에서 사귀고, 서로 도
움이 없는데 서로 도우랴. 누가 능히 하늘에 올라 안개와 놀고 무한한
우주 속을 돌아다니며 삶을 잊고 무한을 즐길 수 있겠는가?" 하고는 서
로 바라보며 웃었다. 서로의 마음에 거슬림이 없는지라 더불어 친구가
되었다.

莫 逆 之 友 莫 逆 之 友

만면춘풍 (滿面春風)

기쁨에 넘치는 얼굴.

만물부모 (萬物父母)

천지(天地)는 만물을 낳으므로 이름.

만부부당지용 (萬夫不當之勇)

수없이 많은 사내 대장부로도 능히 당해 낼 수 없는 용맹.

만부지망 (萬夫之望)

만인이 우러러 바라봄.

만불실일 (萬不失一)

조금도 틀림이 없음. 실수가 한 번도 없음.

만사개여몽 (萬事皆如夢)

이 세상의 모든 일이 꿈 같다는 말.

만사무심 (萬事無心)

모든 일에 관심이 없음. 또는 어떤 근심이 있어 만사가 시들하여 마음을 쓰는 일이 없음.

만세불망 (萬世不忘)

은덕이나 은혜를 오랜 세대를 두고 영원히 잊지 않음.

만세불후 (萬世不朽)

영원히 썩거나 사라지지 않음.

만수무강 (萬壽無疆)

손위 사람이나 존경하는 분의 건강을 빌 때에 쓰이며 한없이 오래 삶.

만수일리 (萬殊一理)

우주의 천태 만상이 결국은 한 이치로 돌아간다는 말.

만승천자식이위대 (萬乘天子食以爲大)

지위의 고하를 막론하고 사람에게는 먹는 것이 제일이라는 말.

만사휴의 萬事休矣

萬 일만 **만**   事 일 **사**   休 쉴 **휴**   矣 어조사 **의**

어떤 사태에 직면해서 더 손쓸 수단도 없고 모든 것이 끝장났다는 체념의 상태를 말한다.

당(唐)나라 말기, 송(宋)나라가 일어나기까지 50여 년 동안 왕조가 다섯 차례나 바뀌었다. 그동안 지방에 할거한 소국은 10개 국이나 되고, 무력에 의한 항쟁 찬탈이 행해졌다. 형남(荊南)에 있는 고(高)씨 집안도 그중의 하나로, 시조인 고계흥(高季興)이 당나라 말기에 형남 절도사가 된 이후로 그 아들 종회(從誨)는 후당에 붙어 남평왕이 되고 남한(南漢), 민(閩), 촉(蜀)이 모두 제위에 오르자 그들에게 신(臣)이라 칭했다. 각국에서는 그를 천시하여 고무뢰(高無賴)라고 불렀다. 종회의 뒤는 아들인 보융(保融), 그후는 보융의 동생인 보욱(保勖)이 자리를 이었으나, 그 무렵에는 후주도 망하여 송나라가 되고, 보욱도 송나라에 신종(臣從)하고 있었다. 보욱은 어려서부터 종회의 총애를 받고 있었기 때문에 사람들이 이를 시기하여 질투를 해도 웃음으로 얼버무려서 그 사람의 기분을 맞추곤 했다. 형남 사람들은 '만사휴의(萬事休矣)!'라고 말하며 한숨을 쉬었다고 한다.

드디어 그는 정권을 이어받자 굉장한 누각을 세워 민력을 소모시켜 원한을 샀으며, 극도의 관음증이 있어 매일 관부로 창기를 불러 모아 건장한 남자들을 짝지어 맘껏 희롱시키고는 첩들과 함께 발 뒤에서 엿보며 즐거워했다고 한다. 백성들의 우려대로 고보욱의 대(代)에 이르러 형남은 망하고 말았다.

萬	事	休	矣	萬	事	休	矣		

* **만시지탄 (晚時之歎)**
 시기가 늦은 것을 안타까워하는 탄식. 때늦은 한탄.

만식당육 (晚食當肉)
때늦게 먹으면 고기 맛 같다는 뜻. 즉 배가 고플 때에는 조식(粗食)을
먹어도 고기를 먹는 것과 같다는 말.

만실우환 (滿室憂患)
한 집 안에 앓는 사람이 많음을 이르는 말.

만전지책 (萬全之策)
한 치의 허술함도 없는 완전한 계책.

만즉일 (滿則溢)
차면 넘친다는 뜻.

만첩청산 (萬疊靑山)
겹겹이 둘린 푸른 산.

만초손겸수익 (慢招損謙受益)
거만하면 손해를 보며, 겸손하면 이익을 본다는 뜻.

만패불청 (萬霸不聽)
바둑을 둘 때 아무리 큰 패가 생기더라도 이에 응하지 않는다는 뜻으
로, 아무리 집적거려도 응하지 않고 고집을 부린다는 말.

말대필절 (末大必折)
가지가 크면 줄기가 부러진다는 말로서, 지족(支族)이 강대하면 종가가
쓰러진다는 뜻.

말류지폐 (末流之弊)
잘해 내려오던 끝판에 생기는 폐단.

망국지음 (亡國之音)
나라를 망칠 음악이란 뜻으로, 음란하고 사치한 음악을 이르는말.

*망양지탄 望洋之歎

望 바라볼 망   洋 큰바다 양   之 갈 지   歎 탄식할 탄

**광대한 바다를 보고 탄식한다는 뜻으로, 어떠한 일에
자기의 힘이 미치지 못할 때에 하는 탄식을 가리키는 말이다.**

옛날 황하 중류에 하백(河伯)이라는 물의 신이 있었다. 어느 날 아침,
찬란하게 빛나는 강물을 보고 그는 감탄하며 말했다.

"이렇게 큰 강은 여기밖에 없을 거야."

그런데 등뒤에서 늙은 자라가, "그렇지 않소. 해가 뜨는 근처에 북해
가 있는데 이 세상의 모든 강물이 그곳으로 흘러들기 때문에 그 넓이는
황하의 몇 곱이나 될 거요."라고 말했다.

그러던 어느 날, 하백은 늙은 자라가 한 말이 생각나서 강 하류를 따
라 북해에 가보기로 했다. 하백이 북해에 이르자 그곳의 신이 그를 반갑
게 맞아 주었다. 북해의 신이 손을 들어 허공을 가르자 망망대해가 펼쳐
졌다. 그 끝없는 넓이에 하백은 정신을 잃을 정도였다. 지금껏 세상 모
르고 살아온 자신이 무척 부끄럽게 여겨졌다.

하백이 말했다.

"나는 북해가 넓다는 말을 믿지 않았습니다. 그러나 오늘 여기 와서
야 깨달았습니다. 제가 어리석었다는 것을."

하백의 말을 들은 북해의 신이 이렇게 말했다.

"당신은 우물 안 개구리였구려. 대해를 모르면 식견이 좁은 인물로
끝나 버려 사물의 도리를 모를 뻔했소. 그러나 이제 당신은 거기서 벗어
난 것이오."

望	洋	之	歎	望	洋	之	歎				

망극지통 (罔極之痛)
부모나 임금 등에 관련되어 일어난 일로 그지없는 슬픔.

망년지우 (忘年之友)
연장자가 나이에 거리끼지 않고 허물없이 대하여 사귄 친구.

망리투한 (忙裏偸閑)
바쁜 중에도 틈을 타서 마음을 즐겁게 함.

망매해갈 (望梅解渴)
목이 마른 병졸이 신 살구 얘기를 듣고 입에 침이 고여 목마름을 풀었다는 고사.

망리투한 (忙裏偸閑)
바쁜 중에도 틈을 타서 마음을 즐겁게 함.

망문투식 (望門投食)
노자가 떨어졌을 때에 남의 집에 찾아가서 얻어 먹음을 이름.

망신망가 (忘身忘家)
몸과 가솔(家率)을 마음 속에서 잊는다는 뜻으로, 개인적인 것은 돌보지 않고 오직 나라와 공을 위해 자신을 헌신함을 이름.

망양 (望羊)
널리 바라다 봄. 또 무한의 뜻.

망양보뢰 (亡羊補牢)
양을 잃고서 그 우리를 고친다는 뜻으로, ① 실패한 후에 일을 대비한다는 말. ② 이미 때늦었다는 뜻.

＊ **망운지정 (望雲之情)**
멀리 떠나온 자식이 부모를 그리는 정을 이르는 말.

망은배의 (忘恩背義)
은혜를 잊고 의리를 배반함.

망자존대 (妄自尊大)
망령되이 자기만 잘났다고 뽐내어 자신을 높이고 남을 업신여김.

*맥수지탄 麥秀之歎

麥 보리 맥 秀 무성할 수 之 갈 지 歎 탄식할 탄

맥수(麥秀)란 보리가 무성하다는 말로, 옛날에 영화를 자랑하던 도읍에 보리가 무성해 있는 것을 보고 고국의 멸망을 탄식한다는 말이다.

은(殷)나라 주왕(紂王)이 폭정을 일삼자 충언을 한 세 사람이 있었다. 미자(微子), 기자(箕子), 비간(比干)이 바로 그들이다.

미자는 주왕의 이복형이었는데 누차에 걸친 간언에도 끝내 듣지 않자 국외로 망명했고, 기자 역시 간언의 효과가 없자 망명해서 미친 사람 흉내를 내며 지내다가 마침내는 노예로까지 전락했다. 그리고 주왕의 아들이었던 비간은 끝까지 간언을 하다가 극형을 당하고 말았다.

후에 주 왕조의 세상이 되어 미자는 은의 혈통을 보존하는 뜻에서 송나라 왕으로 봉해졌고, 기자도 조선왕에 봉해졌다.

기자가 망명지에서 무왕의 부름을 받고 도읍으로 가던 길에 은나라의 옛 성 근처를 지나게 되었다. 번화하던 도읍은 흔적 없이 사라지고, 궁궐터에는 보리와 잡초만이 무성하게 자라 있었다.

그때 기자는 옛 감회에 젖어 <맥수지탄(麥秀之嘆)>이라는 시 한 수를 읊었다.

보리 이삭은 무럭무럭 자라고
벼와 기장의 잎에는 윤기가 흐르는구나.
포악한 저 주왕이
내 말을 듣지 않았음이 슬프구나.

麥	秀	之	歎	麥	秀	之	歎		

망족 (忘足)

신이 발에 맞아 단지 신이 가는 것만 알고 발 가는 것을 잊는다는 말로, 소요자적(逍遙自適)의 뜻임.

망중유한 (忙中有閑)

바쁜 중에도 또한 한가한 짬이 있음.

망중한 (忙中閑)

바쁜 중에 잠깐 짜낸 여가. 바쁜 중의 틈. 바쁜 속의 편안.

망지일목 (網之一目)

새는 그물의 한 코에 걸려 잡히지만, 새 그물을 한 코만 만들어치면 잡히지 않는다는 뜻.

망징패조 (亡徵敗兆)

망하거나 결딴 날 징조. 망할 징조.

망풍이미 (望風而靡)

소문에 미리 겁을 먹고 맞서려고도 하지 않고 뿔뿔이 흩어져 도망감을 이르는 말.

매두몰신 (埋頭沒身)

매우 바쁜 일에 파묻혀 헤어나지 못함. 일에 달라붙어 물러날 줄모름.

매문매필 (賣文賣筆)

돈을 벌려고 실속 없는 글을 짓거나 또는 글씨를 써서 팖.

매방초시 (每榜初試)

과거(科擧)를 볼 때마다 초시(初試)에는 언제나 합격되나 복시(覆試)에는 낙제함.

매염봉우 (賣鹽逢雨)

소금을 팔다가 비를 맞는다는 뜻으로, 일에 마(魔)가 끼어서 잘안된다는 말.

맹모단기지교 孟母斷機之敎

孟 성 맹   母 어머니 모   斷 끊을 단   機 베틀 기   之 갈 지   敎 가르칠 교

맹자의 어머니가 아들이 학업을 중단하고 돌아왔을 때,
짜던 베를 칼로 끊으면서 학문을 크게 이루라고 타이른 말로,
학문을 중도에서 그만두면 짜던 베의 날을 끊는 것과 같이 아무 쓸모가 없다는 말이다.

맹자(孟子)가 소년 시절에 공자의 손자인 자사(子思)에게 학문을 배우고 있을 때의 일이다.

하루는 홀로 계시는 어머니가 몹시 걱정되고 그리워 느닷없이 집으로 왔다. 그러나 맹자의 어머니는 아들을 보고도 전혀 반가워하는 기색 없이 베틀에 앉아 맹자에게 물었다.

"학문은 어느 정도에 이르렀느냐?"

"많이 배우지는 못했습니다. 어머니가 그리워 공부를 할 수가 없었습니다."

맹자가 대답하자 어머니는 옆에 있던 칼을 집어들어 짜고 있던 베의 날을 싹둑싹둑 잘라 버렸다. 그러고는 너무 놀라 멍하니 서 있는 맹자에게 조용히 타일렀다.

"네가 학문을 중도에서 그만두는 것은, 마치 내가 짜고 있던 베의 날 실을 끊어 버린 것과 다를 것이 없다."

어머니의 말에 크게 깨달은 바 있어 맹자는 다시 스승에게로 돌아가 더욱 더 열심히 학문에 매진했다고 한다.

孟 母 斷 機 之 敎 孟 母 斷 機 之 敎

매인열지 (每人悅之)

모든 사람의 마음을 기쁘게 함.

매처학자 (梅妻鶴子)

매화를 처로 삼고 학을 아들 삼는다는 뜻으로, 속세(俗世)를 멀리하여 산간에 숨어사는 선비를 일컫는 말.

맹귀부목 (盲龜浮木)

눈먼 거북이가 떠내려오는 나무를 만나 그 구멍으로 들어간다는 뜻으로, 어려울 때 우연히 좋은 기회를 만남.

맹완단청 (盲玩丹靑)

소경 단청 구경하듯이란 말로, 알지도 못한 위인이 아는 체한다는 뜻.

맹인안질 (盲人眼疾)

있으나 마나 아무 상관없다는 뜻.

맹자실장 (盲者失杖)

소경이 지팡이를 잃은 것처럼 믿고 의지할 곳이 없어진 것을 뜻함.

맹자정문 (盲者正門)

소경이 정문을 바로 찾아들어 간다는 뜻으로, 어리석은 사람이 어쩌다 이치에 들어맞는 바른 일을 하는 것의 비유.

맹자직문 (盲者直門)

장님이 문을 바로 들어갔다는 뜻으로, 우연히 요행수로 성공을 거두었음을 이름.

맹풍열우 (猛風烈雨)

몹시 세찬 비바람.

맹호복초 (猛虎伏草)

영웅은 일시적으로는 숨어 있지만 언젠가는 세상에 드러나게 마련이라는 말.

맹모삼천지교 孟母三遷之敎

孟 성 맹 母 어머니 모 三 석 삼 遷 옮길 천 之 갈 지 敎 가르칠 교

맹자의 어머니가 맹자를 가르치기 위해 세 번이나 이사했다는 뜻으로,
자식을 힘껏 교육시키는 것을 말한다.

맹자 어머니의 교육 일화이다.

맹자와 어머니가 묘지 근처에 살 때, 어린 맹자는 늘 보게 되는 상여꾼들의 흉내를 내며 땅을 파고 널을 묻은 다음 둥그렇게 봉분을 짓는 흉내를 내며 놀았다.

그래서 맹자의 어머니는 아들의 교육을 위해 집을 시장 근처로 옮겼다. 그러자 이번에는 장사꾼들의 장사하는 흉내를 내며 노는 것이었다. 역시 시장도 교육에 아무런 도움이 안 되는 것을 안 맹자 어머니는 여러 생각 끝에 서당 근처로 집을 옮겼다. 그러자 맹자는 학생들이 공부하는 모습과 제상을 차리는 법, 예의를 갖춰 인사하고 행동하는 모습들을 흉내내며 노는 것이었다.

맹자의 어머니는 여기야말로 자식을 기르기에 안성맞춤인 곳이라며 기뻐했다고 한다.

孟	母	三	遷	之	敎	孟	母	三	遷	之	敎

면력박재 (綿力薄材)
힘이 없어 솜처럼 약하고 재능조차 없음을 이름.

면리장침 (綿裏藏針)
솜 속에 바늘을 감추어 꽂는다는 뜻으로, 겉으로는 부드러운 듯보이나 속으로는 아주 흉악함을 이름.

면색여토 (面色如土)
낯빛이 흙과 같다는 뜻으로, 놀람과 근심됨이 심해 얼굴빛이 달라짐을 이름.

면시염차 (麵市鹽車)
밀가루를 뿌린 장거리와 소금을 실은 수레라는 뜻으로, 눈이 많이 내린 것을 말함.

면예불충 (面譽不忠)
면전에서 칭찬하는 사람은 마음에 성실성이 없다는 것을 이름.

면절정쟁 (面折廷爭)
군주의 면전에서 혹은 조정에서 군주의 덕 또는 정사(政事)에 관하여 논쟁을 함.

* 면종복배 (面從腹背)
겉으로는 받들어 복종하는 체하면서 내심으로는 훼방을 놓고 배반함.

면종후언 (面從後言)
면전에서는 기꺼이 순종하는 척하고 뒤로 가서는 비방과 욕설을 한다는 뜻.

멸문지화 (滅門之禍)
멸문을 당하는 큰 재앙. 멸문의 화근(禍根).

* 멸사봉공 (滅私奉公)
사(私)를 버리고 공(公)을 위하여 힘써 일함.

*명경지수 明鏡止水

明 밝을 **명**   鏡 거울 **경**   止 그칠 **지**   水 물 **수**

맑은 거울과 고요한 물이라는 뜻으로,
사념이 없는 아주 깨끗하고 고요한 심경을 일컫는다.

    《장자(莊子)》 <덕충부편(德充符篇)>에 이런 이야기가 실려 있다.

    노나라에 올자(兀者: 형벌로 다리를 잘린 사람)인 왕태(王駘)라는 덕망이 높은 인물이 있었다. 학덕이 뛰어난 사람으로 평판이 좋아, 주위에 많은 제자들이 있었다.

    어느 날, 공자의 제자인 상계(常季)는 그것을 보고 내심 불쾌히 여겨 공자에게 그 연유를 물었다.

    "선생님, 왕태는 몸도 불구인데 어째서 저렇게 많은 사람들이 그 주위에 몰려드는 것입니까?"

    그러자 공자는 이렇게 설명했다.

    "그분은 이미 천지 자연의 섭리를 통달해 외물(外物)에 끌려 마음을 동요시키는 일이 없고, 만물의 변화를 자연 그대로 받아들여 도(道)의 본원을 지키고 있는 분이며, 이목에 비치는 미추에는 통 마음을 쓰지 않고 오로지 마음을 지미지락(至美至樂)의 덕에 기울이되 만물은 다 같은 것으로 본다. 득실은 문제가 아니므로 그까짓 다리 하나쯤은 마치 흙 한 덩어리를 버린 것 정도로밖에 생각하고 있지 않다. 사람들은 흐르는 물을 거울로 삼지 않고, 고요한 물을 거울로 삼아 자기의 모습을 비춰보게 된다. 그분의 마음은 고요한 물과 같기에, 많은 사람들이 모여드는 것이다."

明	鏡	止	水	明	鏡	止	水			

멸이가의 (蔑以加矣)
그 위에 더할 나위가 없음.

명감소이찰형 (明鑑所以察形)
맑은 거울은 사람의 모습을 비치어 살필 수 있듯이 지나간 옛일을 거울 삼으면 현재의 일도 알 수 있다는 뜻.

명견만리 (明見萬里)
총명한 것을 이름.

명경불피 (明鏡不疲)
맑은 거울은 몇 번이나 사람의 얼굴을 비쳐도 피로하지 않음을 이름.

명경위추부지원 (明鏡爲醜婦之寃)
맑은 거울은 못생긴 여인이 싫어한다는 뜻으로, 사악한 사람 이 올바른 사람을 미워하고 원망한다는 뜻.

명과기실 (名過其實)
널리 알려진 사실이나 이름이 실지의 내용보다 지나침.

명기누골 (銘肌鏤骨)
살갗에 표시하고 뼈에 새긴다는 뜻으로, 깊이 마음에 새기어 잊지 않음을 이르는 말.

명덕유형 (名德惟馨)
군주의 명덕(明德)이 좋은 향내와 같이 그윽한 것을 말함.

명명지지 (冥冥之志)
마음 속에 깊이 간직하고 외부에 드러내지 않음을 뜻함.

명모호치 (明眸皓齒)
눈동자가 맑고 이가 희다는 뜻으로, 미인을 일컫는 말.

명목장담 (明目張膽)
눈을 밝게 뜨고 쓸개를 크게 펼친다는 뜻으로, ① 용기를 내어 말한다는 뜻. ② 감히 확언을 한다는 뜻.

모순 矛盾

矛 창 모 盾 방패 순

창과 방패란 말로, 말이나 행동의 앞뒤가 서로 일치하지 않을 때 쓰는 말이다.

초(楚)나라의 한 장사꾼이 시장에서 창과 방패를 팔고 있었다. 장사꾼은 방패를 들어 보이며 외쳤다.

"자, 여러분 이 방패를 보십시오. 언뜻 보기에는 보통 방패와 다름없지만 명인이 만들어 낸 것으로, 아무리 날카로운 창이라도 막아낼 수 있습니다. 자, 어서 사 가십시오, 어서."

이렇게 큰 소리를 친 사나이가 이번에는 곁에 놓아두었던 창을 집어 들고 더욱 목청을 돋워 사람들에게 외쳐댔다.

"자아, 여러분, 이 창을 보십시오. 구슬을 튕겨 내는 듯한 서릿발이 시퍼런 날, 정말 천하 일품 아닙니까? 이 창은 어찌나 날카로운지 꿰뚫지 못하는 것이 없습니다. 어서 사 가십시오."

그러자 구경꾼들 틈에서 처음부터 말없이 듣고 있던 한 노인이 불쑥 입을 열었다.

"과연 그대가 가지고 있는 방패와 창은 굉장한 것일세. 하나 내 나이가 많은 탓인지 아니면 머리가 나쁜 탓인지 통 알 수가 없는 일이 하나 있네. 그 창으로 그 방패를 찌르면 어느 쪽이 이기는 거요?"

이 말을 들은 장사꾼은 말문이 꽉 막혀 아무런 대답도 하지 못한 채 서둘러 물건들을 챙겨 가지고 슬금슬금 그 자리를 떠났다.

矛	盾	矛	盾						

명불허득 (名不虛得)
명성이나 명예란 헛되어 얻을 수 있는 것이 아니라는 말.

명불허전 (名不虛傳)
이름은 헛되이 전하여지지 않는다는 뜻으로, 명예로운 이름은 마땅히 들을 만한 실적이 있어야 퍼진다는 말.

명산대천 (名山大川)
이름난 산과 큰 내.

명세지재 (命世之才)
세상을 구할 만한 뛰어난 인재.

명실상부 (名實相符)
이름과 실상이 서로 들어맞음.

명심누골 (銘心鏤骨)
마음에 간직하고 뼈에 새긴다는 뜻으로, 은덕(隱德)을 입은 것을 잊지 않는다는 말.

명심불망 (銘心不忘)
마음 속 깊이 새겨 오래 잊지 아니함.

＊ **명약관화 (明若觀火)**
불을 보듯이 명백함.

명연의경 (命緣義輕)
의(義)를 위해서는 생명을 아끼지 않는다는 뜻.

명월위촉 (明月爲燭)
방에 비치는 밝은 달빛을 촛불로 삼음.

명월청풍 (明月淸風)
밝은 달과 맑은 바람. 밝은 달밤에 부는 시원한 바람.

명일황화 (明日黃花)
사물의 제 시기가 지난 것을 이름.

*무릉도원 武陵桃源

武 호반 **무**   陵 언덕 **릉**   桃 복숭아 **도**   源 근원 **원**

신선이 살았다는 전설적인 중국의 명승지로,
이 세상과 따로 떨어진 별천지, 곧 이상향(理想鄉)을 가리킨다.

진(晉)나라 무릉(武陵)에 한 어부가 고기를 잡으러 강을 따라 올라갔다
가 아주 낯선 곳에 다다랐다. 일대가 모두 복숭아 숲으로 펼쳐져 있는
데, 감미로운 향기를 풍기며 복사꽃 잎이 휘날리고 있었다.

어부는 그 광경에 취해 계속 배를 저어갔다. 얼마 후 산이 나타나고
사람 하나가 겨우 지나갈 정도의 동굴이 있었는데 어부가 동굴로 들어
가자 갑자기 눈앞이 환해지면서 집들이 나타났다. 비옥한 전답이 있었
으며 밭일을 하는 사람이나 왕래하는 남녀 모두 이국인 복장을 하였는
데, 모두가 한없이 즐거워 보였다.

어부를 본 사람들은 깜짝 놀라며 어디서 왔느냐고 물었다. 어부가 이
곳에 온 경위를 소상하게 말하자 그들은 어부를 환대하며 자세한 이야
기를 해 주었다. 그들은 진(秦)나라 때 난리를 피해 이 별천지로 와 살다
가 그대로 외부 세계와의 인연을 끊고 살아가는 중이라고 했다. 그 후
어부는 여러 날 그곳에 머물다가 귀로에 올랐다.

그곳을 떠나올 때 그들은 다른 사람에게 말하지 말아달라고 부탁하
였으나 어부는 돌아오는 길에 표시를 남겨 두었다.

집으로 돌아온 어부는 곧 태수를 찾아가 겪었던 이야기를 했다. 태수
도 크게 흥미를 느껴 사람을 보내 그곳을 찾게 하였으나, 도무지 찾을
수가 없었다. 표시해 두었던 것이 모두 지워져 버렸던 것이다.

武	陵	桃	源	武	陵	桃	源			

명재경각 (命在頃刻)
거의 죽게 되어 숨이 곧 끊어질 지경에 이름.

명정언순 (名正言順)
주의(主義)가 바르고 말이 이치에 맞음을 이름.

명조지손 (名祖之孫)
이름난 조상의 자손.

명존실무 (名存實無)
이름만 있고 실상은 없는 것, 즉 유명하기만 하였지 아무 실속 없음을 이름.

명주암투 (明珠暗投)
빛을 내는 구슬을 암야(暗夜)에 사람 발 밑에 던진다는 뜻으로서, 아무리 귀중한 것이라도 갑자기 사람 앞에 내놓으면 괴상하게 여긴다는 말.

---

* 모수자천 (毛遂自薦)
조(趙)나라에서 초(楚)나라에 구원을 청할 사자를 물색할 때 모수(毛遂)가 자기 자신을 천거했다는 고사에서 유래한 것으로, 자기가 자기를 추천한다는 뜻.

모야무지 (暮也無知)
어두운 밤중에 하는 일이라서 보고 듣는 사람이 없음. 알 사람이 없음.

모춘삼월 (暮春三月)
봄이 저물어 가는 음력 삼월.

목본수원 (木本水源)
자식되는 사람은 자신의 근본을 생각하여야 한다는 말. 양친은 나무의 근본이며, 물의 근원과 같다는 뜻.

---

* 목불식정 (目不識丁)
낫 놓고 기역자도 모름. 즉 배운 것이 없는 사람이라는 뜻.

*무산지몽 巫山之夢

巫 무당 **무**　山 뫼 **산**　之 갈 **지**　夢 꿈 **몽**

무산에서 꾼 꿈이란 뜻으로, 이 고사로 인해 남녀간의 밀회나 정사를 일컫는 말이 되었다.

초(楚)나라 양왕(襄王)이 송옥(宋玉)과 함께 운몽(雲夢)에서 놀다가 고당관(高唐館)에 갔다. 산 위를 쳐다보니 이상한 구름이 뭉게뭉게 피어오르는가 했더니 홀연 여러 형태로 변하는 것이었다.

양왕이 구름의 변형에 대해 송옥에게 묻자, 그 구름을 조운(朝雲)이라고 부른다며 이런 이야기를 들려주었다.

선왕인 회왕(懷王)이 어느 날 고당에서 향연을 즐기다가 다소 피로해서 잠시 누워 낮잠을 잤다. 어렴풋이 잠이 들었을 때 비몽사몽간에 아름다운 여인이 나타나더니 꾀꼬리 같은 목소리 말했다.

"저는 무산(巫山)에 사는데 폐하께서 고당에 오셨다는 말을 듣고 뵙고자 왔습니다. 부디 폐하와 함께 밤을 지내도록 허락해 주십시오."

왕은 기꺼이 그 여인과 동침을 했다. 얼마 후 이별할 시간이 되자 여인은 이별을 고하며 말했다.

"저는 앞으로도 남쪽의 봉우리에 살겠습니다. 아침에는 구름이 되어 산에 걸리고 저녁에는 비가 되어 산을 내려와 아침저녁으로 양대(陽臺) 아래 머물며 폐하를 그리워할 것입니다."

이튿날 아침, 왕이 무산 쪽을 바라보니 여인이 말한 대로 무산에는 아름다운 빛을 받은 구름이 두둥실 떠 있었다. 왕은 여인을 그리워하여 사당을 세우고 '조운묘(朝雲廟)'라고 이름지었다 한다.

巫	山	之	夢	巫	山	之	夢			

＊ 목불인견 (目不忍見)

딱하고 가엾어 차마 눈뜨고 볼 수 없음.

목석불부 (木石不附)

아무 데도 의지할 곳이 없음.

목왕지절 (木旺之節)

오행(五行)의 목기(木氣)가 성한 때, 곧 봄철을 달리 이르는 말.

목우인 (木偶人)

나무로 만든 인형이란 뜻으로, 어리석고 미련한 사람을 이름.

목자진열 (目眥盡裂)

눈초리가 다 찢어질 정도로 사납게 흘겨보는 모양.

목전지계 (目前之計)

앞날을 내다보지 못하고 눈앞에 보이는 한때만 생각하는 꾀.

몰착락 (沒着落)

(사건의 귀결이) 돌아갈 곳이 없음. 귀착(歸着)이 없음.

몽망착어 (蒙網捉魚)

그물을 머리에 쓰고 고기를 잡는다는 뜻으로, 우연히 운이 좋았음의 비유.

몽외지사 (夢外之事)

천만 뜻밖의 일.

몽중몽 (夢中夢)

꿈 속에서 또 꿈을 꾼다는 뜻으로, 인간 세상이 지극히 덧없고 허무함을 이르는 말.

몽중상심 (夢中相尋)

몹시 그리워 꿈 속에서까지 찾는다는 뜻으로 친밀함을 이름.

몽중설몽 (夢中說夢)

꿈 속에서 꿈 이야기하듯 한다는 뜻으로, 요령을 잡을 수 없는 말이란 뜻.

무용지용 無用之用

無 없을 무 用 쓸 용 之 갈 지

평상시 아무 쓸모가 없다고 생각하던 것이 때로는 어느 것보다
더 요긴하게 쓰인다는 뜻이다.

《장자(莊子)》 <인간세편(人間世篇)>에 이러한 글이 실려 있다. "계수나무는 먹을 수 있기 때문에 잘리고, 옻나무는 그 칠을 쓸 수 있기 때문에 베어진다. 사람들은 쓸모 있음의 용도는 알고 있지만, 쓸모없음의 용도는 알지 못한다."

<산목편(山木篇)>에는 또 이런 이야기가 실려 있다.

장자가 제자와 길을 가다가 구불구불하게 자란 나무를 보고 말했다. "이 나무는 쓸모가 없는 덕택으로 천수를 다할 수가 있었군."

그날 밤 친척집에서 묵게 되었는데 잘 우는 기러기와 잘 울지 않는 기러기 중에 울지 않는 것이 쓸모가 없다고 해서 울지 않는 기러기를 잡은 것이다. 이것을 본 제자가 장자에게 물었다. "나무는 쓸모가 없어 천수를 다하고 기러기는 쓸모가 없어 죽임을 당했습니다. 선생님은 쓸모 있는 것과 없는 것의 어느 편을 취하시겠습니까?"

"글쎄, 나라면 중간을 취하겠다. 하기야 그것도 진정으로 도(道)에서 놀기에는 아직 부족하구나. 진정으로 도에서 논다는 것은 칭찬도 받지 않고 나무람도 듣지 않고 그때그때에 순응해서 조금도 잘난 체하지 않는 것, 뜨거나 가라앉거나 그대로 두어 남과 다투지 않고 도에다 몸을 맡겨 물(物)로 제어한다고 해도 당하지 않는 것이다. 그렇게 하면 아무런 누(累)도 남을 리가 없지 않은가."

無	用	之	用	無	用	之	用

몽중점몽 (夢中占夢)

꿈 속에서 꿈의 길흉(吉凶)을 점(占)침. 몽중몽(夢中夢)에서 나온말.

몽환포영 (夢幻泡影)

꿈·환상·거품·그림자·인생의 헛되고 덧없음의 비유.

묘년 (妙年)

스물 안쪽의 소년 소녀.

묘년재격 (妙年才格)

젊은 나이에 타고난 높은 품격과 재주.

묘당공론 (廟堂公論)

조정의 군신들이 모여 나라의 일을 논의하는 일.

묘두현령 (猫頭縣鈴)

고양이 목에 방울 달기. 곧 실행하기 어려운 공론(空論)을 뜻함.

묘목이공 (墓木已拱)

장례(葬禮)를 지낸 뒤 묘 옆에 나무를 심어 그 나무가 성장(成長)하여 한 아름이 되도록 컸다는 뜻으로, 죽은 사람이 오래되었다는 것을 표시(表示)한 말.

묘창해지일속 (渺滄海之一粟)

망망한 바다 가운데 좁쌀 하나만큼 하다라는 뜻으로, 매우 작고보잘것 없는 존재라는 뜻.

* **묘항현령 (猫項懸鈴)**

고양이 목에 방울 달기라는 뜻.

무가무불가 (無可無不可)

사람의 언행(言行)이 모두 중용(中庸)에 맞아 과불급(過不及)이없음.

무가보 (無價寶)

값을 칠 수가 없을 정도로 몹시 귀중한 보배.

무위이화 無爲而化

無 없을 무　爲 할 위　而 말이을 이　化 될 화

**어떠한 행위 없이도 이루어진다는 뜻으로,
애써 공들이지 않아도 스스로 변화하여 잘 이루어진다는 말이다.**

《노자(老子)》 59장의 <도덕경(道德經)>에 이런 말이 있다.

올바름으로써 나라를 다스리고, 훌륭한 기계(奇計)로써 군사를 쓰고, 일 없음으로써 천하를 취한다. 내가 어떻게 그러함을 알겠는가? 바로 이것이다.

천하에 행해서는 안 된다고 정해진 일이 많으면 많을수록 백성은 가난해진다. 백성들에게 편리한 문명의 도구가 많아지면 많아질수록 법령이 점점 엄해지고 나라는 혼란해진다. 그러므로 성인은 말한다.

"내가 하는 것이 없으면 백성은 스스로 교화되고, 내가 움직이지 않고 고요히 있으면 백성들 스스로 바르게 되며, 내가 일이 없으면 백성들 스스로 잘살게 되고 내가 욕심이 없으면 백성들 스스로 순박해진다."

또 노자(老子)는 다음과 같이 말했다.

"도(道)는 언제나 행하지 않으면서도 하지 않는 것이 없다."

'도'란 우주 만물을 지배하고 그것을 관철하는 원리이며 자연의 법칙이다. 상(常)이란 영원이라는 뜻으로, 즉 이 경우의 '무위(無爲)'는 위정자의 정치적 수단으로서의 무위가 아니라 도의 상태를 말하고 있다. 이 장에서 노자의 말은 계속된다.

"지배자가 만약 이 도를 잘 지키면, 만물은 자연히 화(化)하려 한다."

無	爲	而	化	無	爲	而	化

무강근지친족 (無强近之親族)

가까운 친척이 없다는 말로, 의지할 데가 전혀 없는 외로운 처지라는 뜻.

무거불측 (無據不測)

① 언행이 상규를 벗어나 몹시 흉악함. ② 근거가 없어 헤아리기 어려움.

무계지언 (無稽之言)

근거(根據) 없는 망설(妄說). 생각지 않고 함부로 하는 말.

무고지민 (無告之民)

① 어디다 호소할 데가 없는 어려운 백성. ② 의지할 데가 없는 노인이나 어린 아이.

＊ **무골호인 (無骨好人)**

아주 순하여 남의 비위에 두루 맞는 사람.

무괴어심 (無愧於心)

마음에 부끄러운 것이 없음.

무궁지문 (無窮之門)

망막하여 끝없는 곳을 이름.

무근지설 (無根之說)

터무니없는 뜬소문. 근거 없는 낭설.

무념무상 (無念無想)

무아의 경지에 이르러 일체의 상념이 없음. 아무런 생각이 없음.

무도몰륜 (無道沒倫)

사람이 마땅히 지켜야 할 도리도 없고 인륜도 없음.

무두무미 (無頭無尾)

밑도 끝도 없음. 처음과 나중이 없음.

무등호인 (無等好人)

더할 나위 없이 사람됨이 좋은 사람. 그지없이 좋은 사람.

*문경지교 刎頸之交

刎 목벨 문　頸 목 경　之 갈 지　交 사귈 교

생사를 같이 하여 목이 떨어져도 두려워하지 않을 만큼 친한 사이를 뜻한다.

　인상여(藺相如)는 조나라 혜문왕(惠文王)의 신하 무현(繆賢)의 식객에 지나지 않았으나, 진나라 왕이 혜문왕을 욕보이려 하자 진나라 왕에게 당당히 맞서 혜문왕을 구해 준 공으로 상경(上卿)에 임명되었다. 조나라 명장으로 유명한 염파(廉頗)는 자신보다 인상여의 지위가 높자 분개하며 말했다.

　"나는 수많은 적을 무찔러 큰공을 세웠는데 짧은 세 치 혀밖에 놀린 게 없는 인상여 그놈이 나보다 윗자리에 앉게 되었다. 언제든 그 작자를 만나면 반드시 큰 모욕을 주고 말겠다."

　이 말을 들은 인상여는 염파를 피해 다녔다. 병을 핑계삼아 조정에도 나가지 않았으며, 밖에서도 염파를 보면 옆길로 돌아갔다. 이와 같은 인상여의 행동에 불만을 품은 부하 하나가 작별 인사를 하러 오자 인상여는 그를 만류하며 이렇게 말했다.

　"염파 장군과 진나라 소양왕 중 어느 쪽이 더 두려운가?"

　"물론 소양왕입니다."

　"나는 소양왕을 많은 신하들 앞에서 질책을 한 사람이네. 지금 진나라가 조나라를 공격하지 않는 이유는 염파 장군과 내가 있기 때문일세. 내가 염파 장군을 피하는 이유는 그의 존재가 두려워서가 아니라 나라의 위기를 먼저 생각하고 개인적인 원한은 뒤로 밀어두었기 때문일세."

　이 말을 전해 들은 염파 장군은 인상여를 찾아가 무릎을 꿇었다.

刎	頸	之	交	刎	頸	之	交			

무량무변 (無量無邊)
그지없이 크고 넓음.

무로이득 (無勞而得)
노력 없이 쉽게 얻음.

무망지세 (無妄之世)
반드시 이익을 받을 세상.

무목지하무풍초 (茂木之下無豊草)
무성한 나무 아래에는 무성한 풀이 없음.

무문곡필 (舞紋曲筆)
붓을 함부로 놀려 왜곡된 문사(文辭)를 씀.

무물부존 (無物不存)
없는 물건이 없음.

무미불촉 (無微不燭)
썩 작은 일까지 환하게 다 살피는 일.

무변무애 (無邊無礙)
광막하여 끝이 없음.

무부무군 (無父無君)
어버이도 모르고 임금도 모르는 난신적자(亂臣賊子)를 가리키는 말로, 그 행동이 매우 어지러운 사람을 보고하는 말.

무불간섭 (無不干涉)
함부로 남의 일에 간섭함.

무불통지 (無不通知)
무슨 일이든지 다 통하여 환히 앎.

무사가답 (無辭可答)
사리가 떳떳하여 감히 대꾸할 말이 없음.

무사자통 (無師自通)
일정한 스승이 없이 스스로 연구하고 공부하여 깨쳐 앎.

문일지십 聞一知十

聞 들을 문　一 한 일　知 알 지　十 열 십

한 가지를 들으면 열을 미루어 안다는 뜻으로, 지극히 총명함을 일컫는 말이다.

공자의 제자는 3천 명이나 되었으며, 후세에 이름을 남긴 제자만도 72명이나 되었다고 한다.

공자의 제자 중에 자공(子貢)은 재물을 모으는 데 남다른 재주가 있어, 공자가 천하를 돌아다니며 뜻을 펴고자 할 때 경비의 대부분을 조달했고 학문과 재치 또한 뛰어났다.

그러나 안회(顔回)라는 제자는 가난한 제자였다. 그렇긴 해도 그는 3개월 동안 어진 행동을 보였다고 해서 공자로부터 인(仁)을 실천하고 있다는 말을 들은 유일한 제자였다.

하루는 공자가 안회와 자공의 길고 짧음에 대하여 자공에게 물었다. 이에 자공은 서슴지 않고 이렇게 대답했다.

"제가 어찌 감히 안회를 넘볼 수 있겠습니까. 안회는 하나를 들으면 열을 알고, 저는 하나를 들으면 둘을 알 뿐입니다."

공자는 자공의 대답에 흡족했다. 자공 역시 자기 자신을 알고 있었던 것이다.

공자는 진심으로 기뻐하며 말했다.

"네가 안회만 못하다는 사실은 나도 인정하는 바이다."

聞	一	知	十	聞	一	知	十		

무산지운 (巫山之雲)
남녀간의 애정이 깊음을 비유한 말.

무상고공 (無常苦空)
인생이 무상하고 공허함을 이름.

무상무념 (無想無念)
일체의 상념을 떠남.

무소기탄 (無所忌憚)
아무것도 꺼려 하는 것이 없음.

무소조수녹 (無所措手足)
두려워하여 몸둘 곳이 없다는 말.

무수지수 (貿首之讐)
목을 바꿔 벨 만한 원수라는 뜻으로, 불공대천지수와 같은 말.

무실역행 (務實力行)
참되고 실속 있도록 힘써 실행함.

무언거사 (無言居士)
① 수양을 쌓아 수다하지 않은 사람을 좋게 이르는 말. ② 구변(口辯)이 없어서 의사 표시를 못하는 사람을 빈정거리는 말.

무여열반 (無餘涅槃)
번뇌를 끊고 분별의 지(智)를 떠나 육신까지 없애고 정적(靜寂)에 돌아간 경지. 곧 죽은 후에 들어가는 열반.

무염지욕 (無厭之慾)
만족할 줄 모르는 끝없는 욕심. 한이 없는 욕심.

---

* **무위도식 (無爲徒食)**
아무 하는 일 없이 먹기만 함. 놀고 먹음.

무위무사 (無爲無事)
하는 일이 없으니 탈도 없음. 하는 일도 없고 할 일도 없음.

문전성시 門前成市

門 문 **문** 前 앞 **전** 成 이룰 **성** 市 저자 **시**

세도가의 집 앞이 찾아드는 방문객들로 인해 시장 같다는 말로,
세상 인심의 덧없음을 보여 주는 말이다.

후한의 성제(成帝) 이후 애제(哀帝)가 즉위하자, 조정의 실권은 외척들의 손에 넘어갔고 황제는 빈자리만 지키고 있는 실정이었다.

애제를 받들고 정치를 바로잡으려 애쓴 신하 중에 정숭(鄭崇)이 있었다. 정숭은 상서복야(尙書僕射)에 임명되어 외척들의 횡포를 보다 못해 누차 애제에게 알현을 청해 간했으나, 애제는 불편하게 여겨져 차츰 정숭을 멀리했다.

당시에 조창(趙昌)이라는 상서령이 있었다. 남을 고자질하여 아첨하는 인물로 전부터 정숭을 미워하여 정숭과 애제의 벌어진 사이를 보고 애제에게 모함을 넣었다.

"정숭은 왕실의 여러 사람들과 자주 내통하고 있습니다. 의심컨대 무슨 음모를 꾸미고 있는 듯하오니 취조해 보십시오."

조창의 말을 믿은 애제는 곧 정숭을 불러들여 문책을 했다.

"그대의 집 앞은 시장바닥 같다고 하더군."

정숭이 대답했다.

"신의 문은 시장바닥 같아도 신의 마음은 물처럼 맑습니다. 원컨대 다시 한번 조사해 보십시오."

화가 난 애제는 정숭을 감옥에 가두었다. 사간인 손보(孫寶)가 상소하여 조창의 중상을 공격하며 정숭을 변호했으나 황제는 손보마저 서인으로 강등시켰고, 정숭은 옥사하고 말았다.

門	前	成	市	門	前	成	市		

무육지은 (撫育之恩)

잘 돌보아 고이 길러 준 은혜.

무의무탁 (無依無托)

의지하고 의탁할 곳이 전혀 없음.

무이무삼 (無二無三)

유일하여 비할 것이 없음. 곧 매우 열중하는 모양의 비유.

무인지경 (無人之境)

① 사람이라고는 전혀 살지 않는 지역. ② 아무것도 거칠 것이 없는 판.

무인지전 (無因至前)

까닭 없이 눈앞에 닥침.

무일가관 (無一可觀)

한 가지도 족히 볼 만한 것이 없음.

무일망지 (無日忘之)

하루도 잊지 않음.

무일불 (無日不)

날마다 하지 않는 날이 없음. 날마다 하는 일을 되풀이함을 이름.

무일불성 (無一不成)

하나도 이루지 못할 일이 없음. 안 되는 일이 없음.

무일호차 (無一毫差)

조금도 틀림이 없음.

무자비 (無慈悲)

인정이나 사정에 끌림이 없이 냉혹함. 딱한 사람을 사랑하고 가엾게 여기는 마음이 없음.

무장공자 (無腸公子)

① 담력이나 기개가 없는 사람을 비웃어 이르는 말. ② 창자가 없다는 뜻으로, '게'를 이르는 말.

문전작라 門前雀羅

門 문 **문**   前 앞 **전**   雀 참새 **작**   羅 새그물 **라**

세도가 몰락하거나 가세가 기울어지면 문 앞에 새그물을
쳐놓을 수 있을 정도로 방문객이 뜸해진다는 말이다.

한무제(漢武帝) 때 급암(汲黯)과 정당시(鄭當時)라는 현명한 관리가 있었
다. 특히 정당시는 문하 사람들에게 "손님이 왔을 때는 그 높고 낮음을
묻지 말고, 문간에서 기다리게 해서는 안 된다. 빈주(賓主)의 예로써 공
손하게 접대를 해야 한다."고 말했으며, 자기가 높은 지위에 있음에도
불구하고 남에게는 극히 겸손했다고 한다. 그러나 두 사람 다 관위(官位)
에는 부침(浮沈)이 있었다. 급암은 모든 일에 꾸밈이 없이 간하는 신하로
그 때문에 무제에게서 소원되어 벼슬에서 물러나기도 하고 한낱 회양군
의 태수가 되기도 했다. 정당시도 천거한 자의 죄에 연루되어 서민이 되
고 최후에는 여남군(汝南郡)의 태수가 되었다. 두 사람 다 중도에서 파면
당해 관직을 그만두자 가세가 몰락하여 방문객들의 발길이 뚝 끊어졌다
고 한다.

사마천은 ≪사기(史記)≫에 이렇게 적었다.

"급암과 정당시 같은 현인도 세력이 있으면 빈객이 열 배로 늘어나지
만 세력이 없으면 곧 떠나 버린다. 그러니 보통 사람이야 더 말할 나위
도 없다. 하규(下邽)의 적공(翟公)은 정위(廷尉)가 되자, 방문객으로 발 디
딜 틈이 없었다. 그러나 적공이 직위에서 파면되자 방문객들은 금세 발
길을 끊어 버렸다. 집 안팎이 어찌나 한산한지 문 앞에 새그물을 쳐놓을
수 있을 정도였다고 한다."

門	前	雀	羅	門	前	雀	羅			

무재아귀 (無財餓鬼)
극히 가난하여 음식을 목으로 넘길 수 없는 아귀.

무정지책 (無情之責)
아무런 까닭도 없이 하는 책망.

무족가책 (無足可責)
사람의 됨됨이가 가히 책망할 나위도 없음.

무주고총 (無主古塚)
임자가 없는 옛 무덤.

무주공산 (無主空山)
① 인가도 인기척도 전혀 없는 쓸쓸한 산. ② 임자 없는 산.

무중생유 (無中生有)
아무 일도 없는 데서 억지로 말썽거리를 만들어 낸다는 말.

무지망작 (無知妄作)
무지하여 마구 덤벙거리기만 함.

무처부당 (無處不當)
무슨 일에든지 감당 못할 것이 없음.

무천매귀 (貿賤賣貴)
싼 값으로 사서 비싼 값으로 팔음.

무타장 (無他腸)
마음 속에 별다른 악의가 없다는 뜻.

무편무당 (無偏無黨)
어느 한쪽에 기울지 않고 중정(中正)함. 공평함을 말함.

무풍랑기 (無風浪起)
자연의 도리를 비유한 말.

무하유지향 (無何有之鄉)
어떠한 인위도 없는 자연 그대로의 낙토(樂土).

물부충생 物腐蟲生

物 만물 물   腐 썩을 부   蟲 벌레 충   生 날 생

사물이 썩으면 벌레가 생긴다는 뜻으로, 불건전한 사회와 부패한 정치는
곧 범죄와 비리의 무대가 된다는 말이다.

진나라 말년, 범증(范增)은 항량(項梁)에게 투항하여 그의 모사가 되어
진나라에 대항했다.

항량이 죽은 후, 조카 항우는 항량의 뒤를 이어 진나라에 대항했다.
항우는 용감했지만 지략은 없었으므로 주로 범증의 말을 듣고 작전을
펼쳤다.

어느 날, 범증은 연회석에서 유방을 죽이려고 했으나 실패하고 말았
다. 이에 유방은 범증과 항우를 이간시키는 계략을 꾸몄다. 항우는 이
계략에 휘말려 범증을 의심하고 멀리하게 되었다. 범증도 분개하여 항
우를 떠나고 말았다.

얼마 후 범증은 병사하였고, 항우는 유방에게 패했다.

송나라 소식(蘇軾)은 ≪범증론(范增論)≫이라는 글에서 범증이 항우의
곁을 떠난 시기가 너무 늦었다고 생각한다고 했다. 그래서 '사물이란
반드시 먼저 썩은 뒤에야 벌레가 생기게 마련이고, 사람이란 반드시 먼
저 의심을 품은 뒤에야 모함이 먹혀 들어갈 수가 있게 되는 것이다' 라
고 기록했다.

物	腐	蟲	生	物	腐	蟲	生				

무하저처 (無下箸處)
젓가락을 댈 곳이 없다는 뜻으로, 먹을 만한 음식이 없음.

문과기실 (文過其實)
겉을 꾸미는 것이 자기 신분에 지나침.

문과수비 (文過遂非)
잘못된 허물을 어물어물 숨기고 뉘우치지 않음.

문당호대 (門堂戶對)
문벌이 상대가 될 정도로 엇비슷함.

문방사우 (文房四友)
서재에 꼭 있어야 할 네 벗, 즉 붓·벼루·종이·먹.

문외불출 (門外不出)
책이나 귀중품 따위를 비장하여 남에게 내거나 빌리지 않음.

문인상경 (文人相輕)
문예에 종사하는 사람은 스스로를 높이 가지고 남을 경모(輕侮)하는 풍습이 있음을 이름.

문전옥답 (門前沃畓)
집 가까이 있는 기름진 전답. 많은 재산을 일컬음.

문질빈빈 (文質彬彬)
겉모양의 아름다움과 속내의 미가 서로 잘 어울린 모양.

문필도적 (文筆盜賊)
남의 글이나 저술을 베껴 마치 제가 지은 것처럼 써먹는 사람.

물구즉신 (物久則神)
물건이 오래 묵으면 반드시 변화가 생긴다는 말. 잉어가 오래 묵으면 용이 된다든지, 개를 오래 먹이면 좋지 않다고 하는 등의 사상은 이에서 온 것임.

물실호기 (勿失好機)
좋은 기회를 놓치지 않음.

*미봉 彌縫

彌 꿰맬 미   縫 꿰맬 봉

터진 곳을 임시로 얽어맨다는 뜻으로, 임시 변통으로
그때그때 순간을 메우는 것을 말한다.

주(周)나라 환왕(桓王)은 쇠약해진 국력을 다시 일으키고자 애쓸 무렵
정(鄭)나라의 장공(莊公)이 한창 기세를 올리고 있었으므로 한왕은 장공
을 토벌해서 실추된 위신을 만회하려고 장공의 정치적 실권을 박탈했
다. 이 조치에 분개한 장공이 조근을 중단하자, 환왕은 이를 트집잡아
토벌군을 일으켜 제후들에게 참전을 명했다.

왕명을 받고 괵(虢) · 채(蔡) · 위(衛) · 진(陳)나라의 군사들이 모여 들었
다. 장공 또한 토벌군과 대항하기 위해 분연히 일어섰다. 왕군(王軍)은
왕이 손수 중앙군을 지휘하고, 괵공 임보가 우익군의 장이 되고 채, 위
나라의 군사가 뒤를 따랐다. 주공 흑견은 좌익군의 장이 되고 진나라의
군사가 이에 가담했다.

이 왕군의 배치를 본 장공의 참모인 원(元)이 진언했다.

"진나라의 국내는 어수선하므로, 진군은 싸울 기력이 없습니다. 하오
니 먼저 진군을 공격한다면 반드시 패주할 것입니다. 그러면 중앙군은
혼란에 빠질 것이며, 괵 · 채 · 위의 우군(右軍)도 퇴각할 것입니다."

장공은 원의 의견에 따라 진용을 짜기로 하고 이렇게 명령했다.

"원형의 진을 만들어 전차를 앞과 뒤에 두고 전차 사이를 보병으로
미봉(彌縫)하자."

이 싸움으로 말미암아 장공은 이름을 천하에 떨치고 후에 제환공(齊
桓公)에 의해 실현된 패자(霸者)의 길을 열게 되었다.

彌	縫	彌	縫						

물심일여 (物心一如)
마음과 형체가 구분됨이 없이 하나로 일치된 상태.

미관말직 (微官末職)
지위가 아주 낮은 벼슬.

미대난도 (眉大難掉)
꼬리가 커서 흔들기가 어렵다는 뜻으로, 일의 끝이 크게 벌어져서 처리하기가 어려움을 이르는 말.

미록성정 (麋鹿性情)
시골에서 배우지 못하여 함부로 행동하는 성격의 비유.

미복 (微服)
지위가 높은 사람이 무엇을 몰래 살피러 다닐 때 입는 남루한 옷차림. 미행할 때의 복장.

미사여구 (美辭麗句)
아름다운 말로 꾸민, 듣기 좋은 글귀.

미시기의 (微示其意)
분명히 말하지 않고 눈치만 보임.

미음완보 (微吟緩步)
작은 소리로 읊으며 천천히 거닒.

민고민지 (民膏民脂)
백성의 피와 땀. 곧 백성에게서 조세로 거둔 돈이나 곡식을 이름.

민궁재갈 (民窮財渴)
국민은 곤궁하고 나라의 재물은 다 없어짐.

민보어신 (民保於信)
백성은 신의가 있을 때 안정된다는 말. 신의에 의해서만 백성은 잘 다스려진다는 말.

민첩혜할 (敏捷慧黠)
눈치 빠르고 약삭 빠름.

미생지신 尾生之信

尾 꼬리 미 生 날 생 之 갈 지 信 믿을 신

미생의 믿음이란 뜻으로, 쓸데 없는 명목에 구애된 나머지
너무 고지식하여 융통성이 없음을 비유한 말이다.

　　노(魯)나라에 미생(尾生)이란 사람이 있었다. 그는 무슨 일이 있어도
한번한 약속은 꼭 지키는 인물이었다.

　　어느 날, 미생은 개울 다리 밑에서 애인을 만나기로 약속을 하였다.
약속에 1분도 늦는 일이 없는 미생은 약속 장소로 나갔다. 그러나 아무
리 기다려도 애인은 나타나지 않았다. 그러는 동안에 갑자기 장대비가
쏟아져 개울물이 불어나기 시작했다. 불어나기 시작한 물이 그의 다리
를 감싸고 어느새 머리 위까지 차올랐는데도 그는 끝까지 자리를 떠나
지 않고 기다리다가 그만 익사하고 말았다.

　　전국 시대의 유세가(遊說家)로서 유명한 소진(蘇秦)은 연왕(燕王)을 만나
미생의 이야기를 들려주며 신의가 있는 사나이의 본보기라고 했다. 그
러나 같은 전국 시대의 철학자인 장자의 견해는 부정적이었다.

　　장자(莊子)는 ≪장자(莊子)≫ <도척편(盜跖篇)>에서 공자와 대화를 나
누는 유명한 도적 도척(盜跖)의 입을 통해 미생의 이야기를 비평했다.

　　"이런 인간들은 책형을 당한 개나 물에 떠내려가는 돼지 아니면 바가
지를 들고 빌어먹는 비렁뱅이와 다를 바가 없다. 쓸데 없는 명목(名目)에
사로잡혀 귀중한 목숨을 소홀히 여기는 사람은 진정한 삶이 무엇인지
모르는 자이다."

尾	生	之	信	尾	生	之	信			

박람강기 (博覽强記)
동서고금의 여러 가지 책을 많이 읽고 사물을 잘 기억함.

박면피 (剝面皮)
파렴치한 사람을 욕보이는 것을 이름.

박문약례 (博文約禮)
널리 학문을 닦고 사리를 깨달아 예절을 잘 지킴.

박물군자무불간섭 (博物君子無不干涉)
무슨 일에나 아는 체하고 나서서 간섭하는 사람을 이름.

박부득이 (迫不得已)
일이 매우 급박하여서 간두려 하여도 그만둘 수가 없음.

박빙여림 (薄氷如臨)
살얼음을 밟는 것처럼 대단히 위태함을 이르는 말.

＊ **박장대소 (拍掌大笑)**
손뼉을 치며 크게 웃음.

박지약행 (薄志弱行)
의지와 투지가 박약하여 일을 단행할 결단성이 없거나, 조금도 어려움을 견디지 못함.

박학다문 (博學多聞)
학식과 견문이 매우 넓음.

박학독지 (博學篤志)
널리 공부하여 덕을 닦으려고 뜻을 굳건히 함을 이름.

반계곡경 (盤溪曲徑)
꾸불꾸불한 길이라는 뜻으로, 정당한 방법으로 하지 않고 옳지못한 방법을 써서 억지로 일을 한다는 말.

반구이부신 (反裘而負薪)
갓옷의 털이 상할까 봐 뒤집어 입고 나무를 등에 졌더니 도리어 갓옷이 못 쓰게 되었다는 말로, 하나만 알고 둘은 모르는 사람.

반근착절 盤根錯節

盤 서릴 반 根 뿌리 근 錯 뒤섞일 착 節 마디 절

구부러진 뿌리가 많이 내려 마디가 얽혀 있다는 뜻으로,
얼크러져 매우 처리하기 어려운 일을 말한다.

후한(後漢)의 6대 황제로 13세의 안제(安帝)가 즉위하였다. 그러자 어머니 태후가 정사를 맡고 태후의 오빠 등즐(鄧騭)이 대장군이 되어 병권을 장악했다. 그 무렵, 서북 변경에는 이민족이 병주(并州)와 양주(凉州)를 공격하였다. 등즐은 군비 부족을 이유로 양주는 포기하고 병주에 주력을 쏟으려고 했다. 이때 낭중(郎中) 벼슬에 있던 우후(虞詡)가 반대를 하고 나섰다.

"예로부터 양주는 열사와 무인을 많이 배출한 곳인데 이러한 땅을 이민족에게 내준다니 있을 수 없는 말씀입니다."

조정의 중신들도 우후와 의견을 함께 했다. 등즐은 이 사건을 계기로 우후를 미워하게 되었다.

때마침 조가현(朝歌縣)의 현령이 폭도들에 의해 살해되자 등즐은 우후를 후임 현령으로 임명하고 폭도들을 토벌하도록 명령을 내렸다. 우후의 친구들은 그의 불운을 걱정했으나, 그는 웃으며 말했다.

"생각은 쉬운 것을 찾지 않고 일은 어려운 것을 피하지 않는 것이 신하된 도리이다. 굽은 뿌리와 얼크러진 마디에 부딪쳐 보지 않고서야 어찌 칼날의 예리함을 알 수 있겠는가."

조가현에 부임한 우후는 지혜와 용맹으로 폭도들을 토벌해 나갔다고 한다.

盤	根	錯	節	盤	根	錯	節				

반도이페 (半途而廢)

일을 하다가 중도에서 그만둠.

반면지분 (半面之分)

얼굴을 반만 아는 사이라는 뜻으로, 안면만 약간 있는 사이.

반면지식 (半面之識)

서로 깊이는 알지 못하는 사이.

반목질시 (反目嫉視)

서로 미워하고 시기하는 눈으로 봄.

반박지탄 (斑駁之嘆)

편파적이고 불공정함에 대한 한탄.

반벽강산 (半壁江山)

절벽에 둘러싸인 풍경.

반복무상 (反覆無常)

언행을 늘 이랬다 저랬다 하여 종잡을 수 없음.

반복소인 (反覆小人)

일을 이랬다 저랬다 하여 갈피를 잡을 수 없는 사람을 이름.

반상낙하 (半上落下)

무슨 일을 처음에는 정성껏 하다가 중도에 그만두어 이루지 못함.

반상반하 (半上半下)

위아래의 어느 쪽에도 붙지 않는다는 뜻으로, 태도나 성질이 모호함을 이르는 말.

반생반사 (半生半死)

거의 죽게 되어서 죽을는지 살는지 알 수 없는 지경에 이름.

반소사 (飯疏食)

거칠고 반찬 없는 밥이라는 뜻으로, 안빈낙도(安貧樂道)함을 일컫는 말.

반식재상 伴食宰相

伴 짝 반　食 먹을 식　宰 재상 재　相 정승 상

밥만 축내는 재상이라는 말로, 자리만 차지하고 있는 무능한 사람을 비꼬아 하는 말이다.

　당나라 황제인 현종(玄宗)을 도와 태평 세월인 '개원(開元)의 치(治)'를 연 사람은 재상 요숭(姚崇)이었다.

　성품이 어진 요숭은 백성들의 평화와 안녕을 꾀하는 것이 곧 부국강병의 지름길이라는 확신을 갖고 그것을 관철하는데 온 힘을 다 쏟았다. 뿐만 아니라 국사를 처리함에 있어서도 탁월한 능력을 발휘해 신속 정확했으며 완벽해 조정의 어느 관리도 그를 따라올 자가 없었다.

　당시에 노회신(盧懷慎)이라는 재상도 있었는데, 그는 지나치게 청렴결백하고 근면한 사람이었다. 한번은 요숭이 10여 일 동안 휴가를 얻어 그 자리를 노회신이 대신해야 했다. 처리해야 할 문서들은 쌓여만 가는데 그는 그것들을 신속하게 처리하지 못해 정무에 큰 차질을 빚게 만들었다. 이때 노회신은 자신이 요숭에 비해 크게 뒤진다는 사실을 깨닫고 그후부터는 매사를 요숭에게 상의한 다음에야 처리하곤 했다.

　그래서 사람들은 노회신을 가리켜 '자리만 차지하고 있는 무능한 재상'이라고 비난의 말을 쏟았다.

伴	食	宰	相	伴	食	宰	相		

반수기앙 (反受其殃)

남에게 재앙을 끼치려다가 도리어 재앙을 받음.

반수발사 (反首拔舍)

머리는 헝클어지고 옷은 해어진 초라한 모습을 하고 한데서 잠.

반승반속 (伴僧半俗)

반은 중이요 반은 속인이라는 뜻에서, 곧 무어라고 뚜렷한 명목을 붙이기 어려울 때 쓰는 말.

반신반의 (半信半疑)

참과 거짓을 판단하기 어려워 반쯤은 믿고 반쯤은 의심함.

반신반인 (半神半人)

반은 신(神)인 사람. 아주 영묘한 사람.

반양기지족 (絆良驥之足)

천리마(千里馬)의 발을 묶음. 전(轉)하여 현자(賢者)를 구속함을 이름.

반의지희 (班衣之戱)

늙은 어버이의 마음을 위로해 드리기 위하여 색동저고리를 입고 기어가 보인다는 뜻으로, 늙어서까지 끊임없이 부모에게 효도함을 이르는 말.

반자불성 (半字不城)

글자를 반만 쓰는 것은 아무것도 아니라는 말로, 일을 시작하면 끝까지 하여야 무엇이나 되지 하다가 말면 아무것도 안 된다는뜻.

반자지명 (半子之名)

아들과 같다는 뜻으로, 사위를 일컫는 말.

반포조 (反哺鳥)

반포하는 새라는 뜻으로, 까마귀를 달리 이르는 말.

*발본색원 拔本塞源

拔 뽑을 **발**　本 근본 **본**　塞 막을 **색**　源 근원 **원**

뿌리를 뽑아 근원을 막는다는 뜻으로, 폐단의 근원을 찾아
아주 뽑아서 없애 버린다는 말이다.

《춘추좌씨전(春秋左氏傳)》 소공(昭公) 9년조(年條) 중, 주왕의 다음과
같은 말에서 유래한 성어이다.

"나는 백부(伯父)에게 있어서 마치 옷에 갓이 있고, 나무와 물에 근원
이 있고, 백성들에게 지혜로운 임금이 있어야 하는 것과 같다. 만약 백
부께서 갓을 찢어 버리고 뿌리를 뽑고 근원을 막으며 임금을 버린다면
비록 저 오랑캐들이라도 나를 우습게 볼 것이다."

拔	本	塞	源	拔	本	塞	源			

* **반포지효 (反哺之孝)**
자식이 자라서 어버이의 은혜에 보답하는 효성.

반호벽용 (攀號擗踊)
부모의 죽음을 애통하여 땅을 치고 울부짖으며 가슴을 치고 펄펄뜀.

반흉반길 (半凶半吉)
길흉이 서로 반반씩 섞임. 한편 길하기도 하고 한편 흉하기도 함.

발간적복 (發奸摘伏)
숨겨져 있는 일이나 정당하지 못한 죄상을 집어냄.

발군공적 (拔羣功績)
여럿 중에서 뛰어난 공적.

발단심장 (髮短心長)
몸은 늙었으되 일의 계획과 처리는 잘함.

발란반정 (撥亂反正)
어지러운 세상을 다스려 평안하게 하고 나쁜 임금을 폐하고 새임금이
들어섬.

발분망식 (發憤忘食)
발분하여 끼니까지 잊고 노력한다는 뜻으로, 한가지 일을 성취하기 위
하여 바삐 돌아다님을 이르는 말.

발산개세 (拔山蓋世)
영웅의 힘이 세고 기상이 크다는 뜻.

발진한로 (撥盡寒爐)
추운 날에 화로의 불을 헤치는 것.

방기곡경 (旁岐曲徑)
꾸불꾸불한 길이라는 뜻으로, 공명하고 정당한 방법을 떠나서 옳지 못
한 길로 들어 일을 한다는 말.

*방약무인 傍若無人

傍 곁 **방**　若 같을 **약**　無 없을 **무**　人 사람 **인**

옆에 사람이 없는 것처럼 주위 사람을 전혀 의식하지 않은 채
자기 뜻대로 행동하는 것을 말한다.

전국 시대, 위(衛)나라에 형가(荊軻)라는 사람이 있었다. 그는 진시황
을 암살하려다 실패한 인물이었다.

그는 위나라 사람이었으나 위나라 원군(元君)이 그를 곁에 두기를 꺼
려 하자 이웃나라를 떠돌아다니며 각지에서 현인, 호걸들과 사귀며 세
월을 보냈다.

연(燕)나라로 간 그는 축(筑)의 명수인 고점리(高漸離)를 사귀었다. 축은
거문고와 비슷한 악기로서 대로 현을 퉁겨서 소리를 낸다. 이 두 사람은
금세 친해져 함께 술을 마시며 돌아다녔다. 두 사람은 술에 취하면, 고
점리는 축을 퉁기고 형가는 여기에 맞추어 노래를 불렀다. 그러다가 감
정이 극도에 달하면 소리내어 울기조차 하였는데 그 모습이 마치 곁에
아무도 없는 것처럼 행동했다고 한다.

傍 若 無 人 傍 若 無 人

방어리이행다원 (放於利而行多怨)
자기 혼자의 편의만을 위해서 행동한다면 남의 원망을 많이 산다는 뜻.

방언고론 (放言高論)
마음먹은 대로 아무 거리낌 없이 하는 소리.

방외지지 (方外之志)
속세를 떠나 불문(佛門)에 들어가고 싶어하는 뜻.

방의여성 (防意如城)
각자의 의견이 분분한 것을 막는 것.

방장지년 (方壯之年)
한창 때의 나이.

방저원개 (方底圓蓋)
네모진 밑바닥에 둥근 뚜껑을 덮는 것처럼 서로 맞지 않음을 비유하는 말.

배도겸행 (倍道兼行)
보통 사람이 이틀에 갈 길을 하루에 걸음.

배반낭자 (杯盤狼藉)
술잔과 접시가 어지럽게 흩어져 있다는 뜻으로, 술자리가 파한 뒤의 난삽한 모양을 말함.

배산임수 (背山臨水)
땅의 형세가 산을 등지고 물에 면하고 있음.

* **배은망덕 (背恩忘德)**
은혜를 등지고 저버림.

배회고면 (徘徊顧眄)
아무 목표 없이 이리저리 거닐면서 뒤돌아 봄.

백계무책 (百計無策)
어려운 일을 당하여 아무리 좋은 계책을 다 써봐도 소용이 없음.

*배수진 背水陣

背 등 배   水 물 수   陣 진칠 진

물을 등지고 진을 친다는 뜻으로, 목숨을 걸고 어떤 일에
대처하는 경우를 비유하는 말이다.

항우와 유방이 천하의 패권을 놓고 다툴 때, 유방의 총사령관 한신(韓信)은 위(魏)나라를 쳐부순 후 조(趙)나라로 쳐들어갔다. 그러나 조나라의 군대와 대적할 수가 없어, 한신은 일부러 강을 뒤로 하고 진지를 구축해 2천 명의 매복조를 선별하여 뽑은 후 명령을 내렸다.

"우리는 내일 거짓으로 패주할 것이다. 그러면 적군은 아군을 쫓느라 성을 비울 때, 매복조는 성 안으로 침입해 한나라의 깃발을 꽂아라."

한신은 일부의 군사를 강을 등지고 진을 치게 한 후 자신은 나머지 군사를 이끌고 조나라 성을 향해 진격해 갔다. 계획대로 한나라 군대는 조나라 군사를 강가까지 유인한 다음 주둔해 있던 군사와 합류했다. 그 틈을 이용해 매복조는 성을 점령하고 한나라 깃발을 꽂았다. 강을 등진 한군은 더 이상 물러설 곳이 없음을 알고 필사적으로 싸웠다. 그들의 맹공에 밀려 조나라 군대는 점점 성 쪽으로 밀려났다. 그런데 성 위에 한나라 깃발이 나부끼고 있지 않은가.

조나라 군대가 큰 혼란에 빠지자, 그 틈을 타 한나라 군대는 다시 맹공을 퍼부어 대승을 거두었다.

장군들이 한신에게 배수진을 친 이유를 물었다.

"우리 군대는 급작스레 모은 오합지졸에 숫자도 턱없이 부족했네. 이런 군대는 사지(死地)에 두어야만 필사적으로 싸우는 법이네."

背	水	陣	背	水	陣				

* **백골난망 (白骨難忘)**

죽어 백골이 될 때까지 잊지 못함.

백구과극 (白駒過隙)

흰 말이 휙 지나가는 것을 문틈으로 보는 것과 같이 인생의 덧없음을 일컬음.

백금지사 (百金之士)

백금을 받을 용사라는 뜻으로, 매우 큰 공을 세운 용사를 이르는 말.

백난지중대인난 (百難之中待人難)

사람 기다리는 것이 가장 어려운 일이라는 말.

백년지객 (百年之客)

한 평생을 두고 늘 어려운 손으로 맞아 준다는 뜻으로, 처갓집에서 사위를 두고 하는 말.

백년해로 (百年偕老)

백 년을 함께 늙음. 부부가 즐겁게 함께 늙음.

백대지과객 (百代之過客)

영원히 지나가고 다시 돌아오지 않는 나그네. 곧 세월을 가리킴.

백대지친 (百代之親)

아주 오랜 이전부터 가깝게 지내 오는 일가 사이의 친분.

백락일고 (伯樂一顧)

명마(名馬)가 백락(伯樂)을 만나 세상에 알려진 것처럼 현자에게 지우(知遇)를 받음을 이름.

백령백리 (百怜百俐)

여러 가지 일에 매우 민첩함. 모든 일에 영리함.

백로강백초 (白露降百草)

가을 밤에 찬 이슬이 초목 위에 내림을 이름.

배중사영 杯中蛇影

杯 잔 배   中 가운데 중   蛇 뱀 사   影 그림자 영

술잔 속에 비친 뱀의 그림자란 뜻으로, 쓸데 없는 의심이 근심을 만든다는 뜻이다.

진나라에 악광(樂廣)이라는 사람이 있었다. 그는 비록 집이 가난했지만 총명해서 벼슬길에 오를 수 있었다.

악광이 하남(河南)의 태수로 있을 때의 일이다. 자주 놀러 오던 친구가 갑자기 발길을 뚝 끊고 오지 않았다. 이상한 생각이 든 악광은 친구를 찾아가 왜 요즘은 자기를 찾아오지 않느냐고 물었다.

그 친구가 말했다.

"일전에 자네 집에서 술을 마실 때 갑자기 술잔 속에 뱀이 보이는 게 아닌가. 꺼림칙했지만 그냥 마셨지. 그런데 그후로 몸이 야위어만 가네."

악광은 이상한 일도 다 있다며 집으로 돌아와 술을 마셨던 방으로 가 보았다. 그때 문득 벽에 걸려 있는 활에 시선이 멈추었다. 활에 뱀 그림이 그려져 있는 게 아닌가.

악광은 그 친구를 다시 초대해 일전에 앉았던 그 자리에 그를 앉히고 술잔에 술을 따른 뒤 무엇이 보이는지 물었다.

친구가 대답했다.

"지난 번처럼 또 뱀이 보이네."

"벽을 보게. 그건 벽에 걸려 있는 활의 뱀 문양일세."

그 까닭을 알게 된 그 친구는 그제서야 마음이 후련해져 병이 씻은 듯이 나았다고 한다.

改	過	遷	善	改	過	遷	善			

백록시하 (百祿是荷)

하늘로부터 많은 행복을 받음.

백리부미 (百里負米)

빈한하면서 부모에게 효도함을 이름.

백리지로일지락 (百里之勞日之樂)

오랫동안 고생하여 하루의 환락을 얻음.

백리지해불능음일부 (百里之海不能飮一夫)

세상에 완전한 것이 없다는 말.

백만교태 (百萬嬌態)

사람의 마음을 끌려고 부리는 매우 아양스러운 태도.

---

* **백면서생 (白面書生)**

오직 글만 읽고 세상 일에 경험이 없는 사람.

백무가관 (白無可觀)

많은 것 중에서 가히 볼 만한 것이 없음.

백무일실 (百無一失)

일마다 하나도 실패가 없음.

백무일취 (百無一取)

많은 말과 행실 중에 하나도 쓸 만한 것이 없음.

백미음식 (百味飮食)

여러 가지 공양하는 음식을 이름.

백반청추 (白飯靑蒭)

종에게 백반을 주고, 말에게 싱싱한 풀을 줌은 주인이 크게 후대하다는 뜻.

백발백중 (百發百中)

① 총 활 등이 겨눈 곳에 꼭꼭 맞음. ② 앞서 생각한 일들이 꼭꼭들어 맞음. ③ 하는 일마다 실패 없이 잘 됨.

*백년하청 百年河淸

百 일백 **백**   年 해 **년**   河 물이름 **하**   淸 맑을 **청**

백 년을 기다려도 황하의 흐린 물은 맑아지지 않는다는 뜻으로,
아무리 오래 기다려도 뜻이 이루어지기 어렵다는 말이다.

춘추 시대, 정(鄭)나라가 초(楚)나라의 속국인 채(蔡)나라를 친 것이 화근이 되어 초나라의 공격을 받게 되었다. 이에 정나라 신하들이 도성에 모여 대책을 논의했다. 항복을 하자는 측과 진나라의 구원을 기다려 저항을 해야 한다는 측이 맞서 의견의 일치를 보지 못하고 있었다. 양측이 서로의 입장만 고수하고 있자, 항복을 주장하는 입장에 섰던 자사(子駟)가 나서며 말했다.

"주나라의 시에 이르길 '황하가 맑아지기를 기다리는 일은 사람의 짧은 목숨으로는 턱없이 부족하다. 점쳐서 꾀하는 일이 많으면 새가 그물에 얽힌 듯 갈피를 못 잡는다'고 했습니다. 지금 진나라 구원군을 기다린다는 것은 백년하청일 뿐입니다. 그러니 우선 급한 대로 초나라 군사를 맞아 그들의 말을 따르기로 하고 그후에 진나라 군사가 오면 다시 진나라를 따르면 그만입니다. 그것만이 백성들의 안위를 도모하는 일입니다. 자, 우리는 그들을 맞이할 준비나 합시다."

그 말에 양측은 동의하고 초나라와 화평을 맺어 위기를 면했다고 한다.

百	年	河	淸	百	年	河	淸			

백배사례 (百拜謝禮)
몹시 고마워 거듭거듭 사례함.

백벽미하 (白璧微瑕)
거의 완전하나 약간의 흠이 있음.

백불실일 (百不失一)
결코 목적한 바를 잊지 아니함.

백불유인 (百不猶人)
모두가 남만 같지 못함.

백사불성 (百事不成)
모든 일이 다 되지 않음.

백사재니여지개흑 (白沙在泥與之皆黑)
사람의 환경이나 습관이 인생에 중대한 영향을 끼침을 이름.

백사청송 (白沙靑松)
흰 모래밭의 군데군데에 푸른 소나무가 모여 있거나 드문드문 섞여 있는 바닷가의 아름다운 경치를 이르는 말.

백세지사 (百世之師)
오랜 후세까지 모든 사람의 스승으로 받듦을 받는 사람을 일컫는 말.

백수건달 (白手乾達)
아무것도 없는 멀쩡한 건달.

백수북면 (白首北面)
재덕이 없는 사람은 늙어서도 북쪽을 향하여 스승의 가르침을 빈다는 말.

백수풍진 (白首風塵)
머리가 하얗게 센 말년에 겪는 세상의 어지러움.

백왕흑귀 (白往黑歸)
처음과 끝이 다름.

백두여신 白頭如新

白 흰 백 頭 머리 두 如 같을 여 新 새로울 신

머리가 셀 때까지 오랫동안 사귀어도 서로 상대방을 이해하지 못하면,
새로 사귄 벗과 조금도 다름이 없음을 이르는 말이다.

전한 시기에 추양(鄒陽)은 어떤 사람의 모함으로 양(梁)나라 왕한테 투옥당하고 사형 선고를 받았다. 추양은 이에 너무도 격분해 옥중에서 양나라 왕에게 '남을 진심으로 대하면 의심을 받지 않는다'는 말이 순전히 거짓이라는 내용의 편지를 써보냈다.

편지의 내용은 이렇다.

"형가(荊軻)는 연(燕)나라 태자 단(丹)을 존경하여, 그를 위해 죽음을 무릅쓰고 진나라 시황제를 암살하러 갔습니다. 그러나 태자 단은 형가가 겁이 나서 떠나지 못하는 줄로 의심한 일이 있었습니다. 또 변화(卞和)는 보배 옥을 초나라 왕에게 바쳤으나, 왕은 그가 자신을 속였다고 억지를 쓰며 옥에 가두라는 명령과 함께 그의 발을 찍어 버렸습니다. 이사는 전심전력을 다해 진나라 시황제의 집정을 보좌하여 진나라를 부강하게 만들었으나, 결국은 이세 황제로부터 사형을 당했습니다. 그래서 '백두여신(白頭如新)'이요 '경개여고(傾蓋如故)'라는 속담이 있는 것입니다. 다시 말하면 두 사람이 머리가 셀 때까지 한평생을 사귀었으나 이해하지 못하면 새로 사귄 사람과 같고, 진정으로 서로 이해하면 처음 사귀어도 옛 친구와 다를 바가 없다는 말입니다."

양나라 왕은 추양의 편지를 읽고 감동을 받아 그를 석방하고 귀빈으로 모셨다.

白	頭	如	新	白	頭	如	新				

백운고비 (白雲孤飛)
멀리 떠나온 자식이 어버이를 그리워한다는 말.

백의재상 (白衣宰相)
유생으로서 단번에 벼슬에 오른 사람.

백이사지 (百爾思之)
여러 가지로 이리저리 생각해 봄.

백인가도 (白刃可蹈)
용기 있음을 이름.

백인유아이사 (伯仁由我而死)
백인(伯仁)이 나로 말미암아 죽었다는 뜻으로, 다른 사람이 화(禍)를 받은 것이 자기 때문일 때 한탄하여 이르는 말.

백일몽 (白日夢)
대낮에 꿈을 꾼다는 뜻으로, 허황된 공상을 하고 있음을 비유한말.

백일승천 (白日昇天)
대낮에 하늘로 올라간다는 뜻으로, 신선이 된다는 말.

백일청천 (白日靑天)
밝은 해가 비치고 맑게 갠 푸른 하늘.

백전노장 (百戰老將)
많은 싸움을 치른 늙은 장수라는 뜻으로, 모든 일에 노련한 사람을 이름.

✽ **백절불요 (百折不撓)**
실패를 거듭해도 뜻을 굽히지 않음을 이름.

백족화상 (白足和尙)
석가(釋迦)를 뜻함.

✽ **백중지간 (伯仲之間)**
우열(優劣)을 분간할 수 없을 만큼 서로 맞먹는 사이.

백문불여일견 百聞不如一見

百 일백 백 聞 들을 문 不 아니 불 如 같을 여 一 한 일 見 볼 견

백 번 듣는 것이 한 번 보는 것만 못하다는 뜻으로,
무엇이든지 실지로 경험해야만 확실히 알 수 있다는 말이다.

전한 선제(宣帝) 때, 서북 변방의 유목 민족인 강족(羌族)이 쳐들어 왔다. 한나라는 필사적으로 맞서 싸웠으나 크게 패하고 말았다. 그래서 선제는 신하들과 대책을 협의한 결과, 토벌군을 파견하기로 하고 그 사령관에 76세의 고령인 조충국(趙充國)을 임명했다. 조충국은 일찍이 강족과 싸운 경험이 많았기에 선제가 물었다.

"강족을 토벌하는데 계책이 있으면 말해 보시오. 또 어느 정도의 병력이 필요하오?"

조충국은 이렇게 대답했다.

"폐하, 백 번 듣는 것이 한 번 보는 것만 못합니다. 눈으로 직접 보지 않고는 계략을 세우기 어려우니 저를 적진 근처로 보내 주십시오. 계책은 현지를 살펴본 후에 아뢰겠습니다."

선제는 그의 말에 동의했다. 현지 조사를 마치고 돌아온 조충국은 기병보다는 둔전병을 두는 것이 상책이라고 보고하였다. 이 계책이 채택되어 강족의 반란도 순식간에 평정되었다.

百	聞	不	如	一	見	百	聞	不	如	一	見

* **백척간두 (百尺竿頭)**

백 척이나 되는 높은 장대 위에 올라섰으니 위태로움이 극도에 달하였다는 말.

백천이원이개귀우해 (百川異源而皆歸于海)

사람이 각기 걷는 길은 다르나 그 귀착점에 있어서는 한가지라는 뜻.

백화난만 (百花爛漫)

온갖 꽃이 활짝 펴 흐드러짐.

백흑지변 (白黑之辨)

선과 악의 구별, 정(正)과 사(邪)의 가림.

번리지안 (蕃籬之鷃)

담장에 앉아 있는 종달새라는 뜻으로, 식견이 좁고 옹졸한 사람을 가리키는 말.

벌성지부 (伐性之斧)

사람의 천부(天賦)의 양심을 끊는 도끼. 사람의 마음을 탕하게 하여 성명(性命)을 잃게 하는 것. 즉 여색과 요행을 경계하는 말로쓰임.

범성일여 (凡聖一如)

상(相)의 차이는 있으나, 이성(理性)에 있어서는 범부(凡夫)나 성자(聖者)가 동일하다는 말.

범애중이친인 (汎愛衆而親仁)

공평하게 세인(世人)을 사랑하고 인덕(仁德)있는 사람과 가깝게 지내는 것.

법어지언 (法語之言)

올바른 말로 사람들을 가르치는 것.

법원권근 (法遠拳近)

법은 멀고 주먹은 가깝다는 뜻.

*백미 白眉

白 흰 백   眉 눈썹 미

흰눈썹을 가진 사람이 가장 뛰어났다는 뜻으로,
여러 사람이나 무리 중에 가장 뛰어난 물건이나 사람을 말한다.

촉나라의 유비는 적벽대전(赤壁大戰) 이후에 군사인 제갈공명의 계책에 의해 형주(荊州), 양양(襄襄), 남군(南郡)을 얻자 마음이 무척 흡족했다. 그리하여 군신들을 모아놓고 앞으로의 계책을 물었는데, 예전에 유비를 두 번이나 구해 준 이적(伊籍)이 나서며 말했다.

"새로 얻은 땅들을 오래 지키시려면, 어진 선비부터 구하셔야 합니다."

"어진 선비가 누구요?"

유비가 물었다.

"형양(荊襄) 땅에 마량(馬良)의 다섯 형제가 살고 있었습니다. 그들 모두 출중한데 가장 어진 이는 양 눈썹 사이에 흰 털이 난 양(良)으로 자는 계상(季常)이라고 합니다. 향리에서 평판이 자자한데 '마씨 집 오상(五常)'이 모두 뛰어나지만 그중에서도 백미(白眉)가 있는 마량이 제일 뛰어나다고 합니다. 제 생각에는 그가 적임자인 것 같습니다."

이에 유비는 즉시 그를 청하여 오게 하였다. 마량은 제갈공명과 문경지교(刎頸之交)를 맺은 사이로, 세 치의 혀 하나로 남쪽의 오랑캐 무리를 모두 부하로 삼는데 성공했을 정도로 지혜가 뛰어난 인물이었다.

白	眉	白	眉						

벽계산간 (碧溪山間)
푸른 시내와 산골.

벽립천인 (壁立千仞)
암석이 높이 솟아 있음을 이름.

벽유이 (壁有耳)
벽에 귀가 있다는 뜻으로, 경솔히 말을 하지 말라는 뜻.

벽재일우 (僻在一隅)
교통이 불편하여 아주 궁벽하게 한 구석에 치우쳐서 있음.

벽토척지 (闢土拓地)
버려 두었던 땅을 갈고 다루어서 쓸모 있게 만듦.

벽파문벌 (劈破門閥)
사람을 골라서 벼슬을 시키는데 문벌에 구애되지 않음.

변동일실 (便同一室)
남남끼리 사이가 아주 가까워 한 가족 같음을 이르는 말.

변족이식비 (辯足以飾非)
말솜씨가 매우 교묘하여 자기의 잘못을 잘 꾸며댐.

별개생면 (別開生面)
① 따로 새로운 분야를 개척함. ② 남달리 기예가 뛰어남.

별유천지비인간 (別有天地非人間)
속세 이외의 천지가 있다는 뜻으로, 산중(山中)의 조용한 곳을 이름.

별이청지 (別而聽之)
한 사람 한 사람에게 물어 봄.

병련화결 (兵連禍結)
전란이 장구하게 계속하여 좀처럼 끝나지 않음을 이름.

병불이신 (病不離身)
병이 몸에서 떠날 날이 없음.

[*]백아절현 伯牙絶絃

伯 맏 **백**　牙 어금니 **아**　絶 끊을 **절**　絃 줄 **현**

**백아가 친구의 죽음을 슬퍼해 거문고 줄을 끊었다는 뜻으로,
참다운 벗의 죽음을 이르는 말이다.**

춘추 시대 때 거문고의 명수인 백아(伯牙)라는 사람이 있었다. 그에게
는 누구보다도 자신이 타는 거문고의 소리를 잘 감상해 주는 종자기(種
子期)라는 친구가 있었다.

백아가 높은 산의 분위기를 표현하기 위해 거문고를 타면, 곁에서 귀
를 기울이던 종자기는 탄성을 자아내곤 했다.

"야, 굉장하다. 마치 태산처럼 높이 치솟는 느낌이야."라고 칭찬해
주었으며, 흐르는 물의 기상을 표현하려고 하면 이렇게 소리 높여 감탄
했다.

"정말 훌륭해. 그 웅장함이 마치 장강이나 황하 같군 그래."

늘 이런 식이라 백아가 거문고에 자신의 감정을 실어 연주를 하면 종
자기는 친구의 연주를 정확하게 들어서 이내 동화가 되었다.

두 사람은 그만큼 마음이 맞는 친구였다. 그런데 어느 날, 불행하게
도 종자기가 병을 얻어 죽고 말았다.

그러자 백아는 그토록 거문고에 혼신의 힘을 다 쏟아 일세의 명인으
로 일컬어졌음에도 불구하고, 너무나 슬픈 나머지 거문고의 줄을 끊고
죽을 때까지 두 번 다시 연주를 하지 않았다고 한다.

伯	牙	絶	鉉	伯	牙	絶	鉉			

병이지성 (秉彝之性)
떳떳하게 타고난 천성.

병자흉기 (兵者凶器)
무기는 사람을 해치는 것이므로 흉기라 함.

병종구입화종구출 (病從口入禍從口出)
병은 입을 따라 들어오고 화는 입을 따라 나가는 것으로, 병 은 음식을 잘못 먹어 생기고 화는 말을 잘못하여 생긴다는 말.

병풍상서 (病風傷暑)
바람에 병들고 더위에 상함. 곧 고생스러운 세상살이에 쪼들림을 말함.

병풍상성 (病風喪性)
병으로 인하여 마음이 들떠서 본성을 잃어 버림.

보과습유 (補過拾遺)
임금의 잘못을 바로잡아 고치게 함.

보국안민 (輔國安民)
나라를 돕고 백성을 편안하게 함.

보보생연화 (步步生蓮花)
미인의 느린 걸음의 아리따움을 비유한 말.

보우지차 (鴇羽之嗟)
백성이 전역(戰役)에 종사하므로 부모를 모시고 봉양을 하지 못하는 한탄.

보이국사 (報以國士)
남을 국사(國士)로 대우하면 자기도 또한 국사로 대접을 받는다는 뜻으로, 지기(知己)의 은혜에 감동함.

보천지하 (普天地下)
온 하늘의 아래라는 뜻으로, 넓은 세상을 이르는 말. 온 세상. 통천하 (通天下).

백주지조 柏舟之操

柏 잣나무 **백**   舟 배 **주**   之 갈 **지**   操 지조 **조**

편백 나무의 지조란 뜻으로, 남편을 잃은 아내가 굳은 절개를 지키는 것을 비유한 말이다.

위나라에 공백(共伯)이라는 사람이 있었다. 그의 처는 공강(共姜)으로 두 사람은 너무나 다정해 주변 사람들의 부러움을 사곤 했다. 그러나 불행하게도 공백이 일찍 세상을 떠나 버렸다.

젊은 나이에 미망인이 된 공강은 죽은 남편에 대한 굳은 절개를 지키고자 마음을 먹었다. 공강은 남편의 명복을 빌면서 조용히 여생을 보내려고 했으나 주위에서 그냥 내버려두지를 않았다. 특히 공강의 부모는 무슨 일이 있어도 딸의 혼인을 위해 온갖 노력을 다 쏟았다.

부모는 딸의 앞날을 걱정하여 공강에게 현실을 직시하라고 했지만, 공강은 부모의 뜻을 한사코 뿌리치며 <백주(柏舟)>라는 시를 지어 자신의 굳은 절개를 알렸다.

범연히 뜬 동백 나무 배
강 가운데 떠 있네.
두 갈래 더벅머리
진실로 내 배우자이었어라.
죽어도 다른 마음 갖지 않고 따르오리다.
어머니는 곧 하늘이신데
어찌하여 제 마음을 몰라 주시나요.

柏	舟	之	操	柏	舟	之	操			

복경호우 (福輕乎雨)
복은 새털보다도 가볍다는 뜻으로, 자기 마음 여하에 따라 행복하게 된다는 말.

복과재생 (福過災生)
복이 너무 지나치면 도리어 재앙이 생기는 법이라 하는 말.

복배지모 (腹背之毛)
배와 등에 난 털이라는 뜻으로, 쓸데 없음을 비유.

복배지수 (覆盃之水)
엎지른 물이란 뜻으로, 이미 저지른 일은 아무리 다시 수습하려 해도 미치지 못한다는 뜻.

복생어미 (福生於微)
복은 조그마한 일에서부터 싹튼다는 말.

복생어은약 (福生於隱約)
복은 은미(隱微)하여 사람의 눈에 보이지 않는 데서 생긴다는 뜻.

복생유기 (福生有基)
행복이 오는 것은 그 원인이 있다는 말.

복소지하부유완난호 (覆巢之下復有完卵乎)
뿌리가 죽으면 가지나 잎은 자연히 따라 죽는다는 뜻.

복수불수 (覆水不收)
한 번 엎지른 물은 다시 그릇에 담을 수 없다는 뜻으로, ① 여자가 한번 남편을 떠나면 다시 돌아올 수 없음을 이름. ② 다시 수습할 수 없는 일을 이름.

복심지신 (腹心之臣)
마음을 한가지로 하고 덕을 함께 하는 신하.

복심지우 (腹心之友)
마음이 맞는 극진한 친우를 이름.

병입고황 病入膏肓

病 병병　入 들입　膏 가슴아래 고　肓 명치끝 황

병이 고황, 즉 몸의 가장 깊은 곳까지 들어갔다는 뜻으로,
병이 중태에 빠져 완치될 가망이 없음을 말한다.
고(膏)는 심장의 아래, 황(肓)은 횡경막과 심장의 사이를 말한다.

　　춘추 시대, 다섯 강국 중에서도 당시 진(晉)나라는 첫째 가는 강국이
었다. 그 진나라의 경공(景公)이 병에 걸려 진(秦)나라에 명의를 부탁하자
진나라 환공은 완(緩)이라는 명의를 보냈다.
　　명의가 도착하기 전에 경공은 꿈을 꾸었다. 꿈 속에 두 아이가 나타
났다. 그 중 한 명이 명의가 오는 것을 두려워하고 있는 듯했다.
　　"명의가 온다는데 어떻게 하지?"
　　그러자 다른 한 아이가 말했다.
　　"어떻게 하긴, 너는 고 밑에 숨고, 나는 황 밑에 숨어 있으면 되지."
　　"맞아, 제아무리 명의라도 고와 황 밑에 숨어 있으면 손을 쓸 수 없
겠지?"
　　명의 완이 도착하여 경공을 진맥한 뒤 침통하게 말했다.
　　"안됐습니다만, 지금 병마는 황과 고 밑에 숨어 있기 때문에 아무리
손을 써도 소용이 없습니다. 침도 닿지 못하고 약도 통하지 않습니다.
달리 손을 쓸 방법이 없습니다."
　　"역시 명의로구나."
　　완의 진찰 결과에 경공은 낙담했으나 과연 명의라고 탄복하면서 후한
예물을 주어 돌려보냈다. 완의 말대로 며칠 후 경공은 세상을 떠났다.

病	入	膏	肓	病	入	膏	肓				

복지심령 (福之心靈)

행복하게 되면 정신도 영명(靈明)하게 된다는 말.

복지유체 (伏地流涕)

땅에 엎드려서 눈물을 흘림.

본말전도 (本末顚倒)

일의 위치 또는 이치가 뒤바뀌어 거꾸로 됨.

본연지성기질지성 (本然之性氣質之性)

사람의 성품에는 선천적(先天的)인 것과 후천적(後天的)인 것의 두 가지가 있다는 뜻.

봉두난발 (蓬頭亂髮)

쑥대강이같이 흐트러진 머리털.

봉모인각 (鳳毛麟角)

매우 드물게 뛰어난 인물을 칭찬하여 이르는 말.

봉생마중불부이직 (蓬生麻中不扶而直)

삼밭에 있는 쑥은 도와주지 않아도 곧게 자란다는 뜻으로, 나쁜사람도 착한 사람들 사이에서 자라면 저절로 그 감화를 받아서 착하게 됨을 비유한 말.

봉인첩설 (逢人輒說)

만나는 사람마다 붙들고 지껄여 소문을 널리 퍼뜨림.

봉접수향 (蜂蝶隋香)

벌과 나비가 향기를 따라 옴.

봉필생휘 (蓬蓽生輝)

봉필(蓬蓽)은 쑥이나 가시덤불로 지붕을 이었다는 뜻으로, 가난한 사람의 집에 고귀한 손님이 찾아옴을 영광으로 생각한다는 말을 이름.

부고발계 (婦姑勃谿)

며느리와 시어머니가 서로 싸우는 것을 이름.

불공대천지수 不共戴天之讎

不 아니 불   共 함께 공   戴 일 대   天 하늘 천   之 갈 지   讎 원수 수

함께 하늘을 이고 살 수 없는 원수라는 뜻으로,
이 세상에서 함께 살 수 없는 원수를 일컫는 말이다.

"어버이의 원수와 함께 하늘을 이고 살 수 없으므로 반드시 죽여야한다. 형제의 원수를 만났을 때 집에 가서 무기를 가져올 여유가 없으므로 항상 무기를 휴대하고 다니다가 그 자리에서 죽여야 한다. 친구의 원수와는 한 나라에서 같이 살 수 없으므로 그 역시 죽여야 한다."

이 글은 ≪예기(禮記)≫ <곡례편(曲禮篇)>에 나와 있는 것이다. 이렇듯 그 당시에는 복수를 당연시 했고, 복수한 사람은 죄를 주지 않는 것이 당시의 윤리관으로 인정되고 있었던 모양이다.

그러나 ≪맹자(孟子)≫의 <진심장(盡心章)>에 보면, 살인은 살인을 부르는 복수의 악순환이므로 내 부모나 형제가 귀하면 남의 부모도 귀하게 여기는 것이 인의(仁義)의 사회가 되는 것임을 말하고 있다.

"내 이제야 다른 사람의 어버이를 죽이는 것이 중한 줄을 알았노라. 다른 사람의 아비를 죽이면 다른 사람이 또한 그 형을 죽일 것이니, 그러면 스스로 제 아비나 형을 죽이지는 아니했지마는 마찬가지이다."

不	共	戴	天	之	讎	不	共	戴	天	之	讎

부귀재천 (富貴在天)
부귀는 하늘에 매여 있어 인력으로는 어찌할 수 없다는 뜻.

부귀핍인래 (富貴逼人來)
사람이 힘써 행하면 부귀는 곧 다가온다는 말.

부동심 (不動心)
마음이 외계의 충동을 받아도 흔들리지 않음. 사리사욕에 움직이지 않는 마음.

부득요령 (不得要領)
요령을 못 잡음.

부로위고 (婦老爲姑)
며느리가 늙으면 시어머니가 된다는 말로, 나이가 어리다고 업신여기지 말라는 뜻.

부미백리지외 (負米百里之外)
가난한 살림이면서 부모에게 효성이 극진함을 이름.

부불훼호난제 (膚不毁虎難制)
호랑이를 잡자면 그 껍질을 상하게 하지 않을 수 없다는 뜻으로, 무슨 일이나 수고하지 않으면 이루어지지 않는다는 말.

부상대고 (富商大賈)
밑천이 많아야 크게 장사할 수 있다는 말.

부생모육 (父生母育)
아버지는 낳게 하고 어머니는 기름.

부속지루 (負俗之累)
뛰어나게 훌륭한 사람이 한동안 세상 사람들의 쓸데 없는 희롱을 받게 되는 괴로움.

부운지지 (浮雲之志)
하늘에 떠도는 구름처럼 부귀공명에 사로잡히지 않는 마음.

*불요불굴 不撓不屈

不 아니 **불** 撓 흔들 **요** 屈 굽힐 **굴**

한번 품은 뜻이나 결심 등이 어려운 고비에서도 흔들리거나 굽히지 않고 굳셈을 뜻한다.

전한 시대의 어느 해 가을, 서울 장안(長安)의 시민들은 홍수가 밀려온다는 소문에 일대 소란이 벌어졌다. 황제의 장인인 대장군 왕봉(王鳳)은 조사도 해보지 않고 소문을 믿어 그대로 황제에게 황족들을 한시바삐 피신시키라고 진언했다.

군신들 다수가 왕봉의 의견에 찬성했는데 재상 왕상(王商)만은 헛소문이라며 반대했다.

시간이 지나 그 진의를 알아본 즉 홍수 이야기는 뜬소문임이 판명되었다.

황제는 많은 사람들의 논의를 물리치고 소신을 관철시킨 왕상을 칭찬하는 한편 왕봉을 불신하게 되었다. 왕봉은 자신의 경솔함을 후회하면서 왕상에게 원한을 품었다.

또 한번은 왕봉의 친척인 낭야군의 태수 양융(楊肜)이 직권을 남용해 군민에게 큰 고통을 안겨 준 일이 있었다. 왕상이 그를 벌하려하자 왕봉이 그를 찾아와 사정을 했다.

그러나 왕상은 받아들이지 않고 양융을 관직에서 파면시켰다.

그래서 왕봉은 그에 대한 원한이 뼈에 사무치도록 깊어졌다. 그 후 왕봉은 왕상을 수단 방법을 가리지 않고 모함하여, 한나라는 결국 왕상을 관직에서 파면시켰다.

不	撓	不	屈	不	撓	不	屈			

부유인생 (蜉蝣人生)

하루살이 인생. 허무하고 덧없는 인생.

부전자전 (父傳子傳)

자자손손이 전하여 가진다는 뜻으로, 대대로 아버지가 아들에게 전함.

---

* **부창부수 (夫唱婦隨)**

남편이 창을 하면 아내도 따라 해야 한다는 뜻으로, 남편 주장에 아내가 따르는 것이 부부 화합의 도리라는 말.

---

* **부화뇌동 (附和雷同)**

일정한 견식이 없이 남의 말에 찬성해 같이 행동함.

북창삼우 (北窓三友)

거문고와 술과 시(詩)의 일컬음.

---

* **분골쇄신 (粉骨碎身)**

① 뼈가 가루가 되고 몸이 부서지도록 노력함. ② 목숨을 내놓고 힘을 다하여 싸움. ③ 참혹하게 죽음 또는 죽임.

---

* **분기충천 (憤氣沖天)**

분한 기운이 하늘에 솟구치듯 대단함.

분서갱유 (焚書坑儒)

진나라 시황제가 민간의 서적을 불사르고 유생을 구덩이에 묻어 죽인 일.

불가사의 (不可思議)

사람의 생각으로는 미루어 헤아릴 수 없이 이상야릇함.

불감생의 (不敢生意)

힘에 부쳐서 감히 할 생각도 못함.

불경지설 (不經之說)

허망하고 간사한 말.

불입호혈 부득호자 不入虎穴不得虎子

不 아니 불　入 들 입　虎 호랑이 호　穴 굴 혈　得 얻을 득　子 아들 자

호랑이 굴에 들어가지 않고는 호랑이 새끼를 얻지 못한다는 뜻으로,
큰 결과를 얻기 위해서는 위험을 무릅쓰고 큰 일을 해야 한다는 말이다.

　　후한 명제 때의 장군 반초(班超)는 서쪽의 선선국(鄯善國)을 굴복시키기 위해 사신으로 떠나게 되었다. 선선국 왕이 처음에는 정성껏 후대를 했으나, 어느 때부터인가 냉대를 하기 시작했다. 알고 보니 흉노국의 사신이 왔기 때문이었다. 선선국 왕은 흉노국을 몹시 두려워하고 있었다. 반초는 즉시 일행을 불러모은 다음 술을 마시며 말했다.

　　"선선국 왕은 흉노를 두려워하기 때문에 우리를 죽여 흉노국의 사신에게 포로로 넘겨 줄 것이다."

　　그러자 함께 온 일행 모두 분개했다. 반초가 다시 말을 이었다.

　　"이제 길은 단 하나 호랑이 굴에 들어가지 않고는 호랑이 새끼를 잡지 못한다. 오늘밤 흉노의 사신들이 묵고 있는 숙소로 쳐들어가자."

　　그날 밤 반초 일행은 어둠을 이용해서 흉노의 숙소로 쳐들어가 불을 지르고 사신들을 닥치는 대로 죽였다.

　　이 일을 계기로 선선국이 항복했음은 물론, 주변의 수십 개 오랑캐국들도 한나라를 상국으로 섬기게 되었다.

不　入　虎　穴　不　得　虎　子

불고전후 (不顧前後)
일의 앞과 뒤를 돌아보지 않음.

불공함락 (不攻陷落)
공격하지 아니하고 함락함.

불기암실 (不欺闇室)
사람이 보지 않는 암실에서도 행동을 삼가 양심을 속이는 일을 하지 않음.

불려호획 (弗慮胡獲)
무슨 일이든지 신중히 생각하지 않으면 좋은 결과를 얻을 수가 없음을 이름.

불로불사 (不老不死)
사람이 극히 장수(長壽)하는 것.

* 불립문자 (不立文字)
그 뜻을 글로써 나타낼 수 없다는 뜻으로, 이심전심으로 이해할 수밖에 없다는 말.

불망지은 (不忘之恩)
잊을 수 없는 은혜.

불면불휴 (不眠不休)
잠도 안 자고 쉬지도 않음.

불멸불생 (不滅不生)
멸하지도 않고 낳지도 않아 무시무종(無始無終)이라는 뜻으로, 불법에서 쓰는 말.

불문가지 (不問可知)
묻지 아니하여도 알 수 있음.

* 불문곡직 (不問曲直)
옳고 그름을 묻지 않고 함부로 처사한다는 말.

붕정만리 鵬程萬里

鵬 붕새 붕　程 도정 정　萬 일만 만　里 노정의 단위 리

붕(鵬)이란 상상의 큰 새로 붕의 갈 길은 수만 리라는 뜻으로,
앞길이 매우 멀고도 큼을 일컫는 말이다.

북쪽 바다에 곤(鯤)이라는 물고기가 있었다. 곤의 길이는 몇천 리나 되는지 알 수 없었다. 이 곤이 변하여 붕(鵬)이라는 새가 되었다. 붕새의 등도 그 길이가 몇천 리인지 알지 못했다. 붕새가 힘껏 날아오르면 그 날개는 하늘에 드리운 구름과 같았다.

붕새는 태풍이 불면 그 바람을 타고 북쪽 끝에서 남쪽 바다로 옮겨 갈 수 있었다.

붕새가 남쪽 바다로 옮길 때에는 물을 쳐서 3천 리나 튀게 하고, 위로 9만 리나 올라간다. 그리고 6개월 동안 날아간 후에 비로소 그 날개를 접는다.

9만 리나 날아가는 붕새를 보고 작은 새 척안(斥鷃)이 비웃으며 말했다.

"저 녀석은 도대체 어디까지 날아가려는 거지? 우리들은 작은 숲에서 날아다니는데도 재미있는데, 도대체 어디까지 날아갈 작정인지 정말 이해할 수 없는 녀석이야."

왜소한 것이 어찌 위대한 것의 마음을 알겠는가.

鵬	程	萬	里	鵬	程	萬	里		

불미지설 (不美之說)
자기에게 누(累)가 미칠 추잡하고 아름답지 못한 말.

불비지혜 (不費之惠)
자기에게 해가 된 것이 없어도 남에게는 이익이 될 만하게 베풀어 주는 은혜.

불사이군 (不事二君)
한 사람이 두 임금을 섬기지 아니함.

불사지약 (不死之藥)
사람이 먹으면 영원히 죽지 않는다는 선약(仙藥).

불상지조 (不祥之兆)
상서롭지 못한 징조.

불생불멸 (不生不滅)
생겨나지도 않고 또한 죽어 없어지지도 않고 항상 그대로 변함없이 사는 것.

불생불사 (不生不死)
죽지도 않고 살지도 아니하고 겨우 목숨만 붙어 있음.

불세지공 (不世之功)
대대로 흔하지 않은 큰 공로. 세상에 드문 매우 큰 공로.

불세출 (不世出)
세상에 드물게 있다는 뜻임.

불속지객 (不速之客)
청하지 않았는데 온 손님.

불식일정자 (不識一丁字)
글자 한 자도 모르는 무식한 사람을 일컫는 말.

불식지공 (不息之工)
천천히 하더라도 늘 쉬지 않고 꾸준하게 하는 일.

*비육지탄 髀肉之嘆

髀 넓적다리 비 肉 살 육 之 갈 지 嘆 탄식할 탄

무사가 오랫동안 전쟁에 출전하지 않아 말을 탈 기회가 없었으므로
허벅지에 살만 찐다는 뜻으로, 성공하지 못하고 헛되이 세월만 보내는 일을
한탄한다는 말이다.

한실의 부흥을 외치며 관우, 장비와 도원결의를 하여 일어선 유비가
힘이 미약한 까닭에 조조에게 쫓겨 각지로 전전하다가 황족의 일족인
형주(荊州)의 유표(劉表)에게 몸을 의탁하여 신야(新野)라는 작은 고을을
다스리고 있을 때였다.

어느 날 유표가 마련한 연회에 초대되어 가 술을 마시며 이야기를 나
누다가 유비는 자리에서 일어나 변소에 볼일을 보러 갔다. 일을 마치고
일어서던 유비는 무심코 넓적다리에 오른 살을 보게 되었다. 유비는 자
신의 신세가 비참하게 느껴져 저도 모르는 사이에 눈물을 흘렸다. 유비
가 다시 연회장으로 돌아오자 유표는 그의 얼굴에 눈물 자국이 있는 것
을 보고 그 까닭을 물었다.

그러자 유비가 깊은 한숨을 쉬며 대답했다.

"나는 지금까지 항상 말을 타고 전장을 돌아다녀서, 넓적다리에 살이
붙은 적이 없었습니다. 그런데 요즘은 오랫동안 말을 타지 않고 빈둥거
리며 놀고만 있었기에 살이 붙었습니다. 세월은 이처럼 덧없이 흘러가
고 있는데 아직 아무런 공도 쌓지 못하고 있으니 내 신세가 서럽고 처량
할 뿐입니다."

髀	肉	之	嘆	髀	肉	之	嘆			

불실원수 (不失元數)
본래의 분수를 잃지 않고 잘 지킨다는 말.

불언가상 (不言可想)
아무 말을 하지 않더라도 능히 짐작할 수 있음.

불외입외 (弗畏入畏)
참다운 두려움을 모르면 두려움 속에 빠진다는 것.

불원천리 (不遠千里)
천리를 멀다고 하지 않는다는 뜻으로, 먼 곳임에도 불구하고 찾아올 때 이르는 말.

불인견 (不忍見)
참혹하거나 비참하여 차마 볼 수가 없음.

불철주야 (不撤晝夜)
밤낮을 가리지 않음.

불출호지천하 (不出戶知天下)
성인(聖人)은 집 안에 들어앉아 있으면서도 세상의 움직임을 안다는 뜻.

불취동성 (不取同姓)
같은 성을 가진 사람과는 서로 혼인을 하지 않는다는 말.

불측지변 (不測之變)
예측할 수 없는 사변. 뜻밖의 사변.

＊ 불치하문 (不恥下問)
지위나 학식이 자기보다 못한 사람에게 배움을 부끄럽게 여기지 않음.

불편부당 (不偏不黨)
어느 한쪽으로도 치우치지 않고 아주 공평함. 중립적인 태도.

불학무식 (不學無識)
배우지 못하여 아는 것이 없음.

빈자일등 貧者一燈

貧 가난할 빈　者 사람 자　一 한 일　燈 등불 등

가난한 사람이 밝힌 등불 하나라는 뜻으로,
물질의 많고 적음보다 정성이 소중함을 이르는 말이다.

　석가가 사위국(舍衛國)에 있는 어느 정사(精舍)에 머물 때의 일이다. 그 정사가 있는 마을에 난타(難陀)라는 한 가난한 여인이 살고 있었다. 그녀는 국왕을 비롯해 많은 사람들이 제 신분에 맞는 공양을 석가와 그 제자들에게 하고 있는 것을 보고 한탄하며 이렇게 말했다.

　"나는 전생에 지은 죄가 많아 가난하고 천한 몸으로 태어나 아무 공양도 할 수가 없구나."

　이렇게 한탄하며 온종일 거리를 돌아다니면서 구걸을 한 끝에 겨우 돈 한 푼을 얻게 되었다. 그녀는 그 한 푼을 가지고 기름 집으로 갔다. 기름을 사서 등불을 만들려는 생각이었다.

　난타의 사정을 들은 기름집 주인은 딱한 생각에 돈 한푼을 받고 몇 배나 되는 기름을 주었다. 난타는 그것으로 정성껏 등을 만들어 석가에게 공양했다.

　그런데 바람이 몹시 부는 어느 날이었다. 다른 등은 바람에 불이 모두 꺼졌는데 이상하게도 난타가 바친 등만은 꺼지지를 않았다. 석가는 난타의 정성스런 마음을 알고 그녀를 비구니로 받아들였다고 한다.

貧	者	一	燈	貧	者	一	燈			

불행중다행 (不幸中多幸)

언짢은 일을 당하였으나 일부 다행스러운 일이 있다는 말.

불혹 (不惑)

① 미혹하지 아니함. ② 나이 마흔 살의 일컬음. 공자가 40세에 이르러 세상 일에 미혹하지 않았다 함에서 나온 말.

불후지공 (不朽之功)

오래도록 없어지지 않고 빛날 큰 공로.

붕자원방래 (朋自遠方來)

벗이 먼 곳으로부터 찾아오면 기쁘다는 뜻.

비기이존인 (卑己而尊人)

내 자신을 낮추고 다른 사람을 존경하는 것.

비분강개 (悲憤慷慨)

슬프고 분한 마음이 가득 차 있음.

＊ **비일비재 (非一非再)**

같은 현상이 한두 번이 아님.

비지지간 (非知之艱)

배우기는 쉬우나 실천하기는 힘듦을 이름.

빈즉다사 (貧則多事)

가난한 집안에 쓸데 없이 잔일이 많고 분주함을 뜻함.

빈천지교 (貧賤之交)

가난할 때에 사귄 친구는 언제까지나 잊어선 안 된다는 뜻.

빙정옥결 (氷貞玉潔)

절개가 빙옥과 같이 깨끗하고 조금도 흠이 없음을 비유하여 이르는 말.

빙탄지간 (氷炭之間)

얼음처럼 흰 것과 숯처럼 검은 것의 사이라는 뜻으로, 서로 조화될 수 없는 사이를 일컬음.

빙탄불상용 氷炭不相容

氷 얼음 빙   炭 숯불 탄   不 아니 불   相 서로 상   容 받아들일 용

얼음과 숯은 서로 어울릴 수 없는 사이라는 뜻으로,
성질이 전혀 반대라 서로 화합되기 어려울 때 쓰는 말이다.

한무제(漢武帝) 때 대단한 박식가(博識家)로, 무엇을 물어도 모르는 것이 없는 유명한 명신 동방삭(東方朔)이란 사나이가 있었다.

그의 기이한 행색과 행동으로 세인들은 동방삭을 미친 사람 취급을 했으나, 막상 장본인은 눈하나 깜짝하지 않는 기인이었다.

≪초사(楚辭)≫에는 칠간(七諫)이 수록되어 있는데 동방삭이 초나라의 시인 굴원(屈原)을 추모하여 지은 시로, 굴원이 고향을 떠나 고뇌하는 상황을 생각하며 읊은 것이다.

사람의 불행을 슬퍼하며
수명은 천명이기에 하늘에 맡긴다.
몸은 병들어 쉬지 못하고
마음은 들끓어서 뜨거운 물과도 같다.
얼음과 숯은 서로 함께 하지 못하니
내 처음부터 목숨이 길지 못함을 알았노라.
홀로 고생하다 죽어 즐거움이 없음을 슬퍼하여,
나는 아직 나이가 다하지 못함을 슬퍼하노라.

여기서 얼음과 숯이 서로 함께 할 수 없다는 것은, 충성과 아첨이 함께 존재할 수 없음을 비유한 것이다.

氷	炭	不	相	容	氷	炭	不	相	容		

사가망처 (徙家忘妻)
이사할 때에 자기의 아내를 잊어버리고 간다는 뜻으로, 건망증이심함을 비유한 말.

사고무친 (四顧無親)
사방을 둘러보아도 의지할 곳 없이 외로움.

사귀신속 (事貴神速)
일을 함에 있어서는 빨리 할수록 좋다는 말.

사기충천 (士氣衝天)
하늘을 찌를 듯이 높은 사기.

사량침주 (捨糧沈舟)
식량을 버리고 배를 침몰시킴. 승리를 얻기 전에는 다시 돌아 오지 않겠다는 결의를 이름.

사면춘풍 (四面春風)
사방에 봄바람이 분다는 뜻으로, 언제나 좋은 얼굴로 남을 대하여 누구에게나 호감을 삼.

사무여한 (死無餘恨)
죽은 뒤라도 조금도 남에게 원한이 없음. 죽어도 한됨이 없음.

∗ **사문난적 (斯文亂賊)**
유교에서, 교리를 어지럽히고 사상에 어긋나는 언행으로 세상을 시끄럽게 하는 사람을 이르는 말.

사반공배 (事半功倍)
수고한 것은 적어도 이루어진 공은 많다는 말.

사발통문 (沙鉢通文)
호소문 · 격문 등에서 주모자(主謀者)가 누구임을 나타내지 않기 위해, 관계자의 성명을 사발 모양으로 둥글게 삥 돌려 적은 통문.

사변무궁 (事變無窮)
여러 가지 사변이 자꾸 일어나 끝이 없음.

*사면초가 四面楚歌

四 넉 **사**　面 방향 **면**　楚 나라 이름 **초**　歌 노래 **가**

사방에서 들려오는 초나라 노랫소리를 말하는 것으로,
사면이 모두 적에게 둘러싸인 경우와 도움 없이 고립된 경우를 뜻한다.

유방이 이끄는 한(漢)나라 군사에 겹겹이 포위를 당한 초나라 군사들은 어느 날 밤, 한나라 진영에서 초나라 노랫소리가 들려왔다. 초나라 군사들 모두 노래를 따라 부르며 고향에 두고 온 부모 형제를 그리며 울음을 터뜨렸다. 이는 바로 초나라 군사의 사기를 꺾기 위한 한나라 군사 측의 작전이었다. 이것을 전혀 눈치 채지 못한 초나라 군사들은 마음이 흔들려, 그 길로 도망치는 자도 있었고, 항복을 하는 자도 있었다. 항우는 장막 안으로 들어가 술을 마시며 감정을 억누르지 못해 소리 높여 노래를 불렀다. 항우 곁에는 사랑하는 우미인과 애마 오추가 있었다.

내 힘은 산을 뽑을 만큼 강하고 기개는 세상을 덮을 만큼 왕성하다.
그러나 때는 불리하고 애마 오추는 움직이려 하지 않는다.
오추가 가지 않으니 어떻게 하면 좋을까.
우미인이여, 우미인이여, 너를 어찌하면 좋단 말인가?

우미인도 이별의 슬픔에 목이 메어 노래를 부르며, 항우의 칼을 뽑아 자결하고 말았다.

그날 밤, 항우는 오추를 타고 오강까지 달려갔으나, 혼자 살아 돌아가는 것이 부끄러워 그만 목숨을 끊고 말았다.

四	面	楚	歌	四	面	楚	歌		

사분오열 (四分五裂)
여러 갈래로 나뉘어 어지럽게 분열됨.

사불급설 (駟不及舌)
한번 뱉은 말은 네 마리가 끄는 빠른 마차로도 따라잡지 못한다는 뜻으로, 삽시간에 퍼진 소문을 말함.

사불명목 (死不瞑目)
죽을 때에도 눈을 감지 못한다는 뜻으로, 마음에 맺히고 근심이되어 마음 놓고 편히 죽지를 못한다는 말.

사불여의 (事不如意)
일이 뜻대로 되지 아니함.

사사망념 (邪思妄念)
좋지 못한 여러 가지의 그릇된 생각.

사사불성 (事事不成)
모든 일이 이루어지지 않음. 일마다 성공하지 못함.

사산분찬 (四散奔竄)
사방으로 뿔뿔이 흩어져 달아나 피함.

＊ **사상누각 (砂上樓閣)**
모래 위에 세운 누각이란 뜻으로, 어떤 사물의 기초가 튼튼하지못하여 오래 견디지 못함을 비유.

사색지지 (四塞之地)
사방의 지세가 견고하고 험한 자연의 요새로 되어 있는 땅.

사생계활 (死生契闊)
죽고 사는 것을 함께 하기로 하고 동고동락(同苦同樂)함.

사생유명부귀재천 (死生有命富貴在天)
사람이 태어나 살고 죽고 하는 것과 잘 되고 못 되는 것이 다 운명으로, 제 분에 맞게 정해져 있는 것이니 억지로는 안 된다는뜻.

사이비 似而非

似 같을 **사** 而 말이을 **이** 非 아닐 **비**

겉은 제법 비슷하게 보이나 실제로는 아주 다른 가짜라는 말이다.

어느 날, 맹자의 제자 만장(萬章)이 물었다.

"한 마을 사람들이 모두 훌륭한 인물이라고 칭찬한다면 그런 사람은 어디를 가든 훌륭할 거라 생각됩니다. 그런데 공자께서는 그들을 가리켜 '향원(鄕原)은 덕을 해치는 도둑'이라고 하셨습니다. 그건 어떤 이유에서입니까?"

그때 맹자께서 말씀하셨다.

"특별히 꼬집어서 비난할 점도, 공격하려 해도 공격할 구실이 없는 자들이다. 그러나 이것은 단지 세속에 아첨해서 남에게 좋은 소리를 듣고 자기도 만족하고 있는 것으로 결코 함께 성인의 길을 행할 인물은 못된다. 그러므로 덕의 적(賊)이라는 말을 듣는다. 공자께서는 이렇게도 말씀하셨다. '사이비(似而非)한 자를 미워한다. 가라지는 잡초이나 벼의 모와 비슷해서 한층 방해가 된다. 말을 잘하는 자를 미워함은 정의를 혼란시킬까 두려워서이고, 정(鄭)나라 음악을 미워함은 그것이 아악과 비슷해서 올바른 음악을 혼란시키기 때문이다. 똑같이 향원을 미워하는 것은 그들이 덕을 혼란시킬까 두렵기 때문이다. 군자란 도덕의 근본 이치를 반복 실천할 따름이다. 세상에 아첨하는 법은 없다. 올바른 길을 행하면 백성들도 따라온다. 그렇게 되면 세상의 사악도 없어질 것이다.'"

似 而 非 似 而 非

207

사생취의 (捨生取義)

목숨을 버리고 의를 좇는다는 뜻으로, 비록 목숨을 잃을지언정옳은 일을 함을 이르는 말.

사시춘풍 (四時春風)

누구에게나 늘 좋은 낯으로 대하며 무사 태평한 사람을 이름.

사십부동심 (四十不動心)

40세에 도를 깨달아 주견이 확고히 서서 마음이 동요하지 않음.

사양지심 (辭讓之心)

겸사하여 받지 않거나 남에게 양보하는 마음.

사위지기사 (士爲知己死)

선비는 저를 알아 주는 이를 위하여 죽는다는 뜻으로, 제 속마음을 잘 알아 주는 사람을 위해서 목숨을 내걸고 그 뜻에 보답한다는 말.

사이후이 (死而後已)

사람이 태어나 일을 하되, 죽음에 이르러 비로소 그친다는 말. 의지가 굳다는 뜻.

사자심상빈 (奢者心常貧)

사치하는 사람은 만족할 줄 모르므로 항상 마음 속이 허전하다는뜻.

사제삼세 (師弟三世)

스승과 제자와의 인연은 전세·현세·내세에까지 계속된다는 말로, 그 관계는 매우 깊고 밀접하다는 뜻.

사중구생 (死中求生)

죽을 지경에 빠졌다가 다시 살 길을 찾는다는 말.

사지 (四知)

하늘과 땅, 자신과 상대방이 알고 있다는 뜻으로, 세상에는 비밀이 없음을 뜻함.

사자후 獅子吼

獅 사자 사   子 아들 자   吼 사자우는 소리 후

사자의 부르짖음이란 뜻으로, 오늘날에는 열변이나 웅변을
토한다는 의미로 주로 쓰이고 있다.

　《전등록(傳燈錄)》의 기록에 따르면, 석가모니는 태어나자마자 한 손
은 하늘을 가리키고 한 손은 땅을 가리키며 일곱 걸음을 걸은 다음 사방
을 둘러보고 '천상천하 유아독존(天上天下 唯我獨尊), 즉 하늘 위 하늘 아
래에 오직 나만이 존귀한다'라고 말했다 한다.

　《유마경(維摩經)》에는 석가의 설법이 위엄 있고 당당해 마치 사자후
와 같으며, 마치 천둥이 울려 퍼지듯 듣는 이의 가슴에 스며든다고 기록
하고 있다.

　석가의 설법이 사자후와 같다고 표현한 데서부터 일반적으로는 열변
을 토하는 것을 뜻하게 되었다.

　또 이 사자후란 말을 아내의 불호령이란 뜻으로 쓴 예가 있다.

　소동파(蘇東坡)가 오덕인(吳德仁)에게 보낸 시 가운데서 같은 친구인 진
계상(陳季常)의 아내가 남편에게 퍼붓는 욕설을 '사자후'라고 표현하고
있다. 시 속의 용구거사(龍丘居士)는 진계상을 말한다.

　용구거사 역시 가련하다.
　공과 유를 얘기하며 밤을 지새우는데
　갑자기 하동의 사자후 소리를 듣자
　지팡이도 손에서 떨어지고 마음이 아찔해진다.

獅	子	吼	獅	子	吼			

사지곡직 (事之曲直)
일의 옳고 그름.

사차불피 (死且不避)
죽는 한이 있어도 피하지 않음.

사차불후 (死且不朽)
몸은 죽어 없어지지만 명성만은 그대로 후세에 길이 전함.

사친지도 (事親之道)
어버이를 섬기는 도리.

* **사필귀정 (事必歸正)**
모든 일은 반드시 바른길로 돌아감. 죄는 지은 데로 가고 물은 골로 흐른다.

사해곤궁 (四海困窮)
천하의 백성이 곤궁함.

사회부연 (死灰復燃)
다 탄 재에 다시 불이 붙었다는 뜻으로, ① 세력을 잃었던 사람이 다시 세력을 잡았다는 뜻. ② 곤경에 처해 있던 사람이 훌륭하게 되었다는 뜻.

사후약방문 (死後藥方文)
죽은 뒤에 약방문이라는 뜻으로, 시기를 잃어 일이 낭패됨을 뜻함.

삭관원찬 (削官遠竄)
벼슬을 빼앗고 먼 곳으로 귀양보냄.

삭발위승 (削髮爲僧)
머리를 깎고 중이 됨.

산계야목 (山鷄野鶩)
산꿩과 들오리라는 뜻으로, 천성이 사납고 거칠어서 길들이기 어려운 사람을 이르는 말.

사족 蛇足

蛇 뱀 사 足 발 족

뱀의 발이란 뜻으로, 하지 않아도 될 일을 공연스레 하는 것
또는 필요 이상의 것을 일컫는다.

전국 시대 초(楚)나라 때의 일이다. 인색하기로 소문이 자자한 어떤
사람이 제사를 지낸 뒤 하인들에게 좋은 술 한 병을 주며, 여럿이 나누
어 마시라고 했다. 그러자 한 하인이 이런 제안을 했다.

"여럿이 나누어 마시기에는 너무 양이 적은 듯하니, 땅바닥에 뱀을
제일 먼저 그리는 사람이 저 술 한 병을 독차지하는 것이 어떤가?"

하인들 모두 이 제안에 찬성하고, 제각기 나뭇가지를 꺾어 땅바닥에
뱀을 그리기 시작했다. 이중 제일 먼저 뱀을 그린 사람이 옆 사람들을
보니 아직도 뱀을 그리고 있기에 시간이 남은 김에 발까지 그려 넣었다.

"난 발까지 그렸는데 자네들은 아직도 완성하지 못했으니 이 술병은
내것일세."

라면서 술을 마시려는데, 이때 다른 하인이 재빨리 술잔을 빼앗아 단
숨에 술을 마셔 버리고는 이렇게 말했다.

"세상에 발 달린 뱀이 어디 있는가? 내가 보기에 저건 뱀이 아니네."

술잔을 빼앗긴 하인은 괜한 짓을 했다고 후회했지만 이미 소용없는
일이었다.

蛇	足	蛇	足				

산고수청 (山高水淸)
산은 높고 물은 맑다는 뜻으로, 경치가 좋음을 형용함.

산류천석 (山溜穿石)
졸졸 흐르는 냇물이 바위를 뚫는다는 뜻으로, 끊임없이 열심히하면 무슨 일이라도 성취할 수 있음을 비유한 말.

산림지사 (山林之士)
산 속에서 은거하는 선비

산명수려 (山明水麗)
산과 물이 경치가 곱고 아름다움.

산불염고 (山不厭高)
산이 높으면 높을수록 좋듯이 덕은 쌓으면 쌓을수록 좋다는 말.

---

* **산전수전 (山戰水戰)**
세상 일에 대하여 겪은 온갖 고생을 이르는 말.

---

* **산해진미 (山海珍味)**
산과 바다의 산물을 다 갖추어 차린 진귀한 음식. 곧 온갖 재료로만든 맛좋은 음식.

살신보국 (殺身報國)
목숨을 바쳐 국은(國恩)을 갚음.

삼간초가 (三間草家)
세 칸짜리 초가. 곧 아주 작은 초가를 이르는 말.

삼년불비불명 (三年不飛不鳴)
새가 3년 동안 날지도 않고 울지도 않는 것으로, 도약을 위해 때를 기다린다는 비유.

삼동설한 (三冬雪寒)
눈이 오고 추운 겨울철의 석 달 동안.

---

* **삼라만상 (森羅萬象)**
하늘과 땅 사이에 존재하는 모든 현상.

살신성인 殺身成仁

殺 죽일 **살**   身 몸 **신**   成 이룰 **성**   仁 어질 **인**

몸을 바쳐 어진 일을 이룬다는 뜻으로, 대의를 위하여 목숨을 아낌없이 버린다는 말이다.

인(仁)을 최고의 덕목으로 삼은 공자의 언행을 수록한 《논어(論語)》의 <위령공편(衛靈公篇)>에 이런 구절이 있다.

"높은 뜻이 있는 선비와 어진 사람은 삶을 구하기 위해 인(仁)을 저버리는 일이 없고 스스로 몸을 바쳐 인(仁)을 이룬다."

순리에 따르면 마땅히 죽을 것인데, 순리에 역행해 삶을 구하면 곧 그 마음에 편치 못한 것이 있을 터인즉 이것은 곧 그 마음의 덕을 해치는 것이요, 마땅히 죽을 때에 죽으면 그 마음이 편안하고 덕이 온전할 것이다.

정자(程子)는 이것에 대해 이렇게 말하고 있다.

"실질적인 이치를 마음에 얻어서 스스로 분별하는 것이니 실질적인 이치라는 것은 실제로 옳은 것을 보며 실제로 그른 것을 보는 것이다. 옛사람이 몸을 버리고 죽은 자가 만일 실제로 얻은 것을 보지 못하면 어찌 능히 이와 같겠는가? 모름지기 실제로 삶이 의(義)보다 중하지 아니한 것을 보면 삶이 죽는 것보다 편안치 못하다. 그러므로 몸을 죽여서 어진 것을 이루는 것은 다만 한 개의 옳은 것을 이룰 뿐이다."

殺	身	成	仁	殺	身	成	仁		

삼불후 (三不朽)
언제나 썩지 않는 세 가지. 곧 덕(德)·공(功)·언어(言語).

삼삼오오 (三三五五)
삼사인 또는 사오인씩 떼지어 있는 것.

삼생연분 (三生緣分)
삼생을 두고 끊을 수 없는 가장 깊은 연분. 곧 부부 사이의 인연을 말함.

---

* ### 삼순구식 (三旬九食)
서른 날에 아홉 끼밖에 먹지 못한다는 뜻으로, 집이 매우 가난하여 끼니를 제대로 잇지 못한다는 뜻.

삼월부지육미 (三月不知肉味)
한 가지 일에만 마음을 쓰고 다른 것은 전연 느끼지 못함을 이르는 말.

삼익우 (三益友)
세 가지 유익한 벗이 있다는 뜻으로, 즉 정직한 사람, 믿음직한 사람, 견문이 넓은 사람을 이름.

삼인행필유아사 (三人行必有我師)
세 사람이 어떤 일을 같이 할 때는 반드시 그 가운데 스승이 될 만한 사람이 있다는 말.

삼종지도 (三從之道)
여자가 지켜야 할 세 가지 도리로, 어려서는 부모께 순종하고 시집 가서는 남편에게 순종하고 남편이 죽은 후에는 아들에게 순종하여야 한다는 도덕 관념.

삼척동자 (三尺童子)
키가 석 자에 불과한 사람. 즉 어린아이를 일컬음.

삼판양승 (三板兩勝)
세 번 겨루어 두 번 이긴다는 뜻으로, 거의 이긴 셈이란 뜻.

*삼고초려 三顧草廬

三 석 삼　顧 돌아볼 고　草 풀 초　廬 초막 려

초가집을 세 번 찾아간다는 뜻으로, 인재를 맞이할 때 모든 정성을 다한다는 말이다.

　후한 말, 촉(蜀)나라의 유비에게는 관우와 장비 등의 용장은 있었으나, 전군을 통솔할 만한 모사(謀士)가 없었다.

　어느 날, 유비가 은사(隱士) 사마휘(司馬徽)를 만나 그와 같은 자신의 고충을 털어놓자 사마휘가 말했다.

　"복룡(伏龍)이나 봉추(鳳雛)와 같은 인재를 얻을 수 있다면 선생은 천하를 다스릴 수 있을 겁니다."

　복룡이란 제갈공명(諸葛孔明)을 지칭한 말이었다. 유비는 즉시 양양(襄陽)교외의 융중(隆中)에 있는 제갈공명의 초막을 찾아갔지만 제갈공명을 만날 수는 없었다. 며칠 후 다시 찾아갔으나 만날 수 없었다.

　제갈공명의 무례함에 화가 난 장비와 관우의 만류에도 불구하고 유비는 세 번째로 제갈공명의 초막을 방문했다. 이와 같은 유비의 삼고초려(三顧草廬)에 마음이 움직인 제갈공명은 유비를 만나 그의 모사가 되어 유비를 섬길 것을 허락했다.

　제갈공명은 그의 출사표에서 삼고초려에 대해 이렇게 말했다.

　"저는 시골에 묻혀 사는 비천한 신분이었습니다. 그러나 선생님은 머리를 굽히시어 제 초막을 여러 번 찾아 주셨습니다. 저는 이에 감격하여 선생님을 위해 이 한 목숨 바치기로 결심하였던 것입니다."

三	顧	草	廬	三	顧	草	廬				

삼훈삼목 (三薰三沐)
향으로 몸을 향기롭게 하고 물로 머리를 감아 몸을 정하게 함.

상교부도하교부교 (上交不諂下交不驕)
윗사람을 의심하지 않고, 아랫 사람에게 교만하지 않은 것이 군자의 행실이라는 것.

상궁지조 (傷弓之鳥)
한번 화살을 맞은 새는 구부러진 가지만 보아도 겁을 낸다는 뜻으로, 한번 궂은 일을 당하고 나면 늘 의심하고 두려워하게 된다는 말.

상달 (上達)
고명한 경지에 달하는 것. 윗사람에게 편지나 말로 여쭘.

상덕부덕 (上德不德)
높은 덕을 가진 자는 덕을 베풀더라도 이것을 덕이라고 자랑하지 아니함.

상마실지수 (相馬失之瘦)
말의 감정을 겉으로만은 알 수 없는 것과 같이 사람도 겉만으로는 현우(賢愚)를 알 수 없다는 뜻.

상마지교 (桑麻之交)
권세와 영달의 길을 버리고 한적한 시골에서 뽕나무와 삼나무를 벗삼아 지낸다는 뜻으로, 전원에 은거하여 농사꾼들과 사귀며 지낸다는 뜻.

상명지통 (喪明之痛)
눈이 멀 정도로 슬프다는 뜻으로, 아들을 잃은 슬픔을 비유.

상사불견 (相思不見)
남녀가 서로 그리워하면서도 만나보지 못함.

상사일념 (相思一念)
그리워하여 생각하는 마음이 오직 한 가지뿐임.

삼십육계 주위상책 三十六計走爲上策

三 석삼 十 열십 六 여섯육 計 꾀계
走 달아날주 爲 위할위 上 위상 策 꾀책

36가지나 되는 많은 꾀 가운데에서 도망치는 것이 제일 좋은 꾀가 된다는 뜻으로,
곤란할 때에는 주저하지 말고 달아나는 것이 상책이라는 말이다.

남북조 시대, 제나라의 임금인 명제(明帝) 소란(蕭鸞)은 갖은 음모와 포악으로 황제를 죽이고 제위를 찬탈한 후, 자신에게 가해질 반란과 보복이 두려워 자기를 반대해 온 형제와 조카들을 14명이나 죽이고 아직 살아 있는 10명의 왕족들을 심복을 시켜 한꺼번에 죽여 버렸다.

그리고 건국 공신인 왕경칙(王敬則)도 제거하기 위해 장괴(張瓌)를 평동장군(平東將軍)에 임명하여 왕경칙이 태수로 있는 회계(會稽)와 경계를 맞대고 있는 오군(吳郡)으로 파견했다. 이 사실을 안 왕경칙은 반란을 일으켰다. 반란군의 수가 무려 10만이 넘었으며 10여 일 사이에 서울인 건강(健康)까지 육박하게 되었다. 왕경칙의 반란군 소식을 들은 조정은 큰 공포에 휩싸였다. 태자인 보권(寶卷)은 신상의 위협을 느껴 판단을 내리지 못하고 허둥대고 있었다.

이 소식을 전해 들은 왕경칙은 비웃으며 다음과 같은 말을 했다. "단공의 서른여섯 가지 계략 중에 달아나는 것이 상책이라고 했다. 이제 너의 부자도 달아나는 길만이 있을 뿐이다."

그러나 용기백배한 왕경칙은 관군으로부터 기습을 받아, 무기다운 무기조차 갖고 있지 못한 농민군은 혼란에 빠졌으며 왕경칙도 목숨을 잃고 말았다.

三	十	六	計	走	爲	上	策

상시지계 (嘗試之計)
남의 뜻을 시험하여 떠보는 꾀.

상인해물 (傷人害物)
마음이 음흉하여서 사람을 해치고 물건에 손해를 끼치게 함.

상재지탄 (傷哉之歎)
살림이 군색하고 가난한 한탄.

상전옥답 (上田沃畓)
수확이 많은 좋은 밭과 기름진 논.

상탁하부정 (上濁下不淨)
윗물이 흐리면 아랫물도 깨끗하지 못하다는 뜻.

상풍고절 (霜風高節)
어떠한 어려운 곤경에 처해도 굽히지 않는 높은 절개를 이름.

생경지폐 (生梗之弊)
양자간의 불화로 인한 폐단.

생구불망 (生口不網)
산 사람의 목에 거미줄 치랴는 뜻으로, 가사가 어려워도 생존하는 길은 있으리라는 뜻.

생기사귀 (生寄死歸)
사람이 세상에 살아 있음은 일시의 기류와 같고 죽음은 본집에 돌아가는 것과 같다는 뜻.

생로병사 (生老病死)
중생이 일평생 동안에 반드시 받아야만 하는 네 가지 고통. 곧 나고, 늙고, 병들고, 죽고 하는 일.

생리사별 (生離死別)
살아서 서로 떨어져 있다가 죽어서 아주 헤어짐.

생면강산 (生面江山)
① 처음으로 보는 강산. ② 처음으로 보고 듣는 일.

*삼인성호 三人成虎

三 석 삼 人 사람 인 成 이룰 성 虎 호랑이 호

세 사람이 거리에 호랑이가 나타났다고 말하면 거짓말이라도 참말로 듣는다는 뜻으로,
근거 없는 말이라도 여러 사람이 말하면 곧이듣는다는 말이다.

전국 시대 위(魏)나라 혜왕(惠王) 때의 일이다.

방총(龐蔥)이란 자가 위나라의 태자와 함께 조나라에 볼모로 잡혀가
게 되었다. 떠나기 며칠 전에 방총이 혜왕에게 지금 누가 저잣거리에 호
랑이가 나타났다고 한다면 믿겠느냐고 묻자, 혜왕은 믿지 않는다고 말
했다. 그러면 두 사람이 입을 모아 호랑이가 나타났다고 한다면 어쩌겠
느냐고 했더니, 역시 믿지 않을 거라고 했다. 방총은 혜왕에게 계속 질
문을 던졌다.

"그럼 세 사람이 똑같이 말하면 그땐 믿으시겠지요?"

혜왕이 그때는 믿을 거라고 하자 방총이 다시 말을 이었다.

"폐하, 저잣거리에는 호랑이가 없습니다. 그러나 세 사람이 같은 말
을 하면 저잣거리에 틀림없이 호랑이가 나온 것이 됩니다. 제가 조나라
로 떠나면 저를 모략하는 자는 아마도 세 사람 정도가 아닐 것입니다.
원컨대 그들의 헛된 말을 귀담아 듣지 마십시오."

"안심하라! 나는 내 자신의 눈밖에 믿지 않으니까."

방총이 떠나자마자 그를 모략하는 자들이 나타났고, 혜왕은 거듭되
는 그들의 말을 차츰 믿게 되었다.

훗날 태자는 귀국을 했지만, 방총은 모략꾼들에 의해 혜왕의 의심을
받아 돌아오지 못하는 신세가 되고 말았다.

三	人	成	虎	三	人	成	虎				

생불여사 (生不如死)

몹시 곤란한 지경에 빠져 삶이 죽음만 같지 못하다는 뜻.

생사골육 (生死骨肉)

죽은 사람을 살려서 그 백골에 살을 붙인다는 뜻으로, 매우 은혜가 깊음을 비유.

생살여탈 (生殺與奪)

① 살리고 죽이고 주고 빼앗는 일. ② 어떤 사람이나 물건을 제 마음대로 쥐고 흔들 수 있음.

생자필멸 (生者必滅)

생명이 있는 것은 반드시 죽을 때가 있음.

생지살지 (生之殺之)

살리기도 하고 죽이기도 함.

서기지망 (庶幾之望)

거의 될 듯한 희망이란 뜻.

서동부언 (胥動浮言)

거짓말을 퍼뜨려서 민심을 선동함.

서리지탄 (黍離之嘆)

기장이 익어 늘어진 것을 보고 한탄한다는 뜻으로, 서울이요 대궐이 있던 자리에 기장이 자라 익어 늘어짐을 보고 세상의 무상함을 한탄한다는 뜻.

서불진언 (書不盡言)

문장으로는 사람의 뜻을 충분히 나타낼 수 없음을 이름.

서심화야 (書心畵也)

글씨는 그 사람의 정신을 나타내는 것이므로 심화(心畵)라 함.

서절구투 (鼠竊狗偸)

쥐나 개처럼 가만히 물건을 훔친다는 뜻으로, 좀도둑을 비유할때 쓰임.

삼일천하 三日天下

三 석 삼   日 날 일   天 하늘 천   下 아래 하

삼일간의 천하라는 뜻으로, 짧은 동안 정권을 잡았다가
곧 실패함을 비유할 때 쓰는 말이다.

서한(西漢) 시대 선제 때의 일이다.

수도 장안(長安)에 도둑떼들이 난립하고 있어 집집마다 불안한 하루하루를 보내고 있었다. 그 당시 태수로 부임해 온 장폐(障蔽)는 먼저 민간으로 나가 시찰을 해본 결과, 이 도둑떼가 조직화되어 있다는 사실을 알아냈다. 도둑떼의 두목들은 호화스런 집에 수많은 하녀들을 거느리고 살았다. 장폐는 포도청에 비상을 내리고 샅샅이 뒤져 두목들을 모두 소탕하였다. 그러자 들끓던 도둑떼들은 자연스레 사라지게 되었다.

그런데 그즈음 장폐의 친구인 양훈이라는 사람이 큰 죄를 지어 사형되었는데, 조정에서는 대죄인의 친구들까지도 관직에서 파면시킨다고 하는 바람에 장폐도 도둑떼의 처벌이 끝나면 물러나게 되어 있었다. 장폐는 부하 서순에게 사건 처리를 명령했는데 그는 그 명령에 불응하고 사람들 앞에서 떠들어댔다.

"장공이 앞으로 며칠이나 더 관직에 있겠어? 잘해 봐야 3일밖에 더 있겠어? 그런데 왜 내가 그의 명령을 들어야 하는 거지?"

여기에서 삼일천하(三日天下)라는 말이 생겼는데, 장폐는 부하의 방자한 태도를 미리 간파하고는 그를 항명리로 투옥했다. 그리고 자신이 관직에서 물러나기 전에 서순의 목을 쳤다고 한다.

三	日	天	下	三	日	天	下		

서제막급 (噬臍莫及)
사람에게 잡힌 노루가 배꼽 때문에 잡힌 줄 알고 배꼽을 물어뜯는 것처럼, 탈이 한번 생기거나 또는 그릇된 뒤에는 후회하여도 어찌할 수 없다는 말.

석고대죄 (席藁待罪)
거적을 깔고 엎디어 처벌을 기다린다는 뜻에서, 저지른 죄에 대한 처벌을 기다림을 이르는 말.

석권 (席卷)
자리를 말 듯이 힘을 들이지 않고 차례차례로 모조리 차지함.

석화광음 (石火光陰)
돌이 마주 부딪칠 때에 불빛이 한번 번쩍했다 곧 없어지는 것과 같이 빠른 세월이라는 말.

선견지명 (先見之明)
앞으로 닥칠 일을 미리 내다보고 앞일을 판단하는 총명함.

선기후인 (先己後人)
남의 일보다 자신의 일을 먼저 성실히 처리함.

선난이후획 (先難而後獲)
난사는 먼저 처리하고 자기 이익되는 바는 뒤로 미루는 것.

선남선녀 (善男善女)
착하고 순결한 남자와 여자.

선도미후지미 (先掉尾後知味)
개가 먼저 꼬리를 흔들고 난 뒤에 음식을 먹는다는 뜻으로, 무엇을 계획한 연후에야 그것을 얻는다는 뜻.

선망건후세수 (先網巾後洗水)
앞뒤의 순서가 뒤바뀌었음을 이름.

선망후실 (先忘後失)
앞서는 잊고 후에는 잃는다는 뜻으로, 잊어버리기를 잘한다는 말.

상가지구 喪家之狗

喪 초상 상 家 집 가 之 갈 지 狗 개 구

상갓집 개, 즉 주인을 잃은 개란 뜻으로, 초라한 행색으로 얻어먹을 것을
찾아다니는 사람을 비유하여 쓰는 말이다.

공자는 수십 년 동안 자신이 이상으로 삼는 도덕 정치를 실현할 수
있는 나라를 찾아 돌아다녔다.

공자가 정(鄭)나라에 갔을 때의 일이다. 공자는 제자들과 길이 어긋나
혼자 성곽 동문 옆에 서서 제자들이 찾아오기를 기다리고 있었다. 한편
스승을 찾아 나선 자공(子貢)이 한 행인에게 스승의 인상 착의를 말하면
서, 혹시 보지 못했느냐고 묻자, 그 행인은 이렇게 대답했다.

"동문 옆에 웬 노인이 서 있는 것을 보았는데, 이마는 요(堯)임금과 비
슷하고, 목은 순(舜)과 우(禹)임금을 섬기던 현상과 같았으며, 어깨는 정
나라 재상 자산(子産) 같았소. 그러나 허리 아래는 우(禹) 임금보다 세 치
쯤 적고, 그 지친 모습은 마치 상갓집 개와 같았습니다."

동문으로 달려간 자공은 공자를 만나서 정나라 사람이 한 말을 공자
에게 전했다. 이야기를 다 들은 공자는 웃으면서 이렇게 말했다.

"용모에 관한 묘사는 맞는다고 보기 어렵지만, 상갓집 개와 같다는
표현은 정말로 적절하구나."

喪	家	之	狗	喪	家	之	狗

선부후빈 (先富後貧)

처음에는 잘살던 사람이 나중에 가난하여짐.

선성탈인 (先聲奪人)

① 소문을 미리 퍼뜨려 남의 기세를 꺾음. ② 먼저 큰소리를 질러 남의 기세를 꺾음.

선악상반 (善惡相半)

선과 악이 반반씩 섞였다는 말.

선우후락 (先憂後樂)

근심할 일은 남보다 먼저 근심하고 즐거워할 일은 남보다 나중에 즐거워한다는 뜻으로, 지사(志士)・인인(仁人)의 마음씨를 이르는 말.

선유자익 (善游者溺)

헤엄 잘 치는 사람이 빠져죽기 쉽다는 말이니, 무엇이든지 잘하는 사람이 그 재주를 믿고 까불다가 화를 입는다는 뜻.

선인능수진언 (善人能受盡言)

선인은 곧잘 남의 간언을 들음을 이름.

선인탈인 (先人奪人)

적을 앞지르고자 우선 적의 정신을 어리둥절하게 하여 아무것도 못하게 함을 이름.

선자옥질 (仙姿玉質)

용모도 아름답고, 재질도 뛰어남을 이름.

선재귀재 (仙才鬼才)

평범하고 속된 것을 초월한 재주.

선풍도골 (仙風道骨)

신선의 풍채와 도인의 골격이라는 뜻으로, 풍채가 남달리 훌륭한 사람을 일컫는 말.

*상전벽해 桑田碧海

桑 뽕나무 상 田 밭 전 碧 푸를 벽 海 바다 해

뽕나무 밭이 변해 푸른 바다가 된다는 뜻으로,
세상의 모든 일이 덧없이 변함이 급격함을 비유한 말이다.

옛날 왕방평(王方平)이라는 선인이 채경(蔡經)의 집에 초대를 받았다. 왕방평은 머리에 관을 쓰고, 붉은 옷을 입었으며, 호랑이 머리 장식이 붙은 활통을 차고, 다섯 마리의 용이 끄는 수레를 타고 채경의 집에 나타났다. 채경의 가족을 접견한 왕방평은 갑자기 하늘을 올려다보더니, 사자를 불러 마고(麻姑)를 부르라고 분부했다.

얼마 후 사자가 돌아와서 말했다.

"마고님은 마침 봉래(蓬萊)에 갈 일도 있으므로 문안을 드리러 오겠노라고 말씀하셨습니다."

얼마 후 마고가 나타났다. 나이는 한 18,9세쯤 되어 보였으며, 화려한 옷을 입은 매우 아름다운 여인이었다.

마고가 왕방평에게 정중히 절을 하자 왕방평도 이에 답례를 했다. 곧이어 연회가 벌어지고 왕방평은 가지고 온 요리를 늘어놓았다. 대부분 향기로운 과일요리에 그릇은 온통 금접시와 옥잔이었다.

마고가 입을 열었다.

"곁에서 모신 이래 동해가 세 번이나 뽕밭으로 바뀌는 것을 보았습니다. 봉래의 바다도 얕아져서 육지화하려 하고 있습니다."

한번 헤어진 이후의 세상 이야기를 주고받는 동안 잔치는 끝이 났고 왕방평과 마고는 각각 하늘로 올라갔다.

桑	田	碧	海	桑	田	碧	海			

선화후과 (先花後果)
먼저 꽃이 피고 나중에 열매를 맺는다는 뜻으로, 딸을 먼저 낳은다음에
아들을 낳음을 이르는 말.

설니홍조 (雪泥鴻爪)
홍조(鴻爪)가 눈 위를 걸어가 발자취를 남기나 눈이 녹으면 없어지는
것과 같이 인생이 허무하고 남는 것이 없음을 이름.

설부화용 (雪膚花容)
눈같이 흰 살결과 꽃 같은 얼굴이라는 뜻으로, 미인의 얼굴을 이름.

✽ **설상가상 (雪上加霜)**
눈 위에 서리가 덮인다는 뜻으로, 불행이 거듭 생긴다는 말.

설심주의 (設心做意)
계획적으로 간사한 꾀를 냄.

✽ **설왕설래 (說往說來)**
서로 변론을 주고받느라고 옥신각신함.

설저유부 (舌底有斧)
혀 밑에 도끼가 있다는 뜻으로, 혀는 도끼를 갖지는 않았지만 그런 힘
을 가졌다는 말.

설중매 (雪中梅)
눈 속에 핀 매화나무나 그 꽃.

설중송백 (雪中松柏)
눈 속의 소나무와 잣나무라는 뜻으로, 매우 절조 있는 사람을 비유하여
이르는 말.

설폐구폐 (說弊救弊)
먼저 폐단을 말하고 그 폐단을 바로잡음.

설풍년지조 (雪豊年之兆)
겨울의 눈은 다음해의 풍작의 징조라는 말.

*새옹지마 塞翁之馬

塞 변방새   翁 늙은이옹   之 갈지   馬 말마

**변방 노인의 말에 얽힌 이야기에서 나온 것으로,
인생의 길흉화복은 항시 바뀌어 예측할 수가 없다는 말이다.**

　　중국 북방의 요새 근처에 점술에 능한 한 노인이 살고 있었다.

　　어느 날 이 노인의 말이 오랑캐 땅으로 달아나 버렸다. 마을 사람들
이 이를 위로하자 노인은 조금도 걱정하는 기색 없이 태연하게, "누가
알겠소? 도리어 이 일이 복이 될지." 하고 말했다.

　　몇 달이 지난 어느 날, 달아났던 말이 오랑캐의 준말을 데리고 돌아
왔다. 마을 사람들이 이를 축하하자, "누가 알겠소? 이 일이 화가 될
지." 하고 조금도 기쁜 기색 없이 말했다.

　　그러던 어느 날, 말타기를 좋아하는 그의 아들이 오랑캐의 준마를 타
다가 낙마를 하여 절름발이가 되고 말았다. 마을 사람들이 이를 위로하
자 노인은 이번에도 슬픈 기색 없이 태연하게, "누가 알겠소? 이 일이
복이 될지." 하고 말했다.

　　그후 1년쯤 지나서 오랑캐가 쳐들어오자 마을의 젊은이들은 모두 전
쟁터로 나가 싸우다가 거의 죽게 되었다. 그러나 노인의 아들은 절름발
이였기 때문에 싸움터에 나가지 않아 무사했다고 한다.

塞	翁	之	馬	塞	翁	之	馬		

섬섬옥수 (纖纖玉手)

가냘프고 아름다운 여자의 손.

섭리음양 (燮理陰陽)

천지의 음양을 잘 조화한다는 뜻으로, 재상이 나라를 잘 다스림을 비유.

섭취불사 (攝取不捨)

부처님의 자비 광명은 고통받는 중생을 하나도 버리지 않고 모두 받아들여 제도한다는 뜻.

성공무덕 (聖供無德)

부처에게 공양을 하였으나 공덕이 없었다는 뜻으로, 남을 위하여 노력만 하고 얻은 것이 없다는 말.

성군작당 (成群作黨)

여러 사람이 모여 패를 지음.

성기상통 (聲氣相通)

① 소식이 서로 통함. ② 마음과 뜻이 서로 통함.

성덕군자 (成德君子)

덕이 매우 높은 사람. 덕을 쌓은 훌륭한 사람.

성부동형제 (姓不同兄弟)

비록 성은 다르나 형제와 같이 가까운 사이.

성쇠지리 (盛衰之理)

끊임없이 잇달아 도는 성쇠의 이치.

성수불루 (盛水不漏)

물이 가득 차 있어도 샐 틈이 없다는 뜻으로, 매우 정밀하다는말.

성유단수 (性猶湍水)

사람의 본성은 세차게 흐르는 여울의 물이 동쪽으로 또는 서쪽으로 흐를 수 있듯이 착하게도 되고 악하게도 됨을 이름.

선즉제인 先卽制人

先 먼저 **선**   卽 곧 **즉**   制 억제할 **제**   人 사람 **인**

선수를 치면 남을 제압할 수 있다는 말로, 선수를 쳐서 하면 유리하다는 뜻으로 쓰인다.

진시황 이후 계속되는 폭정에 항거해 각지에서 반란군이 봉기했다. 그 중에 회계군수(會稽郡守) 은통(殷通)이란 사람이 있었다.

어느 날 은통은 초나라 명장이었던 항량(項梁)을 불러 대사를 논의했다.

"이제 진(秦)나라는 국운이 다했소. 지금이야말로 진나라를 타도할 수 있는 절호의 기회인 듯하오. 선수를 치면 남을 제압할 수 있고, 뒤지면 남에게 제압당한다고 했소. 그래서 나는 그대와 환초(桓楚)를 장군으로 삼아 군사를 일으킬까 하오."

은통은 병법에 조예가 깊은 항량을 이용하여 출세의 실마리를 잡아 볼 속셈이었으나, 항량이 한수 위였다.

"그럼 우선 환초를 찾아야 하는데 그의 행방을 알고 있는 자는 제 조카 항우(項羽)뿐입니다."

사실 항량은 은통이 우유부단하여 대사를 의논할 상대가 안된다는 결론을 내려 항우에게 은통의 목을 치라고 했다. 이에 관원들은 항우의 용맹함에 지레 겁을 먹고 그들 스스로 그 휘하에 들어갔다. 항량과 항우가 은통에 앞서 선즉제인(先卽制人)을 실행한 것이다.

그 뒤 항량은 회계군수가 되었으나 싸움 중 전사하고, 뒤이어 회계군수가 된 항우는 훗날 유방과 더불어 진나라를 멸망시켰다.

先 卽 制 人 先 卽 制 人

성자필쇠 (盛者必衰)
번성한 후엔 반드시 쇠퇴한다는 뜻.

성하염열 (盛夏炎熱)
한여름의 매우 심한 더위.

성호사서 (城狐社鼠)
임금 옆에 있는 간사한 신하를 이름.

성화독촉 (星火督促)
(별똥이 떨어지듯이) 몹시 다급하게 재촉함.

세강속말 (世降俗末)
세상이 그릇되어 풍속이 매우 어지러움.

세궁역진 (勢窮力盡)
기세가 다 꺾이고 힘이 빠짐. 기진맥진하여 몸을 꼼짝할 수 없음.

세균역적 (勢均力適)
세력과 힘이 서로 균등하고 알맞음.

세란식충신 (世亂識忠臣)
난리를 당해야 비로소 충신인지를 알 수 있다는 말.

세리지교 (勢利之交)
권세와 이익을 위하여 맺는 교제.

세무십년 (勢無十年)
세도가 10년을 가지 못한다는 뜻으로, 사람의 권세와 영화는 오래지 않아 떨어지고 마는 법이라 하는 말.

세여파죽 (勢如破竹)
기세가 매우 맹렬하여 대항할 만한 적이 없다는 뜻.

세월부대인 (歲月不待人)
세월은 물과 같아 한번 가면 다시 오지 않으므로 광음(光陰)을 아끼라고 경계하는 말.

성하지맹 城下之盟

城 성 성　下 아래 하　之 갈 지　盟 맹세 맹

적에게 수도의 성 밑까지 침공을 당하고 맺는 맹약으로,
대단히 굴욕적인 강화(講和)를 말한다.

환공(桓公) 12년 초나라가 교(繡)나라로 쳐들어가 성의 남문에 진을 쳤다. 그러나 교나라 군이 성을 굳게 지키고 있어 공격이 쉽게 이루어지지 않았다.

그때 막오(莫敖)라는 벼슬에 있던 굴하(屈瑕)가 환공에게 한가지 계책을 냈다.

"교나라 사람들은 도량이 좁고 경솔합니다. 사람이 경솔하면 또한 생각하고 염려하는 것이 부족합니다. 땔나무를 하는 인부들에게 호위병을 딸리지 않은 채 내보내어 이것을 미끼로 삼아 그들을 유인하는 것이 어떻겠습니까?"

굴하의 계책에 따라 나무하는 인부들을 호위병 없이 내보냈다. 교나라 사람들은 예상한 대로 성문을 열고 나와 산 속에 있는 초나라 인부들을 사로잡아 갔다.

이튿날 더 많은 인부를 내보냈다. 교나라 사람들은 어제 있었던 일에 재미를 붙여 성문을 열고 서로 앞을 다투어 산 속의 인부들을 쫓기에 바빴다. 이 틈을 이용해 산기슭에 매복하고 있던 초나라 군사들이 성의 북문을 점령했다.

성을 점령당한 교나라 군대는 결국 주객이 바뀌어 자기들의 성 아래에서 굴욕적인 조약을 맺게 되었다.

城	下	之	盟	城	下	之	盟			

세월여류 (歲月如流)

세월이 흐르는 물과 같다는 뜻으로, 세월의 지나감이 몹시 빠르다는 말.

세제기미 (世濟其美)

후대의 사람이 전대의 사람의 아름다움을 따라 이루는 것.

＊ **세한삼우 (歲寒三友)**

추위를 잘 견뎌내는 겨울철의 소나무·대나무·매화나무를 말함.

세한송백 (歲寒松柏)

소나무와 잣나무는 엄동에도 변색되지 않는다는 말로, 군자는 역경에 처하여도 절의를 변치 않는다는 비유.

소굴필유대신 (小屈必有大伸)

조금 몸을 굽히면 후에 반드시 크게 펼 날이 온다는 뜻.

소불간친 (疎不間親)

친하지 않은 사람이 친하게 사귀는 사람들의 사이를 방해하지 못한다는 말,

소불여의 (小不如意)

조금도 뜻과 같지 아니함. 조금도 뜻대로 되지 아니함.

소양지차 (霄壤之差)

하늘과 땅 사이라는 뜻으로, 곧 사물이 엄청나게 다름을 일컫는말.

소의간식 (宵衣旰食)

날이 밝기 전에 옷을 입고 해가 진 후에 식사를 한다는 뜻으로, 천자가 정사에 근로함을 이름.

소인궁사남 (小人窮斯濫)

덕이 없는 소인은 궁하면 죄를 범함.

소인지용 (小人之勇)

혈기에서 오는 소인의 용기.

소년이로 학난성 少年易老學難成

少 젊을 **소** 年 해 **년** 易 쉬울 **이** 老 늙을 **로**
學 배울 **학** 難 어려울 **난** 成 이룰 **성**

소년은 늙기 쉬우나 학문을 이루기는 어렵다는 말이다.

소년은 늙기 쉬우나 학문을 이루는 것은 어렵다.
한순간이라도 가볍게 여겨서는 안 된다.
연못가에 핀 봄풀이 꿈도 깨기 전에
계단 앞의 오동나무 잎이 벌써 가을을 알리는구나.

이 시는 송(宋)나라의 유학자 주희(朱熹)의 《주문공문집(朱文公文集)》
<권학문(勸學文)>이라는 시의 첫 구절이다.

少	年	易	老	學	難	成			

소장지우 (簫墻之憂)
한 내부에서 서로 다툰다는 뜻.

소중유검 (笑中有劍)
웃음 속에 칼이 있다는 뜻으로, 겉으로는 좋은 척하나 속으로는 무서운 독을 품고 있다. 즉 그 웃음을 지나치지 말고 음미해야 할것임을 이름.

소지무여 (掃地無餘)
쓸어낸 것처럼 전혀 없음.

＊ **소탐대실 (小貪大失)**
작은 것을 탐내다가 도리어 큰 것을 잃는다는 뜻.

소혼단장 (消魂斷腸)
근심과 설움으로 넋이 나가고 창자가 끊어지는 듯함.

속성속패 (速成速敗)
갑작스럽게 이루어진 것은 또 급히 결딴난다는 말.

속수무책 (束手無策)
손이 묶여 채찍을 쓸 수 없음을 뜻하는 것으로, 뻔히 보면서도 어찌할 수 없다는 말.

속신자결 (束身自潔)
몸단속을 잘하여 지조를 깨끗이 지킴.

속지고각 (束之高閣)
무용지물을 묶어서 선반 위에 올려둠을 이름.

손상익하 (損上益下)
윗사람에게 손해를 끼쳐서 아랫사람을 이롭게 한다는 말.

손여지언 (巽與之言)
남의 마음을 거스르지 않는 온화한 말.

＊ **송구영신 (送舊迎新)**
묵은 해를 보내고 새해를 맞는다는 말.

송양지인 宋襄之仁

宋 나라 이름 송 襄 도울 양 之 갈 지 仁 어질 인

송나라 양공(襄公)이 베푼 인정이라는 뜻으로,
너무 착하기만 하고 권도(權道)가 없음을 비유한 말이다.

춘추 시대, 약소국 중의 하나인 송(宋)나라 환공(桓公)이 세상을 떠났다. 그후 양공(襄公)은 패권의 야심을 품기 시작했다. 그는 제(齊)나라를 굴복시키고, 4년 후에는 송 · 제 · 초 세 나라의 맹주가 되었다.

그 이듬해, 양공은 초나라의 속국인 정(鄭)나라를 공격했다. 그러자 몇 달 후, 초나라는 정나라를 구원하기 위해 대군을 파병했다.

양공은 초나라 군사가 강을 건너오는 데도 공격을 하지 않았다. 이 광경을 본 재상 목이(目夷)가 앞으로 나와 말했다.

"적군은 우세하고 우리는 열세이니 정면으로 충돌을 해선 안됩니다. 적이 강을 건너기 전에 공격을 가해야 합니다."

그러나 양공은 목이의 말을 들으려 하지 않았다. 그 틈에 초나라 군대는 강을 건너와 전열을 가다듬었다. 여기서 다시 목이가 공격을 진언했으나 양공은 좀체로 공격 명령을 내리지 않았다.

결국 적의 싸울 태세가 완료된 다음에야 송나라 군은 공격을 가하기 시작했다. 결과는 참패였다. 양공 자신도 허벅지에 화살을 맞는 부상을 입었다. 양공을 비난하는 소리로 온 나라 안이 떠들썩했으나 양공은 자신의 잘못을 인정하려 들지 않았다.

"적이 곤란한 틈을 노려 공격하는 것은 군자가 취할 길이 아니다. 상대의 진형이 정비되지 않았는데 어찌 진격 명령을 내릴 수가 있단 말인가."

宋	襄	之	仁	宋	襄	之	仁				

송무백열 (松茂柏悅)

소나무가 무성해지면 잣나무가 기뻐한다는 뜻으로, 남이 잘되는 것을 기뻐한다는 말.

송백지조 (松柏之操)

엄동에도 시들지 않는 송백과 같이 절조가 굳음을 이름.

쇄문도주 (鎖門逃走)

문을 잠그고 남몰래 도망간다는 말.

수각황망 (手脚慌忙)

뜻밖의 일에 놀라고 당황해 어쩔 줄 모르고 쩔쩔맴.

수격즉한 (水激則旱)

물은 다른 물건에 닿아 격(激)하면 흐름이 급해진다는 말.

수고불망 (壽考不忘)

늙은 뒤에도 잊지 않는다는 뜻으로, 덕이 큼을 치사하는 말.

수광즉어유 (水廣則魚游)

물이 넓어야 고기가 논다는 말로, 사람이 인의를 널리 베풀 수 있어야 스스로 이로움을 얻게도 된다는 뜻.

수구여병 (守口如瓶)

입을 병마개 막듯이 봉함을 뜻하는 것으로, 언어에 신중을 기함을 이름.

---

* **수구초심 (首邱初心)**

여우는 죽을 때 자기가 살던 언덕 쪽으로 머리를 향한다는 뜻으로, ① 자기의 근본을 언제나 잊지 않는 것. ② 고향을 절실히 그리는 향수 등을 일컬음.

수도어행 (水到魚行)

물이 이르면 고기가 그 물 속을 다닌다는 뜻으로, 무슨 일이건 때가 되면 이루어진다는 뜻.

수석침류 漱石枕流

漱 이 닦을 **수**　石 돌 **석**　枕 베개 **침**　流 흐를 **류**

돌로 양치질을 하고 흐르는 물로 베개를 삼는다는 뜻으로,
남에게 지기 싫어서 억지를 씀을 비유한 말이다.

진(晉)나라 초기 풍익(馮翊) 태수를 지낸 손초(孫楚)가 젊었을 때의 일이다.

그 당시 사대부 사이에는 노장 사상이 유행해 은일(隱逸)을 구하는 경향이 강했고 세속적인 도의명분을 경시하여 노장의 천리를 논하는 것이 중시되었다. 이른바 청담(淸談)이 유행했다.

손초도 죽림칠현처럼 속세를 떠나 산림에 은거하기로 작정하고 친구인 왕제에게 흉중을 털어놓았다. 그런데 손초는 '돌을 베개 삼아 눕고 흐르는 물로 양치질하는 생활을 하고 싶다' 라고 해야 할 것을 거꾸로, '돌로 양치질하고 흐르는 물을 베개로 삼겠다' 라고 해버렸다.

"흐르는 물을 베개로 벨 수 있는가? 그리고 돌로 어떻게 양치질을 한단 말인가?"

하며 왕제가 웃으며 무슨 그런 실언을 하느냐고 하자, 자존심이 상한 손초는 이렇게 대답했다.

"흐르는 물을 베개로 한다는 것은 옛날의 은자인 허유(許由)와 같이 쓸데없는 말을 들었을 때 귀를 씻겠다는 말이고, 돌로 양치질한다는 것은 이를 깨끗이 닦겠다는 것일세."

漱	石	枕	流	漱	石	枕	流			

수망각란 (手忙脚亂)
손발을 바쁘게 움직임. 눈코 뜰 사이 없이 바쁘다는 말.

수면앙배 (晬面盎背)
윤택이 나는 얼굴과 탐스러운 등이라는 뜻으로, 덕성이 있어 보이는 사람의 생김새.

수명어천 (受命於天)
천명(天命)을 받았다는 뜻으로, 왕위에 오름을 이르는 말.

수목참천 (樹木參天)
수목이 하늘을 찌를 듯이 울창함을 이르는 말.

수무석권 (手無釋卷)
손에서 책을 놓을 때가 없다는 뜻으로, 늘 공부한다는 말.

수문수답 (隨問隨答)
묻는 대로 거침없이 대답함.

수복강녕 (壽福康寧)
오래도록 살고 행복하며 몸이 건강하고 평안함을 이름.

수불중불원 (雖不中不遠)
맞지는 않았으나 멀지 않다는 뜻으로, 대개 맞았다는 뜻.

수산복해 (壽山福海)
사람의 장수(長壽)를 축하하는 말.

수색만면 (愁色滿面)
근심스러운 빛이 얼굴에 가득 참.

수서양단 (首鼠兩端)
쥐가 쥐구멍에서 나올 때 단번에 나오지 못하고 머리를 내밀었다 들어갔다 살핀 뒤에야 나오는 것과 같이 결단성이 없어 무엇을할 때나 쭈뼛거리고 주저하여 쾌히 실행하지 못함을 이르는 말.

수성지업 (守成之業)
자손에게 뒤를 이어 이루게 하는 일.

*수어지교 水魚之交

水 물 수　魚 물고기 어　之 갈 지　交 사귈 교

물고기가 물을 떠나서는 살 수 없듯이, 떨어질래야 떨어질 수 없이
아주 가까운 사이를 말한다.

삼국 시대 시절, 유비에게는 관우와 장비 같은 용장은 있었으나 지략
이 뛰어난 모사(謀士)는 없어 확실한 근거지를 확보하지 못하고 있는 상
태였다.

그러던 중 유비는 삼고초려(三顧草廬)를 통해 제갈공명(諸葛孔明)이라는
당대의 모사를 자신의 군사로 맞이하게 되었다.

제갈공명은 형주(荊州)와 익주(益州)를 정벌하여 그곳을 근거지로 삼을
것, 그리고 서쪽과 남쪽의 이민족을 달래 후환을 없앨 것, 손권(孫權)과
결탁하여 조조를 고립시키고 기회를 엿보아 조조를 무찌를 것 등을 제
시하였다. 유비는 제갈공명의 의견에 전폭적인 신뢰를 보냈다. 날이 갈
수록 두 사람의 교분은 더욱 두터워져 갔다. 그러자 관우와 장비는 불만
을 품게 되었다. 자신들보다 나이 어린 제갈공명이 신임을 얻고 있다고
생각했기 때문이었다.

하루는 관우와 장비가 불만을 토로하자 유비는 그들을 위로하면서
말했다.

"내가 제갈공명을 얻은 것은 마치 물고기가 물을 만난 것과 같다. 즉
나와 제갈공명은 물과 물고기 같은 사이이니 더 이상 이 일에 대해 왈가
왈부하지 말아라."

水	魚	之	交	水	魚	之	交			

* **수수방관 (袖手傍觀)**

팔짱을 끼고 본다는 뜻으로, 어떤 일을 옆에서 그저 지켜만 보고 있음을 말함.

수신제가 (修身齊家)

마음과 몸을 닦고 집안을 다스리는 일.

수심가지인심난지 (水深可知人心難知)

물의 깊이는 알 수 있으나 사람의 속마음을 헤아리기는 어렵다는말.

수오지심 (羞惡之心)

자기의 옳지 못함을 부끄러워할 줄 알고 남의 착하지 못함을 미워하는 마음.

* **수원수구 (誰怨誰咎)**

누구를 원망하고 누구를 탓하랴 하는 뜻으로, 남을 원망하거나 탓할 것 없이 모두 내 탓이라는 말.

수유자기불여대시 (雖有鎡基不如待時)

훌륭한 지혜를 가졌다 하더라도 때가 오지 않으면 공명(功名)을 이룰 수 없다는 것.

수인사대천명 (修人事待天命)

사람이 제 할 일을 다하고 그 이상의 것은 하늘에 맡긴다는 뜻.

수적성천 (水積成川)

적은 물도 모이고 또 모이면 큰 냇물을 이루듯 작은 일도 차차 쌓이면 큰 성과를 거둘 수 있음을 비유한 말.

수적이어취 (水積而魚聚)

물이 모아져서 깊어지면 고기가 모여듦.

수즉다욕 (壽則多辱)

오래 살수록 그만큼 좋지 않은 일도 많이 겪는다는 말.

수욕정이풍부지 樹欲靜而風不止

樹 나무 수 欲 하고자 할 욕 靜 고요할 정
而 어조사 이 風 바람 풍 不 아니 부 止 그칠 지

나무는 고요하고 싶으나 바람이 자지 않는다는 뜻으로,
부모님께 효도를 하고 싶어도 이미 때가 늦어 돌아가시고 안 계심을 슬퍼하는 말이다.

공자가 어떤 나라를 유랑하던 때의 일이다.

하루는 구슬프게 울고 있는 사람을 만났다. 공자가 그 연유를 물어 보니 그 사람이 눈물을 훔치며 말했다.

"저는 세 가지 잘못을 저질렀습니다. 어렸을 때부터 학문을 좋아해 천하를 두루 돌아다니는 바람에 고향에 계신 부모님을 돌보지 못했습니다. 그런데 고향에 돌아와 보니 두 분 다 세상을 떠나셨습니다. 이것이 첫째 잘못입니다. 그리고 두 번째 잘못은 모시고 있던 군주가 제 충언을 조금도 귀담아 들어 주지 않기에 도망쳐 버리고 말았습니다. 세 번째 잘못은 오랫동안 사귀던 친구와 부득이한 사정으로 절교를 한 것입니다. 나무는 조용히 있고 싶어도 불어오는 바람이 멎지 않으니 뜻대로 되지 않습니다. 마찬가지로 자식이 부모를 봉양하려고 하나 이미 부모는 하늘 아래 안 계십니다. 그럴 생각으로 찾아가도 뵙지 못하는 것이 부모인 것입니다. 이제 저에게는 살아갈 의미가 없습니다."

그러더니 그는 마른 나무에 기대어 생을 마감하고 말았다.

공자는 깊은 감동을 받아 제자들에게 그 사나이의 이야기를 전했다.

樹	欲	靜	而	風	不	止			

수지성청 (水之性淸)

물의 성질은 맑음을 이름.

수탁즉무도미지어 (水濁則無掉尾之魚)

물이 더러운 곳에서는 꼬리를 흔들며 노는 고기가 없다는 말.

수학무조 (修學務早)

학문의 수행(修行)은 기억력이 왕성한 소년 시절에 해야 한다는뜻.

숙려단행 (熟慮斷行)

곰곰이 생각한 후에 마음먹고 실행함.

숙맥불변 (菽麥不辨)

콩과 보리는 모양이 크게 다른 데도 분간 못한다는 뜻으로, 어리석고 못난 사람을 이름.

숙속지문 (菽粟之文)

일반 사람들이 두루 알 수 있는 쉬운 글.

숙수지환 (菽水之歡)

콩죽과 물로써 연명하는 빈한한 처지에서도 부모에게 효도함을 이름.

순모첨동 (詢謀僉同)

여러 사람의 의견이 똑같음.

순풍미속 (淳風美俗)

인성이 두텁고 아름다운 풍속과 습관. 특히 부모에게 효도하고 형제 간에 우애가 있으며 부부가 화목한 풍속.

순환지리 (循環之理)

사물이 성하고 쇠하여짐이 서로 바뀌어 도는 이치.

승견책비 (乘堅策肥)

견고한 수레를 타고 살찐 말을 채찍질하는 것을 이름.

수적천석 水滴穿石

水 물 수 滴 물방울 적 穿 뚫을 천 石 돌 석

물방울도 쉴 새 없이 떨어지면 언젠가는 돌에 구멍을 뚫듯이,
작은 노력이라도 끈기 있게 계속하면 큰일을 이룰 수 있다는 말이다.

　북송 때 장괴애(張乖崖)라는 사람이 있었다. 하루는 그가 관아를 순찰하고 있는데, 말단 관리 한 사람이 황급히 창고 안에서 튀어 나왔다. 장괴애는 이를 수상히 여겨 그 사람을 불러 세웠다.

　조사해 보니 머리 두건 속에서 엽전 한 닢이 나왔다. 그를 추궁했더니 창고에서 훔쳐 낸 것으로 밝혀졌다. 장괴애는 그 자리에서 그를 체포해 태형이라는 엄한 벌을 내렸다.

　그랬더니 그 관리가 되레 목청을 높이며 소리쳤다.

　"겨우 엽전 한 닢을 훔친 것이 뭐 그리 큰 죄라고 이리 큰 벌을 내리시는 겁니까?"

　자신의 잘못을 뉘우치기는커녕 도리어 큰 소리를 치는 그의 방자한 태도에 화가 난 장괴애가 호통을 쳤다.

　"아직도 네 죄가 무언지 모르고 있구나. 넌 티끌 모아 태산이란 말도 못 들어보았느냐? 하루에 한 닢이면 천 일엔 천 닢이다. 물방울도 끊임없이 떨어지면 돌에 구멍을 뚫는다고 했다."

　말을 다 마친 장괴애는 돌단을 내려가 그 말단 관리의 목을 손수 베어 버렸다.

　이것은 당시 관원들이 상사를 무시하는 잘못된 풍조를 고치고자 한 행동이었다.

水	滴	穿	石	水	滴	穿	石			

승당입실 (升堂入室)
방에 들어가려면 마루를 지나야 간다는 뜻으로, 무슨 일이나다 그 순서가 있다는 말.

승두지리 (升斗之利)
얼마 되지 않는 이익.

승상기하 (承上起下)
앞의 문장을 받아서 뒤의 문장을 풀이하여 지어 나가는 일.

승승장구 (乘勝長驅)
싸움에 이긴 여세를 타서 냅다 몰아침.

승야월장 (乘夜越牆)
밤중에 남의 집의 담을 넘어 들어감.

승우독한서 (乘牛讀漢書)
소를 타고 길을 가며 책을 읽는다는 뜻으로, 독서에 여념이 없는 것을 이름.

시비곡직 (是非曲直)
옳고 그르고 굽고 곧음.

시사여귀 (視死如歸)
대절(大節)을 지키는 사람이 죽음을 조금도 두려워하지 않고 오히려 고향에 돌아가듯이 여긴다는 뜻.

시사여생 (視死如生)
죽음을 두려워하지 않는다는 뜻.

시시각각 (時時刻刻)
자꾸 시간이 흐름에 따라서 일각마다.

시시비비 (是是非非)
옳고 그름을 가리어 밝힘.

시약불견 (視若不見)
보고도 못 본 체함.

수주대토 守株待兔

守 지킬 수　株 그루터기 주　待 기다릴 대　兔 토끼 토

그루터기를 지키며 토끼가 나오기만을 기다린다는 뜻으로,
되지도 않는 일을 고집하는 융통성 없는 처사를 가리키거나
낡은 것만을 고집해 시대에 대응하는 능력이 없음을 말한다.

　　송(宋)나라에 농부 한 사람이 밭을 갈고 있었다. 여느 때와 마찬가지로 열심히 밭을 갈고 있는데 갑자기 토끼 한 마리가 풀숲에서 튀어나왔다. 그런데 급히 나오다가 밭 가운데 있는 그루터기에 머리를 들이받아 목이 부러져 그만 죽고 말았다.

　　농부는 일손을 멈추고 그 토끼를 주워들고는 몹시 기뻐했다. 집으로 돌아온 농부는 토끼를 잡아 맛있게 먹었다.

　　토끼를 아무 수고 없이 얻은 농부는 그 뒤로 농사일을 집어던진 채 매일 밭두둑에 앉아 토끼가 나타나기만을 기다렸다. 힘들게 농사를 짓느니보다는 가만히 앉아 토끼를 잡는 편이 훨씬 쉽다고 생각했기 때문이었다.

　　그러나 토끼는 두 번 다시 그곳에 나타나지 않았다. 그 사이 농부의 밭은 잡초만 무성하게 자랐다.

守	株	待	兔	守	株	待	兔				

시약초월 (視若楚越)

초나라와 월나라가 서로 보듯 한다는 뜻으로, 서로 멀리하고 돌아보지 아니함.

시종여일 (始終如一)

처음이나 끝이 한결 같음.

식려응심 (息慮凝心)

망념을 쉬고, 산란한 마음을 고요히 하여 한 곳에 모음.

식소사번 (食少事煩)

먹을 것은 적고 일은 많다는 뜻으로, 수고는 많이 하나 얻는 것이 적다는 뜻.

＊ **식자우환 (識字憂患)**

아는 것이 병이라고 박식함이 오히려 근심을 사게 됨.

신로심불로 (身老心不老)

몸은 늙었으나 마음은 젊었다는 뜻으로, 비록 나이가 많은 늙은이라 하더라도 마음은 젊은이 행세를 하고 싶어한다는 뜻.

＊ **신상필벌 (信賞必罰)**

상을 줄 만하면 틀림없이 상을 주고 벌을 줄 만한 데는 반드시 벌을 준다는 뜻.

＊ **신출귀몰 (神出鬼沒)**

귀신처럼 홀연히 나타났다가 홀연히 사라지는 것처럼, 자유자재로 출몰하여 그 변화를 알 수 없음.

심기일전 (心機一轉)

어떤 계기로 이제까지의 생각을 근본적으로 뒤바꿈.

심사숙고 (深思熟考)

깊이 생각하고 다시 곰곰이 생각함.

심산유곡 (深山幽谷)

깊은 산의 으슥한 골짜기.

수청무대어 水淸無大魚

水 물 수   淸 맑을 청   無 없을 무   大 큰 대   魚 물고기 어

물이 너무 맑으면 물고기가 살 수 없다는 뜻으로,
사람이 너무 엄격하면 그 곁에 사람들이 가까이 하지 않음을 비유한 말이다.

후한 시대에 《한서(漢書)》의 저자로 유명한 반고(班固)의 동생 반초 (班超)라는 인물이 있었다. 반초는 명제 때 큰 활약을 펼쳐 서쪽 오랑캐 50여 국을 복속시켜 한나라의 위세를 크게 떨쳤다. 그 공으로 서역 50 여 국을 감독하여 반란을 방지하는 서역도호(西域都護)에 임명되었다.

세월이 흘러 반초의 후임으로 임명된 임상(任尙)이라는 자가 인사차 그를 찾아왔다. 임상이 반초에게 서역을 감독, 다스리는 데 유의할 점에 대해 물었다.

"글쎄, 듣자니 자네는 성격이 너무 결백하다고 하더군. 원래 물이 너무 맑으면 큰 물고기가 살지 않는 법이라네. 정치도 이와 같은 원리지. 너무 엄하게 다스리면 따르는 자가 없네. 그러니 부디 사소한 일은 접어 두고 대범하게 다스리도록 하게."

반초의 평범한 조언에 실망한 임상은 그의 말을 귀담아 듣지 않고 소홀히 넘겨 버렸다. 임상은 자기 소신대로 강한 원칙을 세워 다스렸다.

그 결과, 서역의 여러 나라가 한나라를 배반해 반초가 고생하여 애쓴 노력이 모두 물거품이 되어 사라지고 말았다.

水 淸 無 大 魚 水 淸 無 大 魚

심성구지 (心誠求之)
마음을 다하여 정성껏 구함.

심원의마 (心猿意馬)
마음은 원숭이, 생각은 말로 차분하지 못한 마음을 뜻함.

십년지계 (十年之計)
십 년을 목표로 한 원대한 계획.

십독불여일사 (十讀不如一寫)
책을 열 번 읽더라도 정신을 차리지 않으면 곧 잊어버리게 되나, 한 번 쓰는 데는 정신을 차리게 되니 잊어버리지 않는다는 말.

십벌지목 (十伐之木)
열 번 찍어 안 넘어가는 나무가 없다는 말로, 아무리 마음이 굳은 사람도 여러 번 치근거리면 마음이 움직이게 된다는 뜻.

십생구사 (十生九死)
위태한 지경을 겨우 벗어남.

＊ 십시일반 (十匙一飯)
열 사람이 밥 한 술씩 보태면 한 사람 먹을 분량이 된다는 뜻으로, 여러 사람이 힘을 합하면 한 사람을 돕기가 쉽다는 뜻.

십양구목 (十羊九牧)
양 열 마리에 목자는 아홉 명이나 된다는 뜻으로, 국민에 비해 공무원이 많음을 비유하여 이르는 말.

십인수지부득찰일적 (十人守之不得察一賊)
열 사람이 지켜도 한 도둑을 못 막는다는 뜻으로, 훔치려고 마음먹은 사람을 막는다는 것은 어려움을 이름.

십전구도 (十顚九倒)
열 번 엎어지고 아홉 번 거꾸러졌다는 뜻으로, 많은 괴로움을 당했다는 뜻.

*순망치한 脣亡齒寒

脣 입술 순   亡 잃을 망   齒 이 치   寒 찰 한

입술이 없으면 이가 시리다는 뜻으로, 아주 친밀하고 이해 관계가 깊은
두 사람 중에 한 사람이 망하면 다른 사람도 또한 위험하게 됨을 이르는 말이다.

춘추 시대 초기, 진(晉)나라의 헌공(獻公)은 오래 전부터 괵(虢)나라를
정벌할 계획을 갖고 있었다. 그러나 그러기 위해서는 우(虞)나라를 지나
야만 했다. 그래서 많은 뇌물을 보내어 진나라와 우나라간의 형제의 우
의를 약속하며 길을 통과시켜 줄 것을 청했다.

이때 우공(虞公)은 이 제의를 수락하려 했다. 그러자 궁지기(宮之奇)라
는 현신(賢臣)이 이를 말리며 우공에게 간했다.

"괵나라와 우나라는 한 몸이나 다름없는 사이오라 괵이 망하면 우도
망할 것입니다. 속담에도 '덧방 나무와 수레는 서로 의지하고 입술이
없으면 이가 시리다' 고 하는 말이 있습니다. 바로 우와 괵을 두고 한 말
입니다. 원수라고도 할 수 있는 진나라 군사들이 우리나라를 통과하게
해서는 안됩니다."

그러나 제물에 눈이 먼 우공은 결국 진나라에게 길을 내주고 말았다.
그러자 궁지기는 자신에게 분명히 화가 미칠 것 같아 일가를 데리고 우
나라를 떠났다. 그때 그는 이런 말을 남겼다.

"진나라는 괵나라를 정복하고 나서 반드시 우나라를 정복할 것입니다."

얼마 지나지 않아 괵나라를 정벌하고 돌아가던 진나라 군사는 궁지
기 예언대로 우나라를 공략하고 우공을 포로로 잡아갔다.

脣	亡	齒	寒	脣	亡	齒	寒				

* **아전인수 (我田引水)**
자기 논에 물대기라는 뜻으로, 자신의 이익만을 생각함을 이름.

악목불음 (惡木不蔭)
나쁜 나무엔 그늘도 없다는 뜻으로, 좋지 못한 사람에게선 바랄 것이 아무것도 없다는 뜻.

악연실색 (愕然失色)
몹시 놀라 얼굴빛이 달라짐.

악인악과 (惡因惡果)
나쁜 일을 하면 반드시 나쁜 결과가 따른다는 말.

안감생심 (安敢生心)
감히 마음도 먹지 못함.

안거낙업 (安巨樂業)
편하게 살면서 즐거이 일함.

안불망위 (安不忘危)
편안한 가운데에서도 마음을 놓치 않고 늘 스스로 경계함.

안비막개 (眼鼻莫開)
눈코 뜰 새 없이 바쁘다는 말.

* **안빈낙도 (安貧樂道)**
가난한 가운데서도 즐거운 마음으로 도를 즐긴다는 말.

안중지인 (眼中之人)
정(情)든 사람. 눈앞에 있는 사람을 가리켜 말하기도 하고 또 눈 앞에 없어도 평생 사귄 사람을 가리키기도 함.

* **안하무인 (眼下無人)**
자기밖에 없는 듯이 교만하여 사람을 업신여긴다는 뜻.

암중방광 (暗中放光)
어둠 속에서도 빛이 비친다는 뜻으로, 뜻밖에 일이 잘 해결됨을이름.

안중지정 眼中之釘

眼 눈 안　中 가운데 중　之 갈 지　釘 못 정

눈에 박힌 못이란 뜻으로, 몹시 미워하고 보기 싫은 사람을 말한다.

　　당나라 말엽, 조재례(趙在禮)라는 악명 높은 탐관오리가 있었다. 그는 사리사욕에 눈이 멀어 착취한 재물을 상납하여 지방의 군정과 민정을 한손에 쥐게 되었다.

　　송주(宋州) 백성들은 그에게 재물을 착취당하자 그를 뼈에 사무치게 증오했다.

　　어느 날, 조재례가 영흥 땅으로 전임을 하게 되었다는 소식을 들은 백성들은 기뻐하며 이렇게 말했다.

　　"우리의 피를 빨아먹는 놈이 송주 땅을 떠나게 되었다니 이제 우린 살았네, 살았어. 마치 눈에 박힌 못이 빠진 것처럼 시원하네."

　　그러나 이 말이 조재례의 귀에 들어갈 줄이야. 이 말을 전해 들은 조재례는 벌컥 화를 내며 황제에게 송주에 그냥 남아 있게 해달라고 간청했다. 그의 간청을 황제가 들어 주자 그는 더욱 악랄한 방법으로 백성들에게 복수를 하리라 마음먹었다.

　　조재례는 세금 담당 관리들에게 '못을 뺀 세금'이라는 명목으로 한 가구당 일천 냥씩 더 거두라고 명령을 했다. 그리고 돈을 바치지 않는 사람들에게는 곤장을 치거나 감옥에 가두라는 엄명을 내렸다.

眼	中	之	釘	眼	中	之	釘			

앙천부지 (仰天俯地)
하늘을 우러러보고 땅을 굽어 봄.

애매모호 (曖昧模糊)
말이나 태도가 희미하고 분명치 않음.

애이불비 (哀而不悲)
슬프기는 하나 겉으로는 슬픔을 나타내지 않음.

애인이덕 (愛人以德)
사람을 사랑하려면 덕의(德義)로써 해야지 일시적이며 고식적이어서는 안 된다는 뜻.

야행피수 (夜行被繡)
수놓은 비단옷을 입고 밤길을 간다는 뜻으로, 공명이 세상에 드러나지 않아 아무 보람도 없음을 비유하여 이르는 말.

약석지언 (藥石之言)
사람을 훈계하는데 도움이 되는 말.

＊ **약육강식 (弱肉强食)**
약한 것은 강한 것에게 먹힌다는 말.

양공고심 (良工苦心)
기교가 능한 사람의 가슴속에는 고심이 많다는 말.

양약부지 (佯若不知)
알고도 모르는 체함.

양웅불구립 (兩雄不俱立)
두 영웅이 함께 설 수 없다는 뜻으로, 지도자는 한 사람이어야 한다는 말.

양자택일 (兩者擇一)
두 사람 또는 두 사물 중에서 하나를 골라잡음.

양질호피 (羊質虎皮)
제 본바탕은 좋지 못한 것이 겉만 그럴 듯하게 꾸밈을 이름.

암중모색 暗中摸索

暗 어두울 **암** 中 가운데 **중** 摸 더듬을 **모** 索 찾을 **색**

어둠 속에서 손을 더듬어 찾는다는 말로, 어림짐작으로 찾거나 추측한다는 말이다.

중국 역사상 유일한 여황제였던 측천무후(則天武后) 때 허경종(許敬宗)이라는 학자가 있었다. 그는 학문은 뛰어났으나 건망증이 심해 금세 만났던 사람조차 기억하지 못할 정도였다.

어느 날, 허경종의 친구가 그의 건망증을 비웃었다. 그러자 그는 이렇게 대답했다.

"자네처럼 평범한 사람의 얼굴이야 일일이 다 기억할 수 없지만, 조식(曹植)이나 사령운(謝靈運) 같은 문장의 대가들은 어둠 속에서 손으로 더듬어서라도 찾아낼 수 있네."

暗	中	摸	索	暗	中	摸	索				

양호상투 (兩虎相鬪)

① 두 마리의 호랑이가 서로 으르렁대는 것. ② 두 영웅 또는 두 나라가 싸우는 것의 비유.

양화구복 (禳禍求福)

재앙을 물리치고 복을 구함.

어두육미 (魚頭肉尾)

물고기는 대가리 쪽이 맛있고 짐승의 고기는 꼬리 쪽이 맛있다는 말.

어목연석 (魚目燕石)

어목(魚目)은 물고기의 눈, 연석(燕石)은 연산(燕山)의 돌로, 모두옥(玉)과 비슷함. 허위를 진실로, 현인(賢人)을 우인(愚人)으로 혼동하는 것을 비유.

어변성룡 (魚變成龍)

물고기가 변하여 용이 되었다는 뜻으로, 어릴 적에는 신통치 못하던 사람이 자란 후 훌륭하게 됨을 이름.

---

* **어불성설 (語不成說)**

말이 사리와 이치에 맞지 아니함.

어수지친 (魚水之親)

① 임금과 백성이 친밀한 것. ② 부부가 서로 사랑하는 것.

억강부약 (抑强扶弱)

강한 자를 누르고, 약한 자를 도와 주는 것.

억만지심 (億萬之心)

억만이나 되는 백성들이 마음이 각각 달라 한 사람도 나라를 위하는 마음이 없음을 이름.

억약부강 (抑弱扶强)

약한 자를 억누르고 강한 자를 붙잡아 도와 줌.

앙급지어 殃及池魚

殃 재앙 **앙**　及 미칠 **급**　池 못 **지**　魚 물고기 **어**

재앙이 뜻하지 않게 아무런 죄도 없는 연못의 고기들에게까지 미친다는 뜻으로,
이유 없이 엉뚱하게 화를 당하게 되는 것을 말한다.

춘추 시대 송(宋)나라 때 사마환(司馬桓)이란 사람이 매우 훌륭한 보주
(寶珠)를 가지고 있었는데, 죄를 짓자 재빨리 그 보주를 갖고 도망을 쳤
다. 그런데 사마환이 보주를 가지고 있다는 말을 들은 왕은 어떻게서든
그것을 손에 넣으려고 마음먹었다. 그래서 사람들을 시켜 사마환을 찾
아 보주를 숨긴 곳을 알아내도록 했다.

"아, 그 보주 말인가. 도망칠 때 연못 속에 던져 버렸지."

하고 사마환은 아주 냉정하게 말했다.

보주를 손에 넣고 싶었던 왕은, 사마환의 대답을 듣자 곧 신하들에게
명령을 내려 연못 속을 찾아보게 했다. 많은 사람들이 동원되어 연못 속
의 물을 퍼내었으나 끝끝내 보주의 모습은 보이지 않았다. 애꿎은 물고
기들만 죽게 된 것이다.

또 이런 이야기도 있다.

초나라 왕궁에서 기르고 있던 원숭이가 도망을 쳤다. 그래서 원숭이
를 잡으려고 사람들은 원숭이가 도망쳐 들어간 숲의 나무를 남김없이
모두 잘라 버려 숲의 자취는 사라져 버렸다.

또 언젠가 성문에 큰 불이 나자 옆에 있는 연못에서 물을 퍼 불을 끄
는 바람에 연못 속의 물이 말라 물고기가 모두 죽어 버렸다고 한다.

殃	及	池	魚	殃	及	池	魚				

억양반복 (抑揚反覆)

혹은 억누르고 혹은 찬양하기를 여러 번 뒤집음.

억하심정 (抑何心情)

대체 무슨 생각으로 그런 짓을 하는지 그 마음을 알 수 없다는 뜻.

언감생심 (焉敢生心)

감히 어찌 그런 마음을 품을 수 있으랴의 뜻.

언거언래 (言去言來)

여러 말이 서로 오고 감.

언비천리 (言飛千里)

말의 전하여짐이 매우 빠르고도 멀리 퍼진다는 뜻.

* **언어도단 (言語道斷)**

너무 엄청나게 사리에 멀거나 기가 막혀서 말로 나타내지 못함을 이르는 말.

* **언중유골 (言中有骨)**

말 속에 뼈가 있다는 말로, 예사로운 표현 속에 만만치 않은 뜻이 들었다는 말.

언즉시야 (言則是也)

말인즉 옳다는 뜻으로 말이 사리에 맞음.

엄목포작 (掩目捕雀)

무슨 일에나 성실을 다해서 해야지 얕은 수를 써서는 안된다는 말.

여광여취 (如狂如醉)

매우 기쁘거나 감격하여 미친 듯도 하고 취한 듯도 하다는 뜻으로, 이성을 잃은 것을 이르는 말.

여리박빙 (如履薄氷)

얇은 얼음을 밟는 것처럼 아주 위험한 상태.

*양두구육 羊頭狗肉

羊 양 양 頭 머리 두 狗 개 구 肉 고기 육

양의 머리를 걸어 놓고 개고기를 판다는 뜻으로, 겉과 속이 일치하지 않고
겉보기에는 그럴 듯하나 속은 변변치 않은 경우를 말한다.

춘추 시대 제(齊)나라 때의 일이다.

영공(靈公)은 궁중의 여인들에게 남자 옷을 입혀놓고 감상하는 별난
취미를 가지고 있었다. 궁중의 이 같은 풍습은 곧 백성들 사이에도 유행
되어 제나라에는 남장을 하는 여자들이 날로 늘어갔다. 이 말을 전해 들
은 영공은 천한 것들이 임금의 흉내를 낸다면서 이를 금하라는 영을 내
렸다. 그러나 그 유행은 좀처럼 수그러들지 않았다.

그 까닭을 이해할 수 없었던 영공이 안영(晏嬰)에게 물었다. 그러자 안
영는 이렇게 대답했다.

"폐하께서는 궁중의 여인들에게는 남장을 허용하시면서 궁 밖의 여
인들에게는 금지령을 내렸습니다. 이것은 양의 머리를 문에다 걸어놓
고 안에서는 개고기를 파는 것과 같습니다. 폐하께서는 어째서 궁중에
도 같은 금지령을 실시하지 않습니까? 만약 궁중에서 먼저 실시하시면
밖에서는 감히 남장을 하는 여자가 없게 될 것입니다."

이 말을 들은 영공은 궁중 여인들에게 남장 금지령을 내렸다. 그랬더
니 한 달이 채 못 되어 제나라에서는 남장한 여자가 사라지게 되었다.

羊	頭	狗	肉	羊	頭	狗	肉				

* **여반장 (如反掌)**
손바닥을 뒤집는 것처럼 매우 쉬운 일.

여발통치 (如拔痛齒)
앓던 이 빠진 것 같다는 뜻으로, 고민거리가 제거되어 시원함을 이름.

여세추이 (與世推移)
세상이 변하는 것처럼 따라서 변함.

여어실수 (如魚失水)
물고기가 물을 떠나서 잠시라도 생활할 수 없듯이 곤궁한 사람이 의탁할 곳이 없어 기가 막힌다는 말.

여유작작 (餘裕綽綽)
빠듯하지 않고 아주 넉넉함.

여읍여소 (如泣如笑)
우는 것 같기도 하고 웃는 것 같기도 함.

여인동락 (與人同樂)
다른 사람과 더불어 함께 즐김.

여일월쟁광 (與日月爭光)
도덕과 공적이 높아 일월의 빛과 대등하다는 것.

여족여수 (如足如手)
형제간의 정의가 두터움을 수족(手足)에다 비유한 말.

여좌침석 (如座針席)
바늘 방석에 앉은 것 같다는 뜻.

여중장부 (女中丈夫)
남자에 못지 않은 여자를 말함.

여진여퇴 (旅進旅退)
큰 무리를 따라 같이 움직인다는 뜻으로, 일정한 주견이 없이 여러 사람에게 부화(附和)하여 행동한다는 말.

*양상군자 梁上君子

梁 들보 **량**   上 위 **상**   君 임금 **군**   子 아들 **자**

대들보 위의 군자라는 뜻으로, 도둑을 일컫는 말이나 천장 위의 쥐를 말할 때도 쓴다.

후한 말엽, 진식(陳寔)이란 사람이 영천(穎川)에 현령으로 있을 때의 일이다. 그는 겸손하고 유순한 사람으로, 백성들의 고충을 잘 알며, 일을 하는데 공정했다.

그러던 어느 해 모진 흉년이 들어 백성들이 괴로움을 겪고 있을 때였다. 하루는 진식이 밤늦도록 흉년에서 백성들을 구제할 묘책을 찾느라 골몰하고 있는데 뭔가가 대들보 위에 웅크려 있는 것을 발견했다.

"무릇 사람은 스스로 노력하지 않으면 안 된다. 나쁜 짓을 하는 사람도 날 때부터 나쁜 것은 아니다. 행실이 습관이 되고, 습관이 본성이 되어 나쁜 짓을 하게 되었을 뿐이다. 지금 대들보 위의 군자도 그래서 나쁜 짓을 하게 되었으니 너희들도 습관을 잘 들이도록 해라."

진식의 말에 깜짝 놀란 도둑은 대들보 위에서 황급히 내려와 방바닥에 머리를 조아리며 사죄했다. 진식은 그를 물끄러미 보고 있다가 말하였다.

"자네의 생김새를 보니 나쁜 짓을 할 상은 아니네. 깊이 반성하여 나쁜 마음을 이겨낸다면 반드시 좋은 사람이 될 수 있을 걸세."

말을 마친 진식은 도둑에게 비단 두 필을 주어 돌려보냈다. 그 뒤로 진식이 관리하는 현에는 도둑의 그림자가 사라졌다.

梁	上	君	子	梁	上	君	子				

여측이심 (如廁二心)
사람의 마음이 곧은 것 같아 한마음처럼 보이나 실은 두 마음이라는 뜻.

여탈폐사 (與脫弊屣)
헌신짝 버리듯이 한다는 뜻으로, 아낌없이 버림을 이르는 말.

여필종부 (女必從夫)
아내는 반드시 그 지아비를 따라야 한다는 말.

역발산기개세 (力拔山氣蓋世)
≪사기(史記)≫에 나오는 항우(項羽)가 지은 시의 한 구절로, 힘은 강하고 위대하며 의기(意氣)는 일세(一世)를 덮을 만큼 왕성하다는 뜻.

역이지언 (逆耳之言)
귀에 거슬리는 말이라는 뜻으로, 신랄한 충고를 이르는 말.

역자교지 (易子敎之)
나의 자식과 남의 자식을 바꾸어서 교육함. 부자(父子)의 사이는 잘못을 꾸짖기 어렵다는 뜻.

역전불여봉년 (力田不如逢年)
힘을 다하여 농사를 지어도 일기가 순조롭지 못하면 오히려 풍년을 만난 것만 같지 못함을 이름.

역지개연 (易地皆然)
사람의 처지나 경우를 서로 바꾸어 놓으면 그 하는 것이 서로 같게 된다는 뜻.

* 역지사지 (易地思之)
처지를 바꾸어서 생각함.

역지우환 (易之憂患)
역경(易經)을 지은 이는 근심 걱정이 있다는 말.

양약고구 良藥苦口

良 좋을 량 藥 약 약 苦 쓸 고 口 입 구

좋은 약은 입에 쓰다는 뜻으로, 충언(忠言)은 귀에 거슬리나 자신에게는 이롭다는 말이다.

초나라의 항우보다 한나라의 유방이 한발 앞서 진나라의 수도인 함양(咸陽)을 점령했다.

유방은 진나라 궁전의 호화로움과 미인들에게 완전히 사로잡혀 정신을 차리지 못할 정도였다.

이런 유방의 마음을 알아차린 번쾌(樊噲)가 나서서 유방에게 간언했다.

"지금 이런 하찮은 것들에 마음을 빼앗길 때가 아닙니다. 앞으로의 상황이 불리한 듯하니 어서 이곳을 떠나십시오."

그러나 유방은 그의 충언을 귀담아 듣지 않았다. 이번에는 한 참모인 장량(張良)이 유방을 찾아갔다.

"진나라가 도리에 어긋나는 짓을 했기 때문에 이렇듯 진나라 영토를 점령할 수가 있었던 것입니다. 천하를 위해서 적을 제거했다면 백성들을 안정시키는 일이 급선무입니다. 그런데 진나라 땅으로 들어오자마자 환락에 젖는다면 저 호화로웠던 하(夏)나라 걸왕과 무엇이 다르겠습니까? 본디 충언은 귀에 거슬리나 행실에는 이롭고, 좋은 약은 입이 쓰나 병에 이롭다고 했습니다. 부디 제 진언을 들어 주십시오."

장량의 충언을 받아들인 유방은 미인과 보물들을 뒤로 한 채 다시 패상(覇上)으로 돌아가 적의 공격에 대비했다.

良	藥	苦	口	良	藥	苦	口		

연구세심 (年久歲深)

세월이 매우 오래됨.

연년세세 (年年歲歲)

매년을 강조한 말.

연년익수 (延年益壽)

나이를 많이 먹고 오래오래 사는 것을 이름.

연대지필 (椽大之筆)

서까래만한 큰 붓이라는 뜻으로, 뛰어난 대문장(大文章), 대논문(大論文) 등을 이르는 말.

연독지정 (吮犢之情)

자기 자녀에 대한 사랑이나 부하에 대한 사랑을 겸손하게 이르는 말.

연미지액 (燃眉之厄)

눈앞에 매우 급하게 닥친 액화. 곧 절박한 재액(災厄)을 비유하여 이르는 말.

연안대비 (燕雁代飛)

제비가 날아올 때는 기러기가 날아가고, 기러기가 올 때에는 제비가 날아가 각각 다른 방향으로 간다는 뜻으로, 인사(人事)가 서로 어긋남을 비유하여 이르는 말.

연연불망 (戀戀不忘)

사모하여 잊지 못함.

연옹지치 (吮癰舐痔)

종기의 고름을 빨고 치질 앓는 밑을 핥는다는 뜻으로, 남에게 천박하게 아첨하면서 부끄러운 줄 모른다는 뜻.

연운만리 (烟雲萬里)

길이 대단히 먼 것을 형용한 말.

양호유환 養虎遺患

養 기를 양 虎 호랑이 호 遺 남길 유 患 재앙 환

호랑이를 길렀다가 후에 그 호랑이에게 해를 입는다는 뜻으로,
화근을 길러 근심을 산다는 말이다.

진(秦)나라가 멸망하고 한(漢)나라 유방과 초(楚)나라 항우 사이에 천하 쟁탈전이 벌어졌는데, 몇 년을 싸워도 결판이 나지 않았다. 한번은 항우의 군대가 패하여 병사가 많이 줄어들고 군량도 대주지 못할 형편이 되었다. 그래서 항우는 유방과 상호 조약을 맺고 천하를 양분하여 서쪽은 한나라, 동쪽은 초나라 세력권으로 조약을 맺고 사로잡힌 유방의 부모 처자를 풀어 주었다. 그리고 약속대로 군대를 이끌고 동쪽으로 돌아갔다. 유방도 서쪽으로 떠날 준비를 하고 있는데 장량(張良)과 진평(陳平)이 배견하러 왔다.

그들은 유방에게 권고하여 말하길, "우리는 이미 온 천하의 절반 이상을 차지했고, 제후들 모두 우리 쪽으로 넘어 왔습니다. 지금 초나라 군대는 쇠약해지고 군량도 부족해 초나라를 멸망시킬 수 있는 절호의 기회입니다. 이 기회를 놓치지 말고 그들을 소탕해야 합니다. 지금 그들을 추격하지 않고 놓아 보낸다면 호랑이를 길러 스스로 후환을 남기는 결과가 될 것입니다."

유방은 그들의 말에 전적으로 동의하고 즉시 항우를 공격했다. 항우 군대는 우세한 유방의 군대에 밀려 남하했다. 그 결과 유방은 크게 승리를 거두고 항우는 해하에서 꼼짝 못하고 포위를 당해 스스로 목숨을 끊고 말았다.

養	虎	遺	患	養	虎	遺	患		

염량세태 (炎凉世態)

권세가 있을 때는 아첨하여 따르고 권세가 떨어지면 푸대접하는 세속의 인심을 이름.

염불위괴 (恬不爲愧)

옳지 않은 일을 하고도 부끄러워하는 기색이 조금도 없음.

영고성쇠 (榮枯盛衰)

사람의 일생이 성(盛)하기도 하고 쇠(衰)하기도 한다는 뜻.

영과이후진 (盈科而後進)

물이 흐를 때는 조금이라도 오목한 데가 있으면 우선 그곳을 가득 채우고 아래로 흘러감과 같이, 사람의 배움의 길도 속성으로 하고자 하지 말고 차츰차츰 처음부터 닦아야 한다는 말.

영만지구 (盈滿之咎)

차면 기운다는 이치로 만사가 다 이루어졌을 때에는 도리어 화를 가져옴을 이름.

영불출세 (永不出世)

집안에 들어박혀 영원히 세상에 나오지 않음.

영생불멸 (永生不滅)

영원히 살아서 없어지지 않음.

영용무쌍 (英勇無雙)

영웅적이고 용감하기가 비길 데 없음.

영웅미사심 (英雄未死心)

영웅이 그의 뜻을 이루지 못하고 중도에서 죽었으나 그 마음만은 죽지 않고 살아 있다는 뜻.

영웅호색 (英雄好色)

영웅은 여색을 좋아한다는 뜻.

영원무궁 (永遠無窮)

영원히 다함이 없음.

*어부지리 漁父之利

漁 고기잡을 **어**　父 아비 **부**　之 갈 **지**　利 이로울 **리**

**황새와 조개가 서로 다투다가 둘 다 어부에게 잡히고 만다는 고사에서,
쌍방이 싸우는 틈을 이용해서 제삼자가 애쓰지 않고 가로챈 이득을 말한다.**

　　전국 시대 때 연(燕)나라에 가뭄이 들자 조(趙)나라가 침략을 하려고
움직이고 있었다. 이를 알아챈 연나라의 소왕(蘇王)은 소대(蘇代)라는 신
하를 보내 조나라 왕을 설득하도록 했다.

　　조나라로 건너간 소대는 혜문왕을 설득했다.

　　"귀국으로 들어오면서 본 것인데, 냇가에 조개가 입을 벌리고 햇볕을
쬐고 있었습니다. 그때 황새가 날아와 그 조개의 살을 쪼았습니다. 깜짝
놀란 조개가 입을 꽉 다무는 바람에 황새는 부리를 물리고 말았습니다.
다급해진 황새가 조개에게 오늘도 내일도 비가 오지 않으면 너는 말라
죽을 수밖에 없다고 말했습니다. 그러자 조개도 지지 않고 내가 오늘도
내일도 네 주둥이를 놓아 주지 않으면 넌 말라죽을 거라고 말했습니다.
양쪽 모두 고집을 부리며 옥신각신하는 사이에 우연히 그곳을 지나가던
어부가 그것을 보고 힘 하나 안들이고 둘 다 잡아 버렸습니다. 지금 연
나라가 조개라면 조나라는 황새입니다. 공연히 두 나라가 싸워 피폐해
진다면 저 강대한 진나라가 어부가 되어 힘 하나 들이지 않고 두 나라를
집어삼킬 것입니다."

　　혜문왕은 고개를 끄덕이며 연나라 침공을 포기했다.

漁 父 之 利 漁 父 之 利

오동일엽 (梧桐一葉)

오동 한 닢을 보고 입추가 온 것을 안다는 말.

오두발광 (五斗發狂)

매우 방정맞게 날뛰는 짓.

* 오매불망 (寤寐不忘)

자나깨나 잊지 못함.

오불관언 (吾不關焉)

나는 그 일에 상관하지 아니함.

* 오비삼척 (吾鼻三尺)

내 코가 석 자라는 뜻으로, 내 문제의 해결에 여념이 없어 남의 일은 거들떠볼 시간도 없음을 이름.

* 오비이락 (烏飛梨落)

까마귀 날자 배 떨어진다는 뜻으로, 우연의 일치로 의심을 받게 됨을 이름.

* 오상고절 (傲霜孤節)

서릿발이 심한 속에서도 굴하지 않고 홀로 꿋꿋하게 지키는 절개의 뜻으로, 국화를 비유하여 이르는 말.

오우천월 (吳牛喘月)

오우가 더위를 두려워한 나머지 달을 보아도 해인 줄 알고 헐떡인다는 뜻으로, 지레짐작으로 조그만 일에도 겁을 먹고 걱정함을이름.

오운지진 (烏雲之陣)

까마귀가 흩어지는 것과 같고 구름이 모이는 것과 같이 집산(集散)이 그지없으며 변화가 많은 진법(陳法).

오유반포지효 (烏有反哺之孝)

까마귀 새끼가 자라서 그 어버이에게 먹이를 먹여 주는 일로, 자식이 부모의 은혜에 보답함을 이름.

엄이도령 掩耳盜鈴

掩 가릴 엄   耳 귀 이   盜 훔칠 도   鈴 방울 령

귀를 막고 방울을 훔친다는 뜻으로, 남들은 모두 자기의 잘못을 아는데
그것을 숨기고 남을 속이려고 함을 비유한 말이다.

진(晉)나라에서 벼슬을 하고 있던 범씨(范氏) 집안에는 귀중한 종(鐘)이
대대로 내려 오고 있었다.

그런데 범씨 집안의 가세가 기울어 여러모로 혼란한 지경에 이르렀다.

어느 날, 범씨 집안의 혼란한 틈을 타서 도둑이 범씨 집안으로 들어
갔다. 종을 훔치기 위해서였다. 그런데 종이 너무 무거워 도저히 훔쳐
갈 수가 없었다. 그때 갑자기 도둑의 머리를 스치고 지나가는 것이 있었
다. 종을 조각조각 내서 하나씩 가져다가 나중에 땜질을 하면 좋을 것
같았다.

도둑은 큰 망치로 종을 내리쳤다. 그러자 밤의 정적을 깨는 듯한 요
란한 소리가 울려 퍼졌다. 도둑은 혹시 다른 사람이 그 소리를 듣고 와
서 자기가 훔친 종을 빼앗아 갈지도 모른다는 생각에 얼른 자신의 귀를
두 손으로 감쌌다고 한다.

掩	耳	盜	鈴	掩	耳	盜	鈴				

오풍십우 (五風十雨)

닷새만에 바람이 불고 열흘만에 비가 온다는 뜻으로, 비바람이 적당히 때맞춰 있어 농사가 잘되게 한다는 뜻.

* **오합지졸 (烏合之卒)**

임시로 되는 대로 모집하여 교련(敎鍊) 없는 군졸(軍卒)을 뜻하므로, 수는 많으나 쓸모 없고 규율 없는 단체를 이름.

* **옥석구분 (玉石俱焚)**

옥과 돌이 함께 타버린다는 뜻으로, 선악의 구별 없이 모두 재앙을 받음.

옥오지애 (屋烏之愛)

사람이 귀여우면 그 사람의 집에 있는 까마귀까지 귀애한다는 뜻으로, 한번 혹하여 한 사람을 귀애하게 되면 모든 것이 다 좋게만 보인다는 뜻.

옥의옥식 (玉衣玉食)

아주 좋은 옷을 입고 맛있는 음식을 먹음, 또는 좋은 옷과 맛있는 음식.

온고지정 (溫故之情)

옛것을 살리고 생각하는 마음씨를 이름.

온의미반 (溫衣美飯)

따뜻한 의복을 입고 맛있는 음식을 먹는다는 뜻.

온청정성 (溫淸定省)

자식이 부모를 정성껏 모시는 예(禮).

옹리혜계 (甕裏醯雞)

옹기(甕器) 속의 작은 하루살이라는 뜻으로, 사람의 시야가 아주 협소한 것을 이름.

옹산화병 (甕算畵餠)

독장수 셈과 그림의 떡이라는 뜻으로 실속이 없음을 이르는 말.

*연목구어 緣木求魚

緣 좇을 연　木 나무 목　求 구할 구　魚 물고기 어

나무에 올라가 고기를 구하려 한다는 뜻으로,
도저히 불가능한 일을 굳이 하려 함을 비유할 때 쓰는 말이다.

　　제(齊)나라 선왕(宣王)이 춘추 시대의 제나라 환공(桓公)과 진(晉)나라 문공(文公)의 패업에 관해 맹자에게 의견을 구했다.

　　"폐하께서는 전쟁을 일으켜 군사와 백성이 목숨을 잃고, 또 이웃나라의 제후들과 원수가 되기를 원하십니까?"

　　맹자가 묻자 선왕은 자신에겐 대망이 있을 뿐이라고 말했다.

　　"그렇다면 폐하의 대망이란 무엇인지요?"

　　왕이 대답 대신 웃음을 보이자 맹자가 말했다.

　　"폐하의 대망이란 사방의 오랑캐들을 복종케 하려는 것이 아닌지요? 하지만 무력으로 천하를 통일하려는 것은 마치 나무에 올라가서 물고기를 잡으려는 것과 같습니다."

　　선왕은 이내 마음이 경건해져서 계속되는 맹자의 말에 귀를 기울였다.

　　"또한 나무에 올라가서 물고기를 구하지 못한다면 그뿐일 뿐, 뒤따르는 재난은 없습니다. 그러나 패도를 좇아 전쟁을 하다가 패하게 되면 결국엔 백성을 잃고 나라까지 잃는 빼앗기는 대 재난이 뒤따르게 됩니다."

　　하고 맹자는 말을 맺었다.

緣	木	求	魚	緣	木	求	魚			

와룡봉추 (臥龍鳳雛)

영웅이 아직 세상에 나오지 않음을 비유한 말.

와석종신 (臥席終身)

갑자기 죽지 않고 제 명을 다 살고 자리에 누워서 죽음.

와전 (瓦全)

옥(玉)이 못되고 기와가 되어 안전하게 남는다는 뜻으로, 아무 보람 없이 신명(身命)을 보전함.

와해토붕 (瓦解土崩)

기와가 깨어지고 흙이 무너진다는 말로, 사물이 크게 무너져 흩어지는 것을 이름.

완물상지 (玩物喪志)

사물을 가지고 노는데 정신이 팔려서 본래의 뜻을 잃어 버림을경계하여 이르는 말.

완호지물 (玩好之物)

신기하고 보기 좋은 물건.

왈가왈부 (曰可曰否)

어떤 일에 대하여 옳거니 옳지 않거니 하고 말함.

왜자간희 (矮子看戲)

난쟁이가 덩치 큰 사람들 틈에 끼어 구경을 한다는 뜻으로, 아무것도 모르면서 남을 따라하는 사람을 비유한 말.

외강내유 (外剛內柔)

겉으로는 강하게 보이나 속은 부드러움.

외유내강 (外柔內剛)

겉으로 보기에는 부드러우나 속은 곧고 강함.

요동시 (遼東豕)

요동의 돼지새끼를 뜻하는 것으로, 견문이 넓지 못한 사람이 신기하게 여기고 떠든 것이 실상은 흔히 있는 일일 경우에 하는 말.

*오리무중 五里霧中

五 다섯 **오**　里 마을 **리**　霧 안개 **무**　中 가운데 **중**

사방 5리에 걸친 깊은 안개 속이란 뜻으로, 깊은 안개 속에서 길을 찾기 어려운 것처럼 무슨 일에 대하여 전혀 알 길이 없음을 비유할 때 쓰는 말이다.

환관과 외척이 정권을 손아귀에 넣고 있던 후한 때 장해(張楷)라는 선비가 있었다. 장해는 학문이 매우 뛰어났으므로, 순제(順帝)가 여러 번 등용하기를 강요했으나 이런저런 이유를 대면서 거절했다.

전국 각지에서 학식이 높은 선비와 고관대작들이 앞다투어 장해의 휘하에 들어가려고 하여 그의 집 앞은 사람들로 늘 북적였다. 그러나 장해는 벼슬자리에 오르기를 꺼렸을 뿐만 아니라, 문하생들이 그를 따르는 것조차 싫어 깊은 산 속으로 들어가 은거해 버렸다. 그러자 학자들이 그를 좇아 따르니 그의 거처는 저잣거리처럼 붐볐다고 한다.

그런데 장해는 학문뿐 아니라, 도술에도 능하여 사방 5리 안의 지역을 안개로 완전히 뒤덮을 수 있는 오리무(五里霧)를 만들었다고 한다. 그 당시 관서 사람으로 배우(裴優)라는 사람도 방술(方術)을 써서 3리에 걸치는 안개를 일으켰는데, 장해가 오리무를 일으킨다는 소문을 듣고 그 재주를 배우려고 장해를 찾아왔으나 장해는 거절의 뜻으로, 오리무를 일으켜 모습을 감추었다고 한다.

五	里	霧	中	五	里	霧	中			

요유인흥 (妖由人興)

요사스러움은 사람의 양심을 잃었을 때 일어남을 이름.

요조숙녀 (窈窕淑女)

그윽하고 정숙하며 자태가 아름다운 여자.

욕곡봉타 (欲哭逢打)

울고 싶던 차에 매를 맞아서 운다는 뜻으로, 무엇을 하고 싶던 차에 좋은 핑계가 생겼다는 말.

욕교반졸 (欲巧反拙)

잘 만들려고 지나친 기교를 부리다가 오히려 졸렬한 결과를 보게되었다는 뜻으로, 너무 잘하려고 하면 오히려 잘 되지 않음. 또는 잘하려고 하는 일이 잘 안됨.

욕불가종 (欲不可從)

사람의 욕정은 한량이 없으므로 절제하지 않으면 재화(災禍)를 받는다는 뜻.

욕사무지 (欲死無地)

죽으려 해도 죽을 만한 땅이 없다는 뜻으로, 매우 분하고 원통함.

욕소필연 (欲燒筆硯)

남이 지은 문장을 보고 자신의 재주가 그에 미치지 못함을 탄식하는 말.

욕지래자찰왕 (欲知來者察往)

미래의 일을 알려면 과거의 일을 살펴야 한다는 것.

용맹정진 (勇猛精進)

심기(心氣)를 고무하여 일에 전력을 다하는 것.

용미봉탕 (龍味鳳湯)

아주 맛이 좋은 음식을 이르는 말.

용봉지자 (龍鳳之姿)

모습이 보통 사람보다 뛰어남을 이름.

오십보백보 五十步百步

五 다섯 **오** 十 열 **십** 步 걸음 **보** 百 일백 **백**

오십 보 도망친 사람이 백 보 도망친 사람을 비웃는다는 말로,
정도의 차이는 있으나 본질적으로는 같다는 뜻이다.

　양(梁)나라 혜왕(惠王)은 진(秦)나라의 압박을 견디지 못해 도읍을 대량
으로 옮겼다. 그 무렵 맹자가 찾아오자 혜왕이 물었다.

　"나는 선생의 가르침에 따라 백성을 소중히 여겼습니다. 그러나 생각
보다 강한 나라가 되지는 않았습니다. 선생의 도덕 정치라는 것은 실제
로 조금도 도움이 되지 않았습니다."

　이 말을 받아 맹자가 대답했다.

　"한창 전쟁이 벌어지고 있는데, 적군의 기세에 기가 질린 한 병사가
갑옷과 투구를 벗어 던지고 창을 끌면서 정신없이 도망을 쳤다고 합시
다. 그리고 백 보쯤 가서 섰습니다. 그러자 뒤따라 도망쳤던 병사가 오
십 보에서 멈춰 서더니 백 보를 도망친 놈에게 겁쟁이라며 비웃었습니
다. 폐하께서는 이 이야기를 어떻게 생각하십니까?"

　"오십 보를 도망친 놈이나 백 보를 도망친 놈이나 도망치긴 마찬가지
아니오?"

　"그러한 이치를 아신다면 답은 나온 셈입니다. 폐하께서 백성을 소중
히 여기는 목적이 인의(仁義)를 바탕으로 한 도덕 정치와 상관없이 부국
강병만을 꾀해 왔다면, 역시 부국강병만을 꾀해 온 이웃나라와 다른 점
이 무엇이겠습니까?"

　맹자의 말에 혜왕은 아무런 말도 하지 못했다.

五	十	步	百	步	五	十	步	百	步

용사비등 (龍蛇飛騰)
용과 뱀이 날아오르는 것처럼 글씨가 힘참.

용지불갈 (用之不渴)
아무리 써도 없어지지 않음.

용추지지 (用錐指地)
조그마한 지식으로 큰 도리(道理)를 궁구(窮究)하는 비유.

용필침웅 (用筆沈雄)
그림이나 글씨의 운필(運筆)이 무게가 있고 박력 있음.

용행호보 (龍行虎步)
용이 가는 것이나 호랑이가 걷는 것이 같다는 뜻으로, 귀인의 상(相)을 이름.

우도할계 (牛刀割鷄)
소 잡는 게 쓰는 칼로 닭 잡는 데 쓴다는 뜻으로, 작은 일을 하는데 큰 기구를 씀을 이름.

우문현답 (愚問賢答)
어리석은 질문에 대한 현명한 대답.

우수마발 (牛溲馬勃)
쇠오줌과 말똥이라는 뜻으로, 대수롭지 않은 물건을 말함.

우심여취 (憂心如醉)
시름하여 마음이 술에 취한 것처럼 흐리멍덩함.

우여곡절 (迂餘曲折)
뒤얽힌 복잡한 사정.

우유부단 (優柔不斷)
유약해서 딱 잘라 결단을 내리지 못함.

* **우이독경 (牛耳讀經)**
쇠귀에 경을 읽는다는 뜻으로, 무슨 말을 하여도 도무지 알아듣지 못하는 경우에 이르는 말.

*오월동주 吳越同舟

吳 오나라 오   越 나라 이름 월   同 한가지 동   舟 배 주

적국인 오나라와 월나라가 같은 배를 타고 있다는 말로,
서로 적의를 품은 자들이 같은 처지나 한 자리에 놓임을 가리키거나,
서로 반목하면서도 공통의 곤란이나 이해에 대해서 협력하는 일을 비유한 말이다.

춘추 시대 오(吳)나라의 손무(孫武)가 쓴 ≪손자병법(孫子兵法)≫에 이런 문장이 나온다.

"병(兵)을 쓰는 법에는 아홉 가지의 지(九地)가 있는데, 마지막 것인 사지(死地)는 죽음을 각오한 최후의 격전지가 되는 곳이다. 이곳에서는 앞에는 강적이 버티고, 뒤로는 물러설 수 없는 절벽이나 길이 없기 때문에 필사적으로 싸워 승리를 쟁취하는 것 말고는 살아남을 길이 없다. 오나라 사람과 월나라 사람은 원수지간이지만 같은 배를 타고 가다가 풍랑을 만나게 되면 평소의 적개심을 버리고 서로 왼손과 오른손처럼 필사적으로 돕는다."

吳	越	同	舟	吳	越	同	舟				

우자일득 (愚者一得)

어리석은 사람도 때에 따라 좋은 고안을 낸다는 것.

우행순추 (禹行舜趨)

겉으로만 우(禹)나 순(舜) 같은 성인의 흉내를 냄.

우후죽순 (雨後竹筍)

비 온 뒤에 죽순이 나듯, 어떤 일이 한꺼번에 많이 생겨남을 뜻함.

욱욱청청 (郁郁靑靑)

향기가 높고 수목이 우거져 푸른 모양.

운권천청 (雲捲天晴)

① 구름이 걷히고 하늘이 맑게 갬. ② 병이나 근심이 깨끗이 사라짐.

---

* **운니지차 (雲泥之差)**

서로의 차이가 썩 심함. 또는 썩 심한 차이를 이르는 말.

운룡풍호 (雲龍風虎)

용은 구름을 좇고 범은 바람을 따른다는 뜻으로, 의기와 기질이 서로 맞음. 또는 성주(聖主)가 현명한 신하를 얻음을 비유.

운산무소 (雲散霧消)

구름이 흩어지고 안개가 사라진다는 뜻으로, 걱정이나 근심 등이 깨끗이 사라짐을 이르는 말.

운산조몰 (雲散鳥沒)

구름처럼 어느새 흩어지고 새처럼 자취없이 사라짐.

운심월성 (雲心月性)

구름 같은 마음과 달 같은 성품. 곧 맑고 깨끗하여 욕심이 없음의 비유.

운야산야 (雲耶山耶)

먼 곳을 바라보며 산인지 구름인지 분별 못하여 의심하는 것.

*오합지중 鳥合之衆

鳥 까마귀 **오**　合 합할 **합**　之 갈 **지**　衆 무리 **중**

까마귀가 모인 것같이 질서가 없고 힘없는 무리들을 일컫는다.

　　전한 말, 왕랑(王郞)은 한나라의 황태자인 유자여를 사칭하여 군사를
일으켰다. 천하가 혼란에 빠지자 훗날 후한의 시조가 된 유수(劉秀)는 군
대를 이끌고 왕랑 일파를 정벌하고자 나섰다.

　　그러던 차에 하북성의 상곡 태수 경황(耿況)은 예전부터 유수의 인격
을 흠모해 오던 터라, 아들인 경감에게 군사를 주고는 유수의 휘하로 보
내기로 했다. 경감은 영민하고 사려가 깊을 뿐만 아니라, 병법을 좋아했
기 때문에 아주 기뻐하며 유수의 휘하로 달려갔다.

　　그런데 행군을 하던 중에 경감의 부하인 손창(孫倉)과 위포(衛包)가 갑
자기 행군을 거부하며 왕랑을 두둔하고 나섰다.

　　"유자여는 성제의 아들로 한 왕조의 올바른 혈통을 이어받은 분인데,
왜 그를 치려고 하는 겁니까?"

　　경감은 화가 치밀어 두 사람을 앞으로 끌어낸 뒤 말했다.

　　"왕랑이란 본래 이름도 없는 도둑인데 유자여라고 황태자의 이름을
사칭하여 난을 일으킨 것이다. 내가 유수의 정예군과 합류해서 오합지
중인 왕랑의 군사를 친다면 썩은 나무를 쓰러뜨리는 것과 같아 왕랑을
포로로 잡게 될 것이다. 너희들이 그런 사리도 모르고 적과 한패가 된다
면 곧 패망해서 일족이 멸망을 당하리라."

　　그러나 두 사람은 결국 왕랑에게로 도망쳤으나 경감은 뒤쫓지 않았
다. 그들 역시 오합지중에 불과하다고 생각했기 때문이다.

鳥	合	之	衆	鳥	合	之	衆			

운연과안 (雲煙過眼)
구름과 연기(煙氣)가 순식간에 눈앞을 스쳐가고 오래 머무르지 않음과 같이 한때의 쾌락을 오래 마음에 두지 않는다는 뜻.

운예지망 (雲霓之望)
구름과 무지개를 바란다는 뜻으로, 날이 심히 가물 때 비를 바란다 함이니, 무엇을 간절히 바랄 경우에 쓰는 말.

운우지락 (雲雨之樂)
남녀 사이에 육체적으로 관계하는 즐거움.

운증용변 (雲蒸龍變)
물이 증발하여 구름이 되고 뱀이 변하여 용이 되어 하늘로 오른다는 뜻으로, 영웅호걸이 기회를 얻어 일어남을 비유.

운집무산 (雲集霧散)
많은 것이 모이고 또 흩어짐을 이름.

운합무집 (雲合霧集)
많은 것이 일시(一時)에 모임.

울울창창 (鬱鬱蒼蒼)
나무가 매우 푸르고 울창함.

원교근공 (遠交近攻)
먼 나라와는 친히 지내고 가까운 나라를 공격한다는 뜻.

원규지진 (元規之塵)
내 마음에 못마땅하게 생각하는 타인의 행위(行爲)를 이름. 원규(元規)는 진(晉)나라 유양(庾亮)의 자(字).

원비지세 (猿臂之勢)
군대의 진퇴(進退)와 공수(攻守)를 자유자재로 하는 것.

원수불구근화 (遠水不救近火)
먼 곳에 있는 것은 급할 때 아무 소용이 없다는 뜻.

온고지신 溫故知新

溫 익힐 온   故 옛 고   知 알 지   新 새로울 신

옛것을 익혀서 새것을 안다는 말로, 옛것을 익힘으로써
그것을 통하여 새로운 지식과 도리를 발견하게 된다는 뜻이다.

《논어(論語)》 <위정편(爲政篇)>에서 공자는 이렇게 말했다.

"옛것을 익혀 새것을 알면 능히 남의 스승이 될 수 있다."

옛것을 올바로 이해하지 못하면 현재의 새로운 상황을 정확하게 파악할 수 없고, 그렇게 되면 앞으로 닥쳐올 사태에 대해 올바른 판단을 하지 못한다는 뜻이다. 이 온고지신의 온(溫)에 대해서는 여러 가지 해석으로 풀이되고 있다.

정현(鄭玄)은 심온(燖溫)과 같다고 했는데 여기서 심(燖)이란 고기를 뜨거운 물 속에 넣어 따뜻하게 하는 것을 말한다. 즉 옛것을 배워 가슴속을 따뜻하게 품은 상태를 일컫는 것이다.

주자(朱子)는 심역(尋繹)하는 것이라고 했다. 곧 찾아서 연구한다는 뜻이다.

한편 《예기(禮記)》에는 이런 글이 실려 있다.

"기문지학(記問之學)으로는 남의 스승이 되기에 부족하다."

단순히 책을 외우기만 하고, 제대로 이해를 하지 못한 학문으로는 남의 스승이 될 자격이 없다는 말이다.

溫	故	知	新	溫	故	知	新		

원앙지계 (鴛鴦之契)

원앙새는 암수가 서로 떨어지지 않고 지내는 새로, 부부가 서로 화락함을 비유하여 이르는 말.

원입골수 (怨入骨髓)

원한이 골수에 사무친다는 뜻.

원전활탈 (圓轉滑脫)

말을 하거나 일을 처리하는데 모나지 않고, 여러 가지 수단을 써서 원만하게 난국을 헤쳐나감.

원화소복 (遠禍召福)

화를 멀리하고, 복을 불러들임.

월만즉휴 (月滿則虧)

사람의 권세나 영화는 달이 차면 기울 듯 잠깐 있다가 꿈같이 사라지는 것.

월반지사 (越畔之思)

자기 직무를 완수하고 타인의 직권(職權)을 침범하지 않으려고 근신하는 생각.

월시진척 (越視秦瘠)

월(越)나라가 진(秦)나라 땅이 메마름을 상관치 않듯이 남의 환난을 돌보지 않는 태도를 이르는 말.

월영즉식 (月盈則食)

한 번 흥하면 한 번은 망한다는 뜻.

월태화용 (月態花容)

달과 같은 자태와 꽃과 같은 얼굴 생김새라는 뜻으로, 아름다운여인의 모습.

월하노인 (月下老人)

혼인을 중매한다고 하는 전설상의 노인. 남녀의 인연을 맺어 주는 사람.

*와각지쟁 蝸角之爭

蝸 달팽이 와　角 뿔 각　之 갈 지　爭 다툴 쟁

달팽이 더듬이 위에서의 싸움이라는 뜻으로,
대세에는 아무런 영향을 끼치지 않는 쓸데없는 싸움을 비유하기도 하고,
또한 인간 세계가 보잘것없이 작음을 비유한 말로 쓰이기도 한다.

　양나라 혜왕(惠王)과 제나라 위왕(威王)은 상호 우호 조약을 체결했다.
그러나 위왕이 일방적으로 조약을 깨자, 화가 난 혜왕이 제나라에 대한
응징책을 논의했으나 그 의견이 분분했다. 그때 혜왕은 재상 혜자(惠子)
가 추천한 대진인(戴晉人)이라는 사람에게 의견을 물었다. 대진인은 혜
왕에게 이렇게 말했다.

　"폐하, 달팽이라는 미물의 왼쪽 촉각에는 촉씨(觸氏)라는 자가, 오른
쪽 촉각에는 만씨(蠻氏)라는 자가 각각 나라를 세우고 영토 싸움을 되풀
이하고 있었는데 전사자만 해도 수만 명에 이르렀고 도망치는 적을 15
일 동안이나 추격한 끝에 전쟁을 멈추었다고 합니다."

　"무슨 농담을 그렇게 하는가?"

　"폐하께서는 이 우주의 사방 상하에 끝이 있다고 생각하십니까?"

　"끝이 없다고 생각하오."

　"그럼 그 끝없는 우주에서 노니는 자가 땅 위의 나라들을 굽어 본다
면 아무리 큰 나라일지라도 티끌 같은 존재에 불과하다고 생각하지 않
을까요? 그런 티끌 같은 나라들과 무엇이 얼마나 다르겠습니까?"

　혜왕은 대진인의 말에 아무런 말도 잇지 못했다고 한다.

蝸	角	之	爭	蝸	角	之	爭		

위기일발 (危機一髮)

베틀에 낀 터럭 하나와 같은 위험한 순간으로, 조금도 마음을 놓을 수 없는 위급한 순간.

위선최락 (爲善最樂)

선한 일을 하는 것은 인생 최대의 낙(樂)임을 이름.

위약조로 (危若朝露)

위태롭기가 아침 해에 곧 마를 이슬과 같다는 뜻으로, 사람의 운명이 무상함을 비유하여 이르는 말.

위여누란 (危如累卵)

알을 쌓아둔 것과 같은 위태로움. 아주 위태로운 상태를 이름.

위연탄식 (喟然歎息)

한숨을 쉬며 크게 탄식함.

위이불맹 (威而不猛)

위엄(威嚴)은 있으나 결코 난폭(亂暴)하지 않음.

* 위편삼절 (韋編三絕)

옛날에 공자(孔子)가 주역을 너무 여러 번 읽었으므로 그 책을 맸던 가죽끈이 세 번이나 끊어졌다는 것에서 유래한 고사로서, 열심히 공부한다는 뜻.

유각양춘 (有脚陽春)

은혜를 베푸는 것이 마치 봄이 만물을 따뜻하게 함과 같은 사람을 비유한 말.

유구무언 (有口無言)

입은 있으나 말이 없다는 뜻으로, 무엇이라고 변명할 말이 없다는 뜻.

유능제강 (柔能制剛)

부드러운 것이 강한 것을 능히 이김이니 너그럽고 부드럽게 하는 것이 딱딱하고 매섭게 하는 것보다 효과적이라는 말.

와신상담 臥薪嘗膽

臥 누울 **와**　薪 땔나무 **신**　嘗 맛볼 **상**　膽 쓸개 **담**

나무 위에서 잠을 자고 쓸개를 핥는다는 뜻으로, 원수를 갚으려고
괴롭고 어려움을 참고 견디며 심신을 단련함을 비유한 말이다.

　　춘추 시대, 오(吳)나라 왕 합려(闔閭)는 월(越)나라 왕 구천(句踐)과의 싸
움에서 대패하고 적의 화살에 손가락을 맞아 상처를 입었는데 패주하는
바람에 치료를 받지 못하여 목숨을 잃고 말았다. 합려는 반드시 월나라
에 복수하여 자신의 분함을 풀어달라고 아들인 부차(夫差)에게 유언을
했다. 아버지의 뒤를 이어 오나라 왕이 된 부차는 굳은 결의로 밤마다
나무 위에서 잠을 자며 복수심을 불태웠다.

　　그 사실을 알게 된 구천은 양신(良臣)인 범려(范蠡)의 간언에도 불구하
고 기선을 잡아 오나라를 치려고 군사를 일으켰다. 이리하여 양군은 오
(吳)나라의 부초산(否椒山)에서 격돌하였는데 월나라가 대패하고, 구천은
오나라의 신하가 된다는 조건으로 항복을 했다. 구천에게 항복을 받은
오나라 왕 부차는 구천을 용서했다.

　　구천은 오나라의 속령이 된 고국으로 돌아온 뒤 부차가 장작 위에 누
워 망부(亡父)의 유언을 되새기듯, 곁에 쓸개를 놓아두고 앉으나 서나 항
상 그 쓴 맛을 맛보며 '패전의 치욕'을 되새기며 복수심을 키워갔다. 구
천이 오나라에게 항복한 지 12년쯤 지났을 무렵, 구천은 오나라로 공격
하여 오나라를 크게 격파하였다. 치욕을 설욕한 구천이 부차를 귀양 보
내려 하자 부차는 스스로 목을 매어 자살하였다.

臥	薪	嘗	膽	臥	薪	嘗	膽		

유래지풍 (由來之風)
예로부터 전해 오는 풍속.

유만부동 (類萬不同)
모든 것이 서로 같지 않다는 말.

---

* **유명무실 (有名無實)**
이름만 있고 실상은 없음.

유방백세 (流芳百世)
꽃다운 이름이 후세에 길이 전함.

유상무상 (有象無象)
① 우주간에 존재하는 모든 물체를 이르는 말. ② 어중이 떠중이.

유수도식 (遊手徒食)
아무 일을 하지 않고 빈둥빈둥 놀며 먹음.

유시무종 (有始無終)
처음이 있고 끝이 없다는 뜻으로, 시작한 일의 끝을 맺지 않음.

유시유종 (有始有終)
처음이 있고 끝이 있다는 뜻으로, 시작한 일을 끝까지 함.

유아독존 (唯我獨尊)
우주 가운데 자기보다 존귀한 존재는 없다는 뜻으로, 자기 인격의 존엄함을 이르는 말.

유아지탄 (由我之歎)
나로 말미암아 남에게 해가 미친 것을 걱정한다는 뜻.

---

* **유야무야 (有耶無耶)**
① 있는지 없는지 흐리멍덩한 모양. ② 흐지부지한 모양.

유어출청 (遊魚出聽)
거문고 소리의 묘함에 이끌려서 물고기까지 올라와 듣는다는 뜻으로, 예기(藝技)가 뛰어날 때 칭찬하는 말.

완벽귀조 完璧歸趙

完 완전할 완　璧 도리옥 벽　歸 돌아올 귀　趙 뛰어날 조

흠이 없는 구슬 또는 구슬을 온전히 보전한다는 뜻으로, 티끌만큼의 결점도 없는
완전한 상태나 빌어온 물건을 온전히 되돌려 주는 것을 말한다.

조(趙)나라의 혜문왕(惠文王)이 초나라의 보물인 화씨(和氏)의 구슬로
불리는 명옥을 손에 넣게 되었다. 그러자 소문을 전해 들은 진나라 소양
왕(昭襄王)은 15개 성과 화씨지벽(和氏之璧)을 맞바꾸자고 제의했다. 만약
제의를 거절하면 당장 쳐들어올 것이므로 혜문왕은 난감하게 되었
다. 이때 인상여(藺相如)라는 자가 나서서 이 임무를 자신에게 맡겨 주면
차질없이 완수하고 돌아오겠다고 말했다.

이리하여 인상여는 소양왕을 알현하고 화씨지벽을 바쳤으나, 소양왕
은 애초의 약속에 대해서는 입에 담지 않았다. 약속이 깨졌음을 알아차
린 인상여가 왕 앞으로 나아가 말했다.

"그 구슬에는 흠집이 있습니다. 잠시 제게 주십시오."

소양왕으로부터 구슬을 건네받은 인상여는 구슬을 들고 재빨리 기둥
옆으로 가서는 만약 약속을 지키지 않으면 구슬을 기둥에 대고 자기 목
숨이 다할 때까지 머리를 박아 부숴 버리겠다고 말했다.

소양왕은 구슬이 깨질까 겁이나 우선 인상여를 숙소로 돌려보냈는
데, 인상여는 그 틈을 이용해 구슬을 조나라로 보내 버렸다.

이 사실을 안 소양왕은 인상여를 죽이려고 하였으나, 신의 없는 군왕
이라는 비난을 받을까 두려워 인상여를 돌려 보냈다. 이리하여 화씨지
벽은 온전한 구슬로 되돌아 왔다.

完	璧	歸	趙	完	璧	歸	趙		

유우지병 (幽憂之病)
마음에 맺힌 것이 있어 쉽사리 감상적(感傷的)으로 되는 병.

유유낙낙 (唯唯諾諾)
명령하는 말에 대하여 언제든지 공손하게 응낙함을 이름.

---

* **유유상종 (類類相從)**
같은 무리끼리 서로 내왕하며 사귐.

---

* **유유자적 (悠悠自適)**
속세를 떠나 아무 속박 없이 자기하고 싶은 대로 조용하고 편안히 생활을 하는 일.

유의막수 (有意莫遂)
뜻은 간절하여도 마음대로 되지 못함.

유주무량 (有酒無量)
술을 얼마든지 마실 정도로 주량이 큼.

유주지탄 (遺珠之歎)
훌륭한 인재를 등용하지 못하여 한탄함.

유취만년 (遺臭萬年)
나쁜 이름을 후세에 오래도록 남김.

유필유방 (遊必有方)
자식은 부모가 생존해 계실 때는 그 슬하에서 모셔야 하며 비록 유학을 할지라도 반드시 일정한 곳에 머물러야 한다는 뜻.

육도풍월 (肉跳風月)
글자를 잘못 써서 알아보기 어렵고 가치가 없는 한시(漢詩).

육탈골립 (肉脫骨立)
몸에 살이 빠져 뼈만 남도록 마름.

율기제행 (律己制行)
자신의 마음을 단속하고 행동을 삼감.

요원지화 燎原之火

燎 탈 요 原 들 원 之 갈 지 火 불 화

무서운 형세로 타 나가는 벌판의 불이란 뜻으로,
세력이 대단해서 막을 수 없음을 비유한다.

은(殷)나라 탕왕의 10대 손인 반경(盤庚)이 황하의 수해를 피하기 위해
수도를 옮기면서 관직에 있는 사람들을 타이르기 위해 쓴 글인 ≪반경
(盤庚)≫에 있는 말이다.

"그대들은 어찌하여 내게 알리지도 않고 서로 어울려 뜬소문을 퍼뜨
리면서 백성들을 공포 속으로 몰아넣고 있느냐! 벌판에 불이 붙게 되면
가까이 다가갈 수도 없는데 어떻게 그 불을 끌 수 있겠느냐? 이는 곧
너희들이 스스로 불안을 만들어 낸 것이므로 내게 허물이 있는 것은 아
니다."

燎	原	之	火	燎	原	之	火			

은거방언 (隱居放言)
속세를 피하여 혼자 지내면서 품고 있는 생각을 거리낌없이 말함.

은산덕해 (恩山德海)
산처럼 높고 바다와 같이 크고 넓은 은혜.

----

* **은인자중 (隱忍自重)**
마음 속으로 괴로움을 감추며 몸가짐을 신중히 함.

음마투전 (飮馬投錢)
말에게 물을 마시게 할 때 먼저 돈을 물 속에 던져서 물값을 갚는다는
뜻으로, 결백한 행실을 이름.

음미도달 (吟味到達)
빈틈없이 생각하면서 목적하는 바에 이름.

음풍농월 (吟風弄月)
맑은 바람과 밝은 달을 노래함.

읍읍불락 (悒悒不樂)
마음이 몹시 불쾌하고 답답하여 즐겁지 않음.

읍혈 (泣血)
소리를 내지 않고 욺.

의금경의 (衣錦褧衣)
비단옷을 입고 그 위에 또 홑옷을 입는다는 뜻으로, 군자가 미덕이 있
으나 이를 자랑하지 않음을 비유한 말.

의금지영 (衣錦之榮)
입신출세하여 고향에 돌아가는 영광.

의동일실 (義同一室)
한 집안 식구처럼 정이 두터움.

의려지정 (倚閭之情)
자녀가 돌아오기를 초조하게 기다리는 어머니의 마음.

*용두사미 龍頭蛇尾

龍 용 룡　頭 머리 두　蛇 뱀 사　尾 꼬리 미

용의 머리와 뱀의 꼬리란 뜻으로, 처음은 왕성하나 끝이 부진함을 비유한 말이다.

진존자(陳尊者)는 목주 사람으로 용흥사(龍興寺)란 절에 살고 있었다. 그는 후에 절에서 나와 각지로 떠돌며 짚신을 삼아서 길 가는 나그네들이 주워 신도록 길바닥에 던져 놓았다고 한다.

진존자가 늙었을 때의 일이다. 길에서 어떤 스님을 만나 서로 말을 주고받는데 어느 대목에 이르러 스님이 화를 내며, "에잇!" 하고 소리를 지르는 것이었다. 그러자 "허허, 야단 맞았군." 하고 진존자가 상대를 바라보자 스님은 또다시, "에잇!" 하고 그를 꾸짖는 것이었다. 그 스님은 겉으로 보기에는 제법 도를 닦은 도승처럼 보였다. 그러나 진존자는 '이 중이 얼핏 보기엔 그럴듯하게 보이기는 하나 진정한 도를 깨우치지는 못한 것 같군. 모르긴 해도 한낱 용의 머리에 뱀의 꼬리이기 쉬울 것 같군' 하고 생각했다.

그래서 진존자는 이렇게 물었다.

"스님은 지금 에잇! 에잇! 하며 위세 당당하게 저를 꾸짖지만 앞으로 서너 번 더 꾸짖다가 나중에는 무슨 말로 그 마무리를 지을 생각인지요?"

그러자 엉터리 스님은 아무 말도 못했다. 마무리지을 만한 말을 생각해 놓지 않았기 때문이었다. 결국 그 스님은 처음에는 기세 등등했으나 나중에는 뱀의 꼬리를 내보이고 말았던 것이다.

龍	頭	蛇	尾	龍	頭	蛇	尾				

의마가대 (倚馬可待)
빠르게 잘 짓는 남의 글재주를 부러워함.

의마지재 (倚馬之才)
글을 지음이 민첩한 것을 비유한 말.

의미심장 (意味深長)
말이나 글의 뜻이 매우 깊음.

의식족즉지영욕 (衣食足則知榮辱)
의식이 풍족하여 생활이 안정되어야만 도덕과 예절을 알게 된다는 뜻.

의심생암귀 (疑心生暗鬼)
의심을 하면 없던 귀신이 만들어진다는 뜻으로, 마음 속에 의심이 생기면 온갖 망상이 일어나 정확한 판단을 흐리게 한다는 말.

의외지사 (意外之事)
뜻밖에 일어난 일. 생각지 않은 일.

의중지인 (意中之人)
① 마음 속에 새겨져 잊을 수 없는 사람. ② 마음 속으로 지목한 사람.

의중지인 (義重之人)
의리심이 두텁고, 말과 행동이 의젓한 사람.

이겸차안 (以鎌遮眼)
낫으로 눈을 가린다는 뜻.

이고위감 (以古爲鑑)
옛것을 거울로 삼는다는 뜻.

이공보공 (以空補空)
제 자리에 있는 것으로 제 자리를 때운다는 뜻으로, 이 세상에는 공것이나 또는 거저 생기는 이득이 아무것도 없다는 뜻. 제 살로 제 때우기.

*우공이산 愚公移山

愚 어리석을 **우**　公 어른 **공**　移 옮길 **이**　山 뫼 **산**

우공이 산을 옮긴다는 뜻으로, 꾸준히 노력하면 어떤 일이라도
반드시 이룰 수 있음을 비유한 말이다.

옛날, 나이가 90세가 넘은 우공(愚公)이라는 노인이 살았다. 큰 산이
집 앞뒤를 가로막고 있어 어디를 가나 여간 불편한 것이 아니었다.

어느 날 우공은 가족을 불러서 이야기했다.

"저 두 산을 다른 곳으로 옮겨야겠다. 너희들 생각은 어떠냐?"

모두 찬성했으나 그의 아내만은 머리를 저었다.

"아니 영감, 우리가 살면 얼마를 산다고, 또 무슨 힘으로 저 큰 산을
옮긴단 말이우? 또 파낸 흙은 어디다 버릴 거유?"

"바다에 버리면 되지."

우공은 아들과 손자를 동원해 바위를 깨고 흙을 파고 토사를 삼태기
에 담아 바다에 갖다 버리기 시작했다. 그러나 바다까지 한 번 갔다 오
는데 꼬박 1년이 걸렸다. 그걸 본 지수(知叟)라는 친구가 우공이 드디어
노망이 들었다며 비웃자 우공이 말했다.

"내가 죽으면 내 아들이 하고 내 아들이 죽으면 내 손자가 할 걸세.
또 내 손자가 죽으면 증손자가 할 테고 말이야. 대대로 산을 깎아 바다
에 버리면 아무리 큰 산일지라도 언젠가는 옮겨질 게 아닌가?"

지수는 친구의 말을 듣고 할말이 없었다.

천제는 우공의 열의에 감동되어 두 신에게 명해 산을 먼 곳으로 옮겨
놓게 했다고 한다.

愚	公	移	山	愚	公	移	山			

이군삭거 (離群索居)

군(群)은 동문(同門)의 벗이고, 삭(索)은 흩어지는 것. 즉 친구들과 떨어져서 외롭게 사는 것을 이름.

이금심도 (以琴心挑)

그리워하는 마음을 거문고 소리에 나타내어 여자의 마음을 움직임.

이덕보원 (以德報怨)

원수에게 은혜를 베푸는 것을 이름.

이락치심 (以樂治心)

아름다운 음악으로 괴로운 마음을 달랜다는 뜻.

이란투석 (以卵投石)

계란으로 돌을 친다는 뜻으로, 아무리 하여도 소용없는 일을 비유한 말.

이로동귀 (異路同歸)

가는 길은 다르되 도달하는 곳은 같다는 뜻으로, 방법은 다르되 귀착점(歸着点)은 같다는 말.

이모상마 (以毛相馬)

다만 털을 보아 말의 좋고 나쁨을 분간하듯이, ① 외모만 보고 그참 실력을 보지 않음을 이름. ② 사람을 보되 그 실력을 보지 않고다만 그 하는 말이 그럴 듯함을 취한다는 뜻.

이모지년 (二毛之年)

센 털이 나기 시작하는 나이란 말로 서른 두 살을 가리킴.

이몽가몽 (移夢假夢)

꿈인지 생시인지 의식이 똑똑하지 않은 모양.

이문목견 (耳聞目見)

귀로 듣고 눈으로 봄. 곧 실지로 경험함.

우화등선 羽化登仙

羽 깃 우 化 화할 화 登 오를 등 仙 신선 선

껍질을 벗고 날개를 달아 하늘로 올라가 신선이 된다는 뜻으로,
세상의 혼란함에서 벗어난다는 말이다.

송나라 때의 문인이자 정치가인 소동파(蘇東坡)는 주로 양자강의 명승지인 적벽에서 노닐었다. 그가 귀양살이를 한 곳도 바로 적벽 근처였다.

그는 시와 글씨에 뛰어나 당송8대가의 한 사람으로 꼽혔으며, 그의 작품인 ≪적벽부(赤壁賦)≫는 불후의 명작으로 평가받고 있다. ≪적벽부(赤壁賦)≫에 이런 구절이 나온다.

"임술년 가을 7月 16日. 소자(소동파 자신을 가리킴)는 손과 함께 배를 띄워 적벽 아래에서 놀고 있었다. 맑은 바람이 조용히 불어와서 물결마저 잊지 않았다. 손을 들어 술을 권하며 명월의 시를 읊고 노래를 불렀다. 조금 있으니 달이 동산 위에 떠올라 별 사이를 거쳐가고 있었다. 흰 이슬이 강에 내린 듯 물빛은 하늘에 닿아 있었다. 갈대 같은 작은 배에 내맡겨 만파의 아득한 물 위로 거침없이 떠간다. 훨훨 허공에 떠 바람을 타고 그칠 바를 모르 듯, 홀쩍 세상을 버리고 홀몸이 되어 날개를 달고 신선이 되어 하늘로 오를 것만 같다."

改 過 遷 善 改 過 遷 善

이발지시 (已發之矢)
이미 쏜 화살이니 중지할 수 없는 형편이라는 뜻.

이사위한 (以死爲限)
죽음을 각오하고서 일을 한다는 말.

이석추호 (利析秋毫)
이(利)에 대해서는 매우 작은 것이라도 따진다는 뜻.

이세동조 (異世同調)
때는 다르되 가락은 같다는 뜻으로, 사람의 세상은 고금(古今)이나 다름이 없다는 뜻.

이식위천 (以食爲天)
식물(食物)은 사람이 살아가는 데 근본이 되는 것이라는 뜻.

이실직고 (以實直告)
있는 사실을 바른 대로 고한다는 말.

이역부득 (移易不得)
달리 변통할 수 없음.

＊ **이열치열 (以熱治熱)**
열은 열로써 다스린다는 뜻으로, 힘은 힘으로 물리친다는 말.

이오전오 (以誤傳誤)
헛소문이 꼬리를 물고 번져 간다는 뜻.

이율배반 (二律背反)
서로 모순되는 두 명제가 꼭 같은 근거를 내세우며 정당하다고 주장되는 일.

이이제이 (以夷制夷)
오랑캐를 시켜서 오랑캐를 누른다는 말.

이인위감 (以人爲鑑)
남의 득실을 거울삼아 자신을 경계하는 것.

월조대포 越俎代庖

越 넘을 **월**　俎 제기 **조**　代 대신할 **대**　庖 숙수 **포**

자신의 직분을 넘어 타인의 권한을 침해하는 것을 말한다. 즉 주제넘은 참견을 뜻한다.

중국의 천자인 요임금은 인품이 고결한 은자 허유(許由)에게 이렇게 말했다.

"이미 해와 달이 높이 떴으니 등불은 필요 없소. 부디 나를 대신해 군주가 되어 주시오."

그러나 허유는 요임금의 청을 거절하며 말했다.

"지금 전하께서 잘 다스리고 계시므로 제가 대신할 필요는 없다고 생각합니다. 그런데도 제가 굳이 나선다면 오로지 명분을 위해 나서는 것밖에는 되지 않습니다. 명분이란 사실의 부수물에 지나지 않습니다. 제가 부수물을 위해 천하를 맡아야 하겠습니까? 저는 천하 따위는 아무흥미도 없거니와 제겐 쓸모도 없습니다. 요리사가 서투르다고 해서 제사 담당관이 자기의 직분을 넘어서 요리사의 일까지 간섭해서는 안 될것입니다. 마찬가지로 제가 전하의 직무를 대신할 수는 없으며 설사 대신한다 해도 잘될 리 만무할 것입니다."

허유는 말을 마친 뒤 냇가로 내려가 귀를 씻고는 깊은 산 속으로 들어가 다시는 나오려고 하지 않았다.

越	俎	代	庖	越	俎	代	庖			

이인투어 (以蚓投魚)
미물인 지렁이라도 물고기가 좋아하듯, 보잘것없는 것이라도 다쓸모가 있다는 말.

이지기사 (頤指氣使)
턱으로 가리켜 시키고 기색(氣色)으로 부린다는 뜻으로, 사람을자유로이 부림을 비유하여 이르는 말.

이지측해 (以指測海)
손가락으로 바다의 깊이를 잰다는 뜻으로, 양(量)을 모르는 어리석음을 이름.

이차전령 (以次傳令)
처음부터 차례 차례로 전함.

이체동심 (異體同心)
몸은 각각이나 마음은 한가지임.

이포역포 (以暴易暴)
횡포한 사람으로 횡포한 사람을 바꿈. 곧 바꾸기 전과 바꾼 후의사람이 똑같이 횡포하다는 뜻.

이풍역속 (移風易俗)
풍속을 개량하여 세상을 좋게 함.

이하조리 (以蝦釣鯉)
새우 미끼로 잉어를 낚는다는 뜻.

이현령비현령 (耳懸鈴鼻懸鈴)
귀에 걸면 귀고리, 코에 걸면 코고리라는 뜻으로, 붙이기에 따라이렇게도 저렇게도 될 수 있다는 말.

이호미 (履虎尾)
사태가 위험한 것을 비유.

이화설 (梨花雪)
배꽃의 하얗고 깨끗함을 이름.

월하빙인 月下氷人

月 달 월　下 아래 하　氷 얼음 빙　人 사람 인

월하로(月下老)와 빙상인(氷上人)이란 말을 합친 약어로,
남녀의 연분을 맺어 주는 중매인이란 뜻으로 쓰이고 있다.

　　당나라 때 위고(韋固)라는 청년이 이곳저곳 여행을 하며 돌아다니던
중 송성(宋城)이란 곳에 도착했다. 밤이 되어 거처를 마련해 놓고 밖으로
나와 달빛 아래를 한가롭게 거닐다가 무심코 길모퉁이에서 걸음을 멈추었
다. 한 노인이 땅바닥에 앉아 열심히 책을 뒤적이고 있었기 때문이었다.
위고는 곁으로 다가가 무슨 책이냐고 물었다.

　　그 노인이 대답했다.

　　"남녀의 혼인에 관한 책이라오."

　　위고는 노인의 가방 밖으로 비어져 나와 있는 홍실을 보고는 그 실을
어디에 사용하는지 물었다. 그러자 노인이 대답했다.

　　"이것은 부부의 연을 맺어 주는 끈이라네. 한번 묶이면 아무리 멀리
떨어져 있더라도 또 어떤 원수지간이라도 반드시 부부가 되지."

　　위고는 신기해서 자기 신붓감은 어디에 있느냐고 물었다. 그러자 노
인은 마침 옆을 지나가던 노파 등에 업힌 여자아이를 가리키며, '장차
15년 후에 당신 아내가 될 것이오' 라고 하는 것이었다.

　　15년이 지난 후, 위고는 태수의 딸과 혼인을 했다. 위고가 아내의 가
족에 대해 물어보자, 아내가 대답했다.

　　"저는 태수의 양녀인데, 친아버지가 일찍 돌아가셔서 그 동안 늙은
유모가 저를 키워 주었습니다."

月 下 氷 人 月 下 氷 人

이효상효 (以孝像孝)
효성이 지극한 나머지 어버이의 죽음을 너무 슬퍼하여 병이 나거나
죽음.

익자삼우 (益者三友)
사귀어 보탬이 되는 친구가 세 가지 있음을 이름. 곧 정직한 사람, 신의
있는 사람, 학식이 있는 사람을 이르는 말.

인거피도 (引車避道)
길가는 도중에 귀인을 만났을 때 공경하여 길을 피해 줌.

인걸지령 (人傑地靈)
인걸은 영검 있는 땅에서 난다는 말.

인고부지족 (人苦不知足)
사람은 물질에 만족치 못하는 것을 괴롭게 여긴다는 뜻.

---

* **인과응보 (因果應報)**
좋은 일에는 좋은 결과가, 나쁜 일에는 나쁜 결과가 따름.

인구전파 (因口傳播)
말이 이 사람의 입에서 저 사람의 입으로 전해 퍼짐.

인급계생 (人急計生)
다급하면 무슨 계책이 생긴다는 말.

인기아취 (人棄我取)
다른 사람이 버리는 것을 나는 거두어 씀.

인마낙역 (人馬絡繹)
인마(人馬)의 왕래가 잦아 잇따라 있다는 뜻으로, 번화한 곳을 비유하
여 이르는 말.

인망위진 (認妄爲眞)
거짓을 참으로 앎.

인면수심 (人面獸心)
허울은 좋으나 속마음이 음흉한 사람을 이르는 말.

*유비무환 有備無患

有 있을 유   備 예비 비   無 없을 무   患 근심 환

사전에 미리 준비해 두면 뒷걱정을 할 필요가 전혀 없다는 말이다.

≪춘추좌씨전(春秋左氏傳)≫에 이런 이야기가 기록되어 있다.

춘추 시대에 많은 나라들이 연합하여 정나라를 공격하였다. 정나라는 이 연합군을 감당해 낼 힘이 없어서 진나라에 구원군을 요청했다. 진나라의 도움으로 정나라는 다른 나라들과 평화 협정을 맺었다. 진나라의 도움에 감사하며 정나라는 그에 대한 감사의 뜻으로 수많은 값진 보물과 미희들을 선물로 보내 주었다.

진나라의 진도공은 받은 것의 일부를 공로 있는 대신 위강에게 보내어 전시에서의 고달픔을 일시나마 달래어 주고자 하였으나, 위강은 완강히 거절하면서 이렇게 말했다.

"평화롭게 지낼 때에는 항상 위태로움을 생각하여야 하고, 위태로움을 생각하게 되면 항상 준비를 해야 하며, 충분히 준비가 되어 있으면 근심과 재난이 없을 것입니다."

이 말을 들은 진도공은 위강의 말이 옳다고 생각하여 그 의견을 받아들였다.

有	備	無	患	有	備	無	患				

인명재천 (人命在天)

사람이 살고 죽는 것이나 오래 살고 못 살고 하는 것은 다 하늘에 달려 있으니 사람으로서는 어찌할 수 없다는 말.

인모난측 (人謀難測)

간사한 사람의 못된 계책은 추측하기 어려움.

인무불령 (隣巫不靈)

이웃집 무당 영험하지 않다는 뜻으로, 가까이서 그 실체를 보면 보통과 다름이 없으나 눈에 보이지 않으면 신비하게 여길 수 있음을 이름.

인비목석 (人非木石)

사람은 모두 희로애락의 감정을 가지고 있으며, 목석과 같이 무정하지 않다는 것.

인비인 (人非人)

사람이면서 사람이 아니란 뜻으로, 인도를 벗어난 사람을 이르는말.

인사개관정(人事蓋棺定)

사람의 평이란 그가 죽어 보아야 안다는 말.

인사불상 (人事不祥)

사람으로서 세 가지의 부실한 일. 곧 어리면서 어른을 섬기지 않고, 천하면서 지체 높은 이를 무시하며, 변변치 못하면서 어진 사람을 우러러 보지 않는 것.

인사불성 (人事不省)

인사를 돌아보지 않음이니, 예절을 차릴 줄 모른다는 뜻.

인산인해 (人山人海)

사람이 한없이 많이 모임을 이름.

인생무상 (人生無常)

인생의 덧없음을 이름.

은감불원 殷鑑不遠

殷 은나라 은   鑑 거울 감   不 아니 불   遠 멀 원

은나라 왕이 거울로 삼아야 할 것은 먼 데 있지 않다는 뜻으로,
타인의 실패를 보고 자신의 거울로 삼아 주의하라는 말이다.

하(夏)나라가 걸왕(桀王)의 포악과 방탕 때문에 망하고 탕왕(湯王)에 의
해 새로 세워진 은(殷)나라도 주왕(紂王) 때에 망하게 되었다.

은나라의 주왕은 정복한 오랑캐인 유소씨국(有蘇氏國)에서 공물로 보
내온 달기(妲己)라는 요녀에게 빠져 주지육림(酒池肉林)의 놀이에 정신이
없었다. 또 왕에게 간언을 하는 자는 가혹한 형벌에 처하는 등 음락과
포악을 일삼았다.

이때 왕의 보좌역인 삼공(三公) 중 구후와 악후는 왕의 폭정을 간하다
가 처형당하고 훗날 주문왕이 된 서백(西伯)은 '6백여 년 전 은왕조의 시
조인 탕왕에게 쫓겨난 하왕조의 걸왕을 거울삼아 그와 같은 멸망의 전
철을 밟지 말라' 고 간하다가 화를 당하고 말았다.

문왕이 탄식하며 말하길
슬프다! 너 은상아
사람이 또한 말이 있다.
넘어지고 쓰러진 것을 일으켜 보니
가지와 잎은 피해가 없어도
뿌리는 본래 먼저 끊어진다고
은나라의 거울은 멀지 않다.
하후의 세상에 그것이 있다.

殷	鑑	不	遠	殷	鑑	不	遠

인생조로 (人生朝露)
아침 이슬은 해가 뜨면 곧 마름과 같이 덧없는 인생을 뜻함.

인생여풍등 (人生如風燈)
사람의 목숨은 풍전등화 같아서 내일을 기약할 수 없다는 말.

인소불감 (人所不堪)
사람의 힘으로는 견디어 내기 힘든 정도의 형편.

인순고식 (因循姑息)
낡은 습관이나 폐단을 벗어나지 못하고 눈앞의 안일만을 취함.

인심난측 (人心難測)
사람의 마음은 헤아리기 어려움을 이름.

인언수재 (人焉廋哉)
사람은 무엇이든지 숨길 수 없다는 것.

인유구구 (人惟求舊)
옷은 새옷이 좋고 사람은 옛 사람이 좋다는 뜻.

인유실의 (引喩失儀)
비유를 잘못하여 뜻이 어긋나는 것.

인의예지 (仁義禮智)
사람의 몸에 갖추어야 할 네 가지 덕.

인이불발 (引而不發)
사람에게 학문을 가르침에 있어 단지 공부하는 법만을 가르치고그 묘처를 말하지 않아 학습자로 하여금 궁리하여 자득(自得)케하는 것.

인인성사 (因人成事)
무슨 일을 함에 제 힘으로만 하지 않고 남의 도움을 받아 일을 이룬다는 뜻.

인자무적 (仁者無敵)
어진 사람은 모든 사람을 사랑하므로 천하에 적이 없음.

*음덕양보 陰德陽報

陰 남이 모르게 **음**   德 덕 **덕**   陽 밝을 **양**   報 갚을 **보**

남 몰래 덕을 쌓은 사람은 비록 사람들이 몰라준다 하더라도 하늘이 알아 주어
겉으로 나타날 만한 복을 받는다는 뜻이다.

초(楚)나라에 손숙오(孫叔敖)라는 정치가가 있었다.

손숙오는 어릴 때 밖에서 놀다가 머리가 둘 달린 뱀을 보자 깜짝 놀라 그것을 잡아 죽인 후 땅에 묻어 버렸다.

그리고 나서 집으로 돌아와, 걱정으로 밥도 먹지 못하고 전전긍긍해 하고 있었다. 그러한 손숙오의 모습을 지켜본 어머니가 무슨 걱정거리가 있느냐고 묻자 그는 울면서 말했다.

"어머니, 오늘 저는 머리가 둘 달린 뱀을 보았습니다. 머리가 둘 달린 뱀을 보는 사람은 죽는다고 했는데, 이제 저는 곧 죽을 것만 같아 걱정입니다."

아들의 말을 들은 어머니가 물어보았다.

"애야, 그 뱀은 지금 어디에 있니?"

"다른 사람들이 보지 못하도록 죽여서 묻어 버렸습니다."

숙오의 말에 어머니가 머리를 끄덕이며 말했다.

"조용히 덕을 닦아 착한 일을 하는 사람은 그 보답으로 복을 받는다고 한단다. 네가 뱀을 죽인 것 또한 다른 사람들을 위한 배려에서였으므로, 너는 그 보답으로 죽지 않을게다."

어머니의 말대로 손숙오는 장성하여 초나라의 재상에까지 올랐다고 한다.

陰	德	陽	報	陰	德	陽	報			

인자요산 (仁者樂山)

인자는 의리에 만족하여 몸가짐이 진중하고 심덕이 두터워, 그마음이 산과 비슷하므로 산을 즐김.

인자지용 (仁者之勇)

의를 위하여 나서는 어진 사람의 용기.

인적부도 (人跡不到)

산이 험하고 깊거나 또는 인가에서 멀리 떨어져 있거나 해서, 사람의 발자취가 이르지 아니함.

인정승천 (人定勝天)

노력하면 어려운 일이라도 극복할 수 있다는 말.

인중기기 (人中騏驥)

뛰어나게 잘난 사람을 이름.

인지상정 (人之常情)

사람이라면 누구나 가지고 있는 보통의 인정.

인지수경 (人之水鏡)

정신이 맑고 깨끗한 것을 이름.

인지위덕 (忍之爲德)

모든 일에 있어서 참는 것이 덕이 됨.

인추자자 (引錐自刺)

공부하다가 잠이 오면 송곳으로 자기 몸을 찔러 잠을 깨게 하는것.

인홀불견 (因忽不見)

언뜻 보이다가 바로 없어져 보이지 아니함.

인후지지 (咽喉之地)

목구멍과 같은 땅이라는 뜻으로, 매우 중요한 목을 이루는 지대를 비유해서 이르는 말.

*읍참마속 泣斬馬謖

泣 울 읍   斬 벨 참   馬 말 마   謖 일어날 속

울면서 마속을 벤다는 뜻으로, 큰 목적을 위해 자신이 가장 아끼는 사람도 가차없이 버린다는 말이다.

촉(蜀)나라는 제갈공명의 지략으로 위나라를 무찔렀다. 그러자 조조(曹操)가 급파한 위나라의 명장 사마의(司馬懿)는 20만 대군을 이끌고 와 진을 치고 제갈공명의 군대와 대치했다.

제갈공명은 사마의가 구축한 진영을 부술 계책이었으나, 상대가 지략이 뛰어난 사마의인 만큼 중책을 맡길 만한 장수가 없어 고심을 하게 되었다.

그때 마속(馬謖)이란 자가 자기가 그 중책을 맡겠노라며 자원을 했다. 그는 제갈공명과 문경지교를 맺은 마량(馬良)의 동생이었다.

"만약 제가 패하면, 제 가족까지 참형을 당해도 좋습니다."

마속의 각오에 제갈공명은 그 말을 잊지 말라고 당부하고는 군사를 내주었다. 그러나 마속은 결국 전쟁에서 패하고 말았다. 제갈공명은 그와의 약속대로 그를 참형에 처하지 않을 수 없었다. 많은 장군들이 마속 같은 유능한 장수를 잃는 것은 나라의 손실이라며 설득했으나 제갈공명은 듣지 않았다.

"마속은 정말 아까운 장수이나 사사로운 정에 이끌려 군율을 저버리면 안 되오. 대의를 바로잡지 않으면 나라의 기강은 무너지는 법이오."

마속이 형장으로 끌려가자 제갈공명은 그 자리에 엎드려 통곡을 했다고 한다.

泣	斬	馬	謖	泣	斬	馬	謖				

일가동목 (一家桐木)
집안에 오동나무를 심었더니 후일 그 집 형제 둘이 모두 재상이되었다는 데서 나온 말.

일각여삼추 (一刻如三秋)
일각이 삼 년 같다는 뜻으로, 시간이 빨리 지나기를 간절히 기다리는 것을 이름.

일거수일투족 (一擧手一投足)
손을 한 번 들고 발을 한 번 옮긴다는 뜻으로, 조그마한 일에 이르기까지 하나 하나의 동작을 이르는 말.

일견여구 (一見如舊)
처음으로 만났을 뿐이지만 서로 마음이 맞고 정이 들어 오래 전부터 사귄 벗같이 친밀함.

일고삼장 (日高三丈)
날이 밝아 아침 해가 벌써 높이 떴음.

일구월심 (日久月深)
날이 오래되고 달이 깊어 간다는 뜻으로, 세월이 흘러 오래될수록 자꾸만 더해짐을 이르는 말.

일구이언 (一口二言)
한 입으로 두 가지 말을 한다는 뜻으로, 한 사람이 한 가지 일에대해 이랬다저랬다 상반되게 하는 말을 이름.

일기당천 (一騎當千)
한 사람이 천 사람을 당해 낸다는 뜻으로, 무예가 뛰어남을 이름.

일기지욕 (一己之慾)
자기 한 몸만을 위한 욕심.

일낙천금 (一諾千金)
한 번 승낙함은 천금같이 중한 일이니, 약속을 하면 꼭 지키라는말.

*이심전심 以心傳心

以 써 이　心 마음 심　傳 전할 전

마음에서 마음으로 전한다는 뜻으로, 말이나 글에 의하지 아니하고
마음에서 마음으로 전달됨을 뜻하는 말이다.

　송나라의 중 도언(道彦)이 석가 이래로 내려온 고승들의 법어를 기록
한 ≪전등록(傳燈錄)≫은 조사(祖師)들의 법맥(法脈)의 계통을 세우고 많은
법어들을 기록한 책이다.

　이 책에 보면 석가가 제자인 가섭(迦葉)에게 불교의 진리를 전할 때는
'이심전심(以心傳心)'으로 행했다는 이야기가 나온다.

　송나라의 중 보제(普濟)가 지은 ≪오등회원(五燈會元)≫에 다음과 같은
대목이 적혀 있다.

　어느 날 석가가 영산(靈山)에 제자들을 모아놓고 설교를 했다. 그리고
연꽃 한 송이를 따더니 말없이 약간 비틀어 보였다. 제자들은 석가의 행
동이 무엇을 의미하는지 알 수 없어 잠자코 있었다. 그러나 가섭만은 그
뜻을 깨닫고 빙긋이 미소를 지었다. 그러자 석가가 가섭에게 이렇게 말
했다.

　"본시 인간이 지니고 있는 덕이 정법안장(正法眼藏), 번뇌를 벗어나 진
리에 도달한 마음인 열반묘심(涅槃妙心), 그리고 언어나 경전에 의하지
않고 마음으로 전해지는 오묘한 진리인 불립문자 교외별전(不立文字 教外
別傳)이 있다. 이 모든 것을 너에게 전해 주마."

以	心	傳	心	以	心	傳	心

일념통천 (一念通天)

한 마음으로 열심히 하면 하늘이 감동하여 일이 이루어진다는말.

일단사일표음 (一簞食一瓢飮)

도시락밥과 표주박의 물로, 겨우 목숨을 이어갈 수 있는 소량 의 음식을 이름.

일당백 (一當百)

한 사람이 백 사람을 당해 낸다는 뜻으로, 용맹한 사람을 말함.

일도양단 (一刀兩斷)

한 칼로 쳐서 두 도막을 내듯 선뜻 결정함을 가리키는 말.

일락천장 (一落千丈)

신망이나 위신 따위가 동시에 여지없이 떨어져 버림.

일로영일 (一勞永逸)

한때 고생하고 오랫동안 안락을 누림.

일룡일사 (一龍一蛇)

때에 따라서 용이 되기도 하고 뱀이 되기도 한다는 뜻으로, 시대의 형편에 잘 적응함을 비유한 말.

일룡일저 (一龍一猪)

하나는 용과 같이 되고 하나는 돼지같이 된다는 뜻으로, 어릴 때는 비슷비슷하던 아이들이 학문의 유무에 따라 장성하여서는 심한 우현(愚賢)의 차이가 생김을 말함.

일리일해 (一利一害)

이로움이 있음과 동시에 해로움이 있음. 이익과 손해가 상반함.

일망무제 (一望無際)

한눈에 다 바라볼 수 없도록 아득하게 멀고 넓어서 끝이 없음.

이하부정관 李下不整冠

李 오얏 리   下 아래 하   不 아니 부   整 바로잡을 정   冠 갓 관

오얏 나무 밑에서 갓을 고쳐 쓰지 말라는 뜻으로,
남에게 의심받을 짓은 아예 처음부터 하지 말라는 말이다.

전국 시대, 제나라는 위왕(威王)이 왕좌에 있었으나 국정은 세도가인 주파호(周波胡)가 손아귀에 쥐고 횡포와 폭정을 일삼았다. 위왕의 후궁 중에 착하고 애국심이 강한 우희(虞姬)라는 여자가 있었다. 우희는 주파호를 조정에서 물리치고 그 대신 현명하고 인덕이 높은 북곽(北郭) 선생을 등용하라고 왕께 간했다.

이 사실을 안 주파호는 우희와 북곽 선생의 사이가 수상하다며 도리어 우희를 모함해서 왕한테 고해 바쳤다. 그러자 왕은 우희를 불러 직접 심문을 했다.

"저는 결백합니다. 제게 죄가 있다면 오얏 나무 아래서는 갓을 고쳐 쓰지 말라는 교훈을 지키지 않았다는 것과 누구 하나 저를 위해 임금께 사실을 아뢰는 사람이 없었다는 점뿐입니다. 저는 구차하게 변명할 생각이 없습니다. 그러나 나라를 위한 충정에서 한 말씀만 드리겠습니다. 지금 조정의 대부분 군신들은 횡포를 일삼고 있으며, 그중에서도 주파호가 가장 심합니다. 그런 자가 국정을 맡고 있으니 나라의 운명이 아주 위태로울 뿐입니다."

우희가 진심으로 충언하자 위왕은 깨닫는 바가 있었다. 왕은 우희의 모함을 풀어 주었으며, 주파호는 뜨거운 기름 가마에 넣어 죽이고, 내정을 바로잡아 제나라를 다시 부강하게 만들었다.

李	下	不	整	冠	李	下	不	整	冠

일면여구 (一面如舊)
처음으로 만났으나 곧 친밀하게 됨을 이름.

일모도원 (日暮途遠)
날은 저물고 길은 멀다는 뜻으로, 뜻한 바를 이루기에는 때가 너무 늦었다는 말.

일모불발 (一毛不拔)
몹시 인색한 사람을 빈정대어 이르는 말.

일목요연 (一目瞭然)
한눈에 바로 알아볼 수 있도록 환하고 뚜렷함.

일목파천 (一木破天)
일이 미처 때를 만나지 못함을 이름.

일미지언 (溢美之言)
너무 지나치게 칭찬하는 말.

일발필중 (一發必中)
한 번 쏘아 반드시 맞힘.

일벽만경 (一碧萬頃)
바다의 넓고 푸른 경지.

일보불양 (一步不讓)
남에게 한 걸음도 양보하지 아니함.

일부일앙 (一俯一仰)
머리를 숙이기도 하고 우러러보기도 함.

일부종신 (一夫終身)
아내가 남편이 죽은 뒤에도 개가를 하지 않고 일생을 마침.

일불거론 (一不擧論)
한 번도 논의하지 아니함. 한번도 상관하지 아니함.

일불현형 (一不現形)
한 번도 나타나지 아니함

일거양득 一擧兩得

一 한 일　擧 들 거　兩 두 량　得 얻을 득

한 가지 일을 하여 두 가지 이익을 얻는 것을 말한다.

≪춘추후어(春秋後語)≫에는 다음과 같은 고사가 있다.

옛날 변장자(辯莊子)라는 힘이 센 사나이가 여관에 투숙하고 있었다. 그때 호랑이가 나타났다는 말을 듣고 잡으러 나가려고 하자 여관에서 심부름하는 아이가 그를 말렸다.

"그렇게 서두르지 마세요. 호랑이 두 마리가 나타나 소를 잡아 먹으려고 하는데 분명 서로 먼저 먹으려고 싸울 것입니다. 두 마리가 싸움을 하면 분명히 약한 놈은 죽을 테고, 강한 놈도 상당한 상처를 입고 힘없이 늘어져 있을 것입니다. 그때 그놈을 찔러 죽이면 한번에 두 마리의 호랑이를 잡게 되니 일거양득(一擧兩得)이지요."

듣고 있던 변장자는 그 말이 옳다고 생각하여 그 아이의 말을 따르기로 했다. 그리하여 그는 두 마리의 호랑이를 단번에 잡은 장사라고 평판이 자자했다.

또 ≪전국책(戰國策)≫<초책(楚策)>에 보면 다음과 같은 이야기가 있다.

전국 시대에 한나라와 위(魏)나라가 1년이나 넘게 싸움을 하고 있었다. 진나라 혜왕(惠王)은 한동안 관조하고 있다가 한쪽은 지고, 이긴 쪽도 기진맥진한 틈을 타서 공격한 끝에 한 번에 두 나라를 다 멸망시켰다.

一	擧	兩	得	一	擧	兩	得				

일비지력 (一臂之力)
남을 도와줄 때 보잘것없는 힘이라고 스스로 낮추어 하는 말.

---

* **일사천리 (一瀉千里)**
냇물이 한번 흐르면 천리(千里)를 간다는 뜻으로, 아무런 거침없이 빨리 진행됨.

일삼매 (一三昧)
잡념을 버리고 일에 열중하는 일.

일색소박 (一色疏薄)
아름다운 여자일수록 남편에게 소박당하는 수가 많다 하여 이르는 말.

일석이조 (一石二鳥)
하나의 돌로 새 두 마리를 잡았다는 뜻으로, 하나로 두 가지 이득을 본다는 뜻.

일성일쇠 (一盛一衰)
한 번 성하고 한 번 쇠함. 성하는 때도 있고 쇠하는 때도 있음.

일세지웅 (一歲之雄)
그 시대에 대적할 만한 사람이 없을 정도로 뛰어난 사람.

일소부재 (一所不在)
한 곳에 오래 머물러 있지 않음, 곧 정처 없이 떠돌아다님.

일소일소일노일로 (一笑一少一怒一老)
한 번 웃는 것이 천금의 값어치가 있다는 말.

일수독박수질무성 (一手獨拍雖疾無聲)
한 손으로는 소리가 나지 않는다는 뜻으로, 임금은 현명한 신하를 얻어야 대업을 이룰 수 있으며, 신하 또한 현명한 임금을 만나야만 재능을 발휘할 수 있다는 것을 비유한 말.

일수백확 (一樹百穫)
하나를 심으면 백을 거둠. 인물을 양성하는 보람을 이름.

일망타진 一網打盡

一 한 일 網 그물 망 打 칠 타 盡 다할 진

그물을 던져서 한 번에 많은 물고기를 잡는다는 뜻으로,
한꺼번에 모조리 잡아 버린다는 말이다.

송(宋)나라 인종(仁宗) 때, 청렴하고 강직하기로 이름 높은 두연(杜衍)이
재상이 되었다. 당시 내강(內降)이라고 하여 황제가 대신들과 의논하지
않고 마음대로 조서를 내리는 일이 있었는데, 두연은 이런 관습이 조정
의 기강을 어지럽힌다고 하여 내강이 있어도 자기가 갖고 있다가 십여
통이 모이면 그대로 황제에게 되돌려 보냈다.

"짐이 내강을 해도 두연이 그냥 무시해 버린다네. 조서를 내려달라고
청해 오는 자는 많으니 내 어떻게 처신하면 옳겠는가?"

황제가 의논하자, 구양수는 두연을 두둔했으나 조정에서는 성지(聖旨)
를 맘대로 거역하는 짓이라며 비난하는 목소리가 커져 갔다. 특히 두연
때문에 성지가 무시된 자들은 두연이 실각할 기회만을 노리고 있었다.

그런데 마침 두연의 사위인 소순흠(蘇舜欽)이 공금을 유용해 그 돈으
로 제사를 지내고, 연회를 베푼 일이 있었다. 두연 때문에 어사인 왕공
진(王拱辰)은 이 일로 두연을 제거해야겠다고 마음먹고 소순흠 등을 잡
아 옥에 가두고 엄하게 조사하여 관련자들을 모두 잡아들였다. 그리고
는 '일망타진했다' 하며 의기양양해 하였다.

결국 이 사건으로 인해 청렴결백했던 두연도 겨우 70일 만에 재상의
자리를 내놓게 되었다.

一	網	打	盡	一	網	打	盡				

일신우일신 (日新又日新)

날로 새로워짐.

일신천금 (一身千金)

사람의 몸은 매우 귀중한 것이라는 뜻.

일심동체 (一心同體)

(여러 사람이 뜻이나 행동을 함께 하여) 한마음 한 몸이 됨. 곧밀접하고 굳게 결합함을 이르는 말.

일심정념 (一心正念)

오직 한가지 일에만 마음을 쓰고 생각함.

일어탁수 (一魚濁水)

물고기 한 마리가 물을 흐리게 한다는 뜻으로, 한 사람의 악행으로 인해 여러 사람이 피해를 입게 됨.

일언가파 (一言可破)

여러 말을 하지 않고 한마디로 잘라서 말해도 능히 판단할 수 있음.

일언반구 (一言半句)

단 한 마디의 말.

일언이폐지 (一言以蔽之)

한 마디의 말로 능히 그 전체의 뜻을 다함.

일엽편주 (一葉片舟)

한 척의 조그마한 조각배.

일일삼추 (一日三秋)

하루가 3년처럼 길게 느껴진다는 뜻으로, 그리워서 몹시 애태우며 기다림.

---

* **일장춘몽 (一場春夢)**

한바탕 꾼 봄 꿈으로 헛된 영화나 덧없는 인생을 말함.

일이관지 一以貫之

一 한 일 以 써 이 貫 꿸 관 之 갈 지

하나로 줄줄이 꿰었다는 말로, 한 이치로써 모든 일을 꿰뚫는다는 뜻이다.

《논어(論語)》의 <이인편(里仁篇)>에 다음과 같은 기록이 있다.

공자께서 증자(曾資)에게 말했다.

"참아, 나의 도는 하나로써 꿰었느니라."

공자께서 이렇게 말하자, 증자가 "네." 하고 대답했다.

공자께서 나가자 문인(門人)이 물었다.

"무엇을 이르신 것입니까?"

증자가 나직이 대답했다.

"선생님의 도는 충성(忠誠)과 용서(容恕)일 뿐이다."

《위영공편(衛靈公篇)》에는 또 이렇게 기록되어 있다.

공자가 그의 제자인 자공에게 물었다.

"자공아, 너는 내가 많이 배워서 모든 이치를 다 아는 자라고 생각하느냐?"

자공이 머뭇거림 없이 대답했다.

"그렇습니다."

"아니다. 나는 단지 한 가지 이치로 모든 일을 꿰뚫고 있을 뿐이다."

一	以	貫	之	一	以	貫	之			

일조일석 (一朝一夕)
하루 낮과 밤. 대단히 짧은 시간을 이름.

일조지분 (一朝之忿)
일시적인 감정에 격하여 도의에 벗어난 분노(忿怒)를 이름.

일조지환 (一朝之患)
갑자기 하루 아침에 덮치는 근심이나 재앙.

일중도영 (日中逃影)
오정 때에 그림자를 피하고자 한다는 뜻. 곧 불가능한 일의 비유.

일진광풍 (一陣狂風)
한바탕 부는 사납고 거센 바람.

＊ **일진일퇴 (一進一退)**
앞으로 나아갔다 뒤로 물러났다 함.

일촉즉발 (一觸卽發)
한번 스치기만 해도 곧 폭발할 것 같은 위험한 지경으로 조그마한 일이 원인이 되어 막 일이 일어날 듯한 아주 위급한 상태에 놓여 있음을 이르는 말.

일촌간장 (一寸肝腸)
한 토막의 간과 창자라는 뜻에서, 애가 탈 때의 마음을 형용.

＊ **일취월장 (日就月將)**
나날이 다달이 좋아짐.

＊ **일취지몽 (一炊之夢)**
인생은 믿기 어렵고 세상은 덧없다는 것을 가리키는 말.

일편단심 (一片丹心)
한 조각 붉은 마음, 진정(眞情)에서 우러나오는 충성된 마음.

일편지언 (一偏之言)
두 쪽 가운데의 한쪽 말. 한쪽으로 기운 말.

일자천금 一字千金

一 한 일　字 글자 자　千 일천 천　金 금 금

글자 한 자에 천금의 가치가 있다는 뜻으로, 아주 훌륭한 글씨나 문장을 비유한 말이다.

　　전국 시대 말, 제(齊)나라의 맹상군(孟嘗君), 위(魏)나라의 신릉군(信陵君), 조(趙)나라의 평원군(平原君), 초(楚)나라의 춘신군(春信君) 등 사군은 앞다투어 인재들을 모아 자기 문하로 끌어들여 거느리고 있었다.

　　한편 진(秦)나라의 재상 여불위(呂不韋)도 이들에게 질세라 인재를 모아들였다.

　　여불위는 일개 상인 출신으로 성공하여 재상이 된 인물인데, 13세의 어린 임금인 정(政; 훗날의 시황제)으로부터 중부(仲父)라 불리며 위세를 떨쳤다. 그는 자신의 권력과 돈을 배경으로 천하의 뭇 인재들을 거느렸다.

　　그는 자기의 위신을 세우기 위해 문하생과 빈객들에게 《여씨춘추(呂氏春秋)》를 저술하게 했다. 이 책의 저술이 끝나자 그는 이것을 진나라 수도 함양(咸陽) 성문 앞에 붙여 놓은 후, 그 위에 천금(千金)을 매달아 놓고 방을 써 붙였다.

　　'누군든지 이 책에서 한 자라도 빼거나 덧붙이는 자에게는 천금을 주겠다.'

　　이것은 사실 뛰어난 상인 출신의 여불위가 더욱 유능한 식객을 모으기 위해 생각해 낸 방법이었던 것이다.

一	字	千	金	一	字	千	金		

일필휘지 (一筆揮之)
단숨에 힘차게 글씨를 써 내림.

일호백낙 (一呼百諾)
한 사람이 소리를 내어 외치면 여러 사람이 이에 따름.

일호지액 (一狐之腋)
한 마리의 여우 겨드랑이 밑에서 뜯어낸 희고 고운 털이라는 뜻으로, 아주 진귀한 물건을 비유하여 이르는 말.

일희일비 (一喜一悲)
기쁜 일과 슬픈 일이 번갈아 일어 남. 한편 기쁘고 한편 슬픔.

일희일우 (一喜一憂)
기쁨과 근심이 번갈아 일어남.

임갈굴정 (臨渴掘井)
목이 말라야 우물을 판다는 뜻으로, 준비 없이 일을 당하여 허둥지둥하고 애씀을 이름.

임림총총 (林林叢叢)
많이 모이어 빽빽하게 들어서 있는 모양.

입기국자종기속 (入其國者從其俗)
다른 곳에 가서는 그곳의 풍속을 따라야 한다는 것.

입신양명 (立身揚名)
출세하여 이름이 세상에 드날리게 됨.

입이불번 (入耳不煩)
귀로 듣기에 싫지 않다는 뜻으로, 아첨하는 말을 이름.

입장중 (入掌中)
상대편의 마음 속에 간직하고 잊지 않는다는 것.

입호이출호구 (入乎耳出乎口)
귀로 듣고, 곧 이것을 입으로 말할 뿐으로 실천을 하지 않는 것을 이름.

일패도지 一敗塗地

一 한 일   敗 패할 패   塗 맥질할 도   地 땅 지

일단 패하면 간과 뇌가 땅에 뒹굴게 된다는 뜻으로,
여지없이 패하여 다시 일어설 수 없게 됨을 일컫는 말이다.

진(秦)시황(始皇)이 죽고 이세(二世)가 즉위하자, 국가의 기반이 흔들리기 시작했다. 나라가 어지러워져 여기저기서 군현(郡縣)의 장(長)을 죽이고 군사를 일으키는 자가 속출하였다. 무명 청년인 진승(陳勝)이 반란을 일으키자 호응하는 사람이 의외로 많았다. 패(沛)의 현령(懸令)은 겁이 나서 고을 백성들을 이끌고 진승 편을 들고자 생각하여 부하인 소하(簫何), 조참(曹參)을 불러 상의했다.

"진나라의 관장(官長)이신 몸으로 반란을 꾀하신다면 백성들이 잘 따르지 않을 것이니, 지금 유방을 따라 성 밖으로 도망간 백성들을 불러들여 그들의 힘을 빌어 대중을 위협하면 거역할 사람이 없을 것입니다."

그래서 번쾌(樊噲)를 시켜 유방을 불러들였는데 그를 따르는 수백의 청년들이 악을 쓰며 들어오자, 현령이 성문을 닫게 하고 계책을 거꾸로 일러준 소하와 조참을 죽이려고 찾았으나 그 두 사람은 유방과 합세했다. 유방은 비단 폭에 글을 써서 성 위로 던져 민중들을 선동했다. 성의 장로들이 유방을 맞아들여 현령으로 추대하려 하자, "천하가 제후들이 사방에서 일어나고 있는데, 지금 장수를 잘못 두게 되면 일패도지하고 말 것이오. 나는 여러분 가족의 생명을 지켜 줄 만한 능력이 없는 사람이니, 부디 좋은 사람을 선택하십시오."

一	敗	塗	地	一	敗	塗	地				

* **자가당착 (自家撞着)**

자기가 한 말의 앞뒤가 맞지 않음.

---

* **자격지심 (自激之心)**

자기가 해놓은 일에 대해 스스로 미흡하게 여기는 마음.

자곡지심 (自曲之心)

결점이 있거나 남보다 못한 점이 있는 사람이 스스로 고깝게 여기는
마음.

자과부지 (自過不知)

흔히 사람은 자기의 과실을 스스로 깨닫지 못하는 법이라는 말.

자린고비 (玼吝考妣)

더러울 정도로 인색한 사람을 꼬집어 이르는 말.

자수삭발 (自手削髮)

제 손으로 머리를 깎는다는 뜻으로, 어려운 일을 남의 힘을 빌리지 않
고 제 힘으로 처리한다는 말.

자수성가 (自手成家)

물려받은 재산 없이 제 힘으로 재산을 모은다는 뜻.

---

* **자승자박 (自繩自縛)**

제가 꼰 새끼로 저를 묶는다는 뜻으로, 자기의 마음씨나 언행으로 제가
구속을 받아 괴로워함을 이름.

자승지벽 (自勝之癖)

언제나 제가 남보다 낫다고 여기는 버릇을 이름.

자시지벽 (自是之癖)

자기의 편견만을 옳다고 여기는 버릇. 편벽된 소견만을 옳다고 고집하
는 버릇.

자애지정 (慈愛之情)

아랫사람에게 베푸는 도타운 사랑의 마음.

자포자기 自暴自棄

自 스스로 자 暴 해칠 포 棄 버릴 기

마음에 불만이 있어 행동을 되는 대로 마구 취하고
스스로 자신을 돌보지 아니함을 뜻한다.

≪맹자(孟子)≫ <이루편(離婁篇)>에 이런 구절이 있다.

"자포(自暴), 즉 자신을 학대하는 사람과는 더불어 대화를 나눌 수가
없다. 자기(自棄), 즉 자신을 버리는 사람과도 더불어 행동할 수가 없다.
예와 도덕을 비방하는 것을 자포라고 한다. 또한 도덕의 가치는 인정하
면서도 인(仁)과 의(義)는 자기와 상관없다고 생각하는 것을 자기라고
한다.

인(仁)이란 도덕의 근본 이념으로서 평화로운 가정과 같은 것이며, 의
(義)란 사람으로서 걸어가야 할 올바른 길인 것이다. 평화로운 가정을
비워둔 채 그곳으로 들어가 살려고 하지 않고, 또한 올바른 길을 버린
채 그 길을 가려 하지 않는다면 이는 실로 개탄할 일이다."

즉 말을 함부로 내뱉는 것이 자포(自暴)이며, 행동을 되는 대로 하는
것이 자기(自棄)인 것이다.

自	暴	自	棄	自	暴	自	棄				

* **자업자득 (自業自得)**
자기가 저지른 일에 대해 스스로 그 결과를 받음.

---

* **자중지난 (自中之亂)**
자기네 패 속에서 일어나는 싸움질.

---

* **자초지종 (自初至終)**
처음부터 끝까지의 동안, 또는 처음부터 끝까지의 과정.

자취지화 (自取之禍)
제 스스로의 잘못으로 받게 되는 재앙.

자하달상 (自下達上)
아래로부터 위에 미치게 함.

---

* **자화자찬 (自畵自讚)**
본인이 그린 그림을 자기 스스로 칭찬한다는 뜻에서, 자기가 한일을 자기 스스로 자랑함을 이르는 말.

작수성례 (酌水成禮)
물을 떠놓고 혼례를 지낸다는 뜻으로, 가난한 집에서 구차하게혼례를 치름을 이르는 말.

---

* **작심삼일 (作心三日)**
한 번 한 결심이 사흘을 못 감.

작약지증 (芍藥之贈)
남녀간에 향기로운 작약 꽃을 보내어 정을 더욱 두텁게 하는 것을 이름.

잔두지련 (棧豆之戀)
말이 조금 남은 콩을 탐하여 외양간을 떠나지 못한다는 뜻으로,보잘것 없는 작은 이익을 잊지 못하고 애쓰는 모양을 비유한 말.

장두상련 (腸肚相連)
창자가 잇따라 있다는 뜻으로, 어떤 사람들끼리 무엇을 궁리하거나, 또는 생각거나 하는 것이 아주 같아 배짱이 서로 맞음.

전거복철 前車覆轍

前 앞 전　車 수레 거　覆 엎어질 복　轍 바퀴자국 철

앞 수레가 지나간 바퀴자국이란 뜻으로, 앞사람의 실패를 거울 삼으라는 말이다.

전한(前漢)의 문제(文帝)는 군신에게 추대되어 제위에 오른 인물이었다. 그래서 제후 중에서는 이를 업신여겨 명령을 중시하지 않는 자들도 있었다. 문제는 가의(賈誼)와 진평(陳平), 주발(周勃) 등 명신을 등용하여 제후 대책을 비롯한 국정 쇄신에 힘을 다했다. 가의는 개혁 당시 자신의 의견을 적어 문제에게 글을 올렸는데 그중 다음과 같은 구절이 나온다.

"속담에 의하면 '앞 수레가 지나간 바퀴 자국은 뒤에 오는 수레에 경계가 된다'는 말이 있습니다. 우리들이 모범으로 삼고 있는 과거의 하(夏), 은(殷), 주(周)나라가 번성한 이유를 알거니와 그것을 교훈으로 삼지 않으면 성군이 되기 어렵습니다. 또한 진나라가 일찍 망한 까닭도 잘 알고 있습니다. 우리가 만일 진(秦)나라가 범한 과실을 피하지 않는다면 그 전철을 밟게 될 것은 뻔한 이치입니다. 국가의 존망과 혼란의 열쇠는 바로 여기에 있는 것입니다."

문제는 이 말을 따라 제후의 땅을 줄이고, 대국을 소국으로 분할한 다음 농업을 장려하고 또한 검소 검약의 기풍을 장려하고 극형을 폐지시키는 등 인정을 베풀었다. 이와 같은 문제의 노력으로 백성들은 남의 과실을 들추어내는 것을 부끄럽게 생각하는 미풍양속이 온 나라를 덮는 태평성세가 되었다.

前	車	覆	轍	前	車	覆	轍			

* **장삼이사 (張三李四)**
장(張)씨의 셋째 아들과 이(李) 씨의 넷째 아들이란 뜻으로, 평범한 사람들을 가리킴.

장수선무다전선고 (長袖善舞多錢善賈)
소매가 길면 춤추기가 수월하듯, 재물이 많으면 장사하기도 쉽다. 조건이 좋으면 성공하기도 쉽다는 뜻.

장야지음 (長夜之飮)
기나긴 밤을 술로 지냄.

장중보옥 (掌中寶玉)
손안에 든 보배로운 옥과 같다는 뜻으로, ① 귀여워하는 자식을 이름. ② 매우 소중히 여기는 것을 뜻함.

장진지망 (長進之望)
앞으로 크게 잘되어 갈 희망.

장취불성 (長醉不醒)
노상 술을 계속해서 마시어 깨지 아니함.

재가빈역호 (在家貧亦好)
객지에 있는 사람이 고향을 그리워한 말로, 자기 집에 있으면 아무리 가난해도 조금도 고통을 느끼지 않을 것이라는 뜻.

재대난용 (材大難用)
재목이 커서 쓰이기 곤란하다는 말로, 재사(才士)가 불우한 것을 비유한 말.

재삼지의 (在三之義)
사람은 군(君)·사(師)·부(父)의 삼자에 의하여 사는 것이므로, 그들의 몸이 있는 곳에서 죽어야 된다는 것을 이름.

재승박덕 (才勝薄德)
재주는 있어도 덕이 적음.

전거후공 前倨後恭

前 앞 전   倨 거만할 거   後 뒤 후   恭 공경할 공

전에는 거만했었는데 나중에 태도가 겸손하게 변하는 것을 말한다.

전국 시대 말, 소진(蘇秦)은 제나라의 재상을 지낸 인물이었다. 각국이 연합하여 공동으로 진나라에 대항하자는 이론으로 성공하여 이름이 높았지만, 그에게도 실패의 아픔이 여러 번 있었다.

한번은 소진이 진(秦)나라에 유세하러 갔을 때, 진나라 왕은 자국의 국력으로는 무리라며 거듭된 소진의 제안을 모두 거절하였다. 그러는 사이 생활은 궁핍해져, 할 수 없이 집으로 돌아간 소진은 가족으로부터도 외면을 당했다. 초라한 행색 때문이었다. 소진은 가족의 차가운 처사에 깊은 상처를 입고 두문불출하며 학문에만 몰두하였다.

그 후 소진은 조(趙)나라로 갔다. 조나라 왕은 소진의 이론에 찬성하는 한편, 무안군(武安君)으로 봉하고 상국(相國)으로 삼았다.

진나라에서 돌아왔을 때와는 비교도 안 될 정도로 변한 소진의 호화로운 행색이었다. 그를 맞이하는 가족들의 태도도 예전과 달랐다. 모두가 그에게 머리를 숙이고 웃으며 연신 굽실거렸다. 그 모습에 소진이 웃으며 말했다.

"형수님, 이전에는 그렇게도 거만하시더니 이제는 너무 공손하십니다. 어찌 이렇게 변하셨습니까?"

"그야, 도련님이 출세하셨기 때문이지요."

이 말을 들은 소진은 탄식하였다.

前	倨	後	恭	前	倨	後	恭		

쟁어자유 (爭魚者濡)

이익을 얻으려고 다투는 사람은 언제나 다툼을 면치 못한다는 말.

적공지탑불휴 (積功之塔不隳)

공든 탑이 무너지랴는 뜻으로, 정성을 들인 것은 헛되지 않고 이루어진다는 말.

적구지병 (適口之餠)

입에 맞는 떡이라는 뜻으로, 꼭 알맞음을 이름.

적덕누인 (積德累仁)

널리 세상에 덕을 쌓고 어진 일을 많이 함.

적막강산 (寂寞江山)

몹시 쓸쓸한 풍경을 이르는 말.

* 적반하장 (賊反荷杖)

도둑이 도리어 매를 든다는 뜻으로, 잘못한 사람이 사죄하기는커녕 화를 내며 억지씀을 이름.

적부인지자 (賊夫人之子)

남의 자식을 버려놓는 것을 이르는 말.

적빈무의 (赤貧無依)

매우 가난한데다가 의지할 곳조차 없음.

적소성다 (積少成多)

티끌 모아 태산이라는 말과 같은 뜻.

적수공권 (赤手空拳)

맨손에 빈주먹이라는 뜻으로, 아무것도 가진 것이 없다는 뜻.

적수성가 (赤手成家)

몹시 가난한 집에 태어난 사람이, 제 힘으로 노력하여 살림을 장만하고 한 집을 이룸.

정위전해 精衛塡海

精 정밀할 **정**　衛 지킬 **위**　塡 메울 **전**　海 바다 **해**

무모한 일을 기도하지만 결국 헛수고로 끝난다는 말이다.

　까마득한 옛날, 여름을 맡은 염제(炎帝)에게는 여와(女蛙)라 불리는 딸이 있었다. 물놀이를 아주 좋아하여 자주 동쪽 바다에 나가 헤엄을 치며 놀았는데, 어느 날 거센 바닷물에 휘감겨 그만 익사하고 말았다.

　여와는 죽어서도 바다에 굴하지 않고 원수를 갚고야 말리라 맹세했다. 그래서 여와는 작은 새로 변했다. 머리에 꽃무늬가 있고, 흰 부리와 빨간 발을 가진 작은 새는 날마다 쉬지 않고 서산으로 날아가서는 나뭇가지나 돌을 물어와 그것을 동쪽 바다에 떨어뜨렸다. 몇 년 또는 몇십 년이 걸리든 동쪽 바다를 메울 때까지 포기하지않고 계속하리라 굳게 다짐을 한 바였다. 매일 매일 쉴 새 없이 반복하였다.

　그 작은 새의 울음소리가 '정위, 정위' 하고 들렸으므로, 사람들은 이 작은 새를 정위새라고 불렀다.

精	衛	塡	海	精	衛	塡	海				`

적수성연 (積水成淵)
한 방울 한 방울의 물이 모여 연못을 이룬다는 뜻.

적약무인 (寂若無人)
사람이 없는 것같이 조용한 것을 이름.

적원심노 (積怨深怒)
오래 쌓이고 쌓인 원망과 마음 속 깊이 맺혀 있는 노여움.

적인자위지적 (賊仁者謂之賊)
사람으로서 인을 해치는 자가 진짜 도적이라는 뜻.

전고미문 (前古未聞)
지난날에는 들어보지도 못한 것.

전도유망 (前道有望)
앞날이 좋게 될 희망이 있음.

전문불여친견 (傳聞不如親見)
전해 듣는 말은 틀릴 때가 많으므로 실지로 보는 것만 못 하다는말.

전신만신 (全身滿身)
온몸을 강조하여 이르는 말.

전심치지 (全心致志)
다른 생각을 끊고 그 일에만 마음을 온전히 바쳐 뜻한 바를 이룸.

전전걸식 (戰戰乞食)
정한 곳이 없이 이리저리로 돌아다니며 구걸하여 먹음.

* **전전긍긍 (戰戰兢兢)**
두려워서 매우 조심함.

* **전전반측 (輾轉反側)**
이리저리 뒤척이며 잠을 못 이룸.

전초제근 (翦草除根)
풀을 베고 뿌리를 캔다는 뜻으로, 근본을 절멸(絕滅)함을 이름.

*조강지처 糟糠之妻

糟 지게미 **조**   糠 쌀겨 **강**   之 갈 **지**   妻 아내 **처**

지게미와 쌀겨로 끼니를 이으며 함께 고생을 하던 아내란 뜻으로,
몹시 가난하고 비천할 때 고난을 함께 겪어온 본처(本妻)를 일컫는다.

　후한 광무제(光武帝) 때, 감찰을 맡아보던 송홍(宋弘)이라는 사람은 성격이 후덕하면서도 강직한 인물이었다.

　광무제는 미망인이 된 누이인 호양(湖陽) 공주를 불러 마음에 두고 있는 사람이 있는지 물어 보았다.

　"송홍 같은 사람이라면 남편으로 우러러보고 살 수 있겠지만 그 외의 다른 사람은 생각이 없습니다."

　송홍이 아니면 시집을 가지 않겠다는 뜻이 담겨 있었다.

　며칠 뒤, 광무제는 호양 공주를 병풍 뒤에 숨겨두고 송홍과 이야기를 나누다가 그의 의중을 떠보기 위해 이런 말을 건넸다.

　"속담에 이르길 '지위가 높아지면 천했을 때 사귀던 친구를 바꾸고 부유해지면 가난했을 때 함께 하던 아내를 버린다고 하던데, 진정 그럴 수 있는 일인가요?'

　그러자 송홍은 서슴지 않고 대답했다.

　"저는 가난하고 천했을 때 사귄 친구는 잊지 말아야 하며, 지게미와 쌀겨를 먹으며 함께 고생을 한 아내는 버려서는 안 된다고 생각합니다."

　광무제는 송홍이 물러가자 누님이 있는 쪽을 향해 이렇게 말했다.

　"누님, 송홍은 단념하셔야 할 것 같습니다."

糟	糠	之	妻	糟	糠	之	妻			

전패위공 (轉敗爲功)
실패한 것을 거울 삼아 공(功)을 이루는 계기로 삼음.

----

* **전화위복 (轉禍爲福)**
화를 바꾸어 복으로 만듦.

절고진락 (折槁振落)
고목을 자르고 낙엽을 훑어낸다는 뜻으로, 매우 쉬운 일을 비유.

절대가인 (絕代佳人)
이 세상에는 견줄 만한 사람이 없을 정도로 뛰어나게 어여쁜 여자.

절인지용 (絕人之勇)
남보다 뛰어난 용맹을 지녔다는 말.

절지지이 (折枝之易)
나무를 꺾는 것과 같이 쉬운 일. 대단히 쉬운 일을 이름.

----

* **절차탁마 (切磋琢磨)**
상아와 구슬 따위를 갈고 닦아 빛을 낸다는 뜻으로, 학문이나 덕행을
힘써 닦는다는 뜻.

----

* **절치부심 (切齒腐心)**
이를 갈고 심장을 썩힌다는 뜻으로, 몹시 분하게 여김을 이름.

절해고도 (絕海孤島)
뭍에서 아주 멀리 떨어져 있는 바다 가운데의 외로운 섬.

----

* **점입가경 (漸入佳境)**
점점 더 재미있는 경지로 들어간다는 뜻.

정구건즐 (井臼巾櫛)
물 긷고 절구질하고 수건과 빗을 받드는 일이라는 뜻으로, 아내가 가정
주부로서 마땅히 해야 할 일을 이르는 말.

정금단좌 (正襟端坐)
옷매무새를 바로 하고 단정하게 앉음.

조명시리 朝明市利

朝 조정 조 明 밝을 명 市 저자 시 利 이로울 리

명예는 조정에서, 이익은 시장에서 다투라는 뜻으로,
무슨 일이든 적당한 장소에서 행하라는 말이다.

진(秦)나라 혜문왕(惠文王) 때, 사마조(司馬錯)는 왕을 알현하고 촉의 오
랑캐를 정벌하면 국토도 넓어지고 재물도 획득할 수 있으므로 출병할
것을 주장했다. 그러나 종횡가(縱橫家)이자 재상인 장의(張儀)는 사마조와
는 다른 의견을 피력했다.

"출병은 안 될 말입니다. 천하를 얻으려면 위·촉나라와 우호 관계를
맺고 천하의 종실인 주(周)나라의 외곽을 위협하면, 주나라는 스스로 천
자의 상징인 구정(九鼎)을 내놓을 겁니다. 그때 천자를 업고 천하를 다스
리면 누가 감히 맞서겠습니까? 그런데 지금 한낱 촉을 정벌해 봤자 무
슨 이익이 있겠습니까? 무릇 명예는 조정에서 다투고 이익은 저자에서
다툰다고 했습니다. 지금 촉나라의 삼천 지방은 천하의 저자이고, 주나
라 황실은 천하의 조정입니다. 패업을 이루기 위해 무엇을 먼저 행해야
할지를 생각하십시오."

그러나 혜문왕은 장의의 말을 따르지 않고 촉의 오랑캐를 정벌하고
국토를 넓히는 데만 전력을 쏟았다고 한다.

朝	明	市	利	朝	明	市	利				

정금양옥 (精金良玉)
인격이나 시문(詩文)의 썩 아름다움을 말함.

---

* 정문일침 (頂門一針)
정수리에 침을 한 대 놓는다는 뜻으로, 잘못된 것의 급소를 찔러충고함을 말함.

정사원서 (情絲怨緖)
애정과 원한이 서로 엉킴을 이름.

정심공부 (正心工夫)
마음을 바르게 가다듬어 배워 익히는 데 힘씀.

정자정야 (政者正也)
정자(政者)의 본의는 천하를 바르게 한다는 뜻임.

정중시성 (井中視星)
우물 속에서 하늘을 보면 겨우 별 몇 개밖에 보이지 않음과 같이사심(私心)에 가리우면 견해가 한편으로 치우치게 된다는 말.

제궤의혈 (堤潰蟻穴)
개미 구멍으로 마침내 큰 둑이 무너진다는 말.

제도중생 (濟度衆生)
고해의 중생을 건져주는 일.

제산항해 (梯山航海)
험악한 산을 넘거나 바다를 건너 타국에 사신으로 감을 이름.

제세지재 (濟世之材)
세상을 구제하여 줄 만한 뛰어난 인재.

제월광풍 (霽月光風)
도량이 넓고 시원함.

제이면명 (提耳面命)
귀를 끌어당겨 면전에서 명령을 내린다는 뜻으로, 사리를 깨닫도록 간곡히 타이름을 이름.

조삼모사 朝三暮四

朝 아침 조   三 석 삼   暮 저물 모   四 넉 사

아침에 세 개, 저녁에 네 개라는 말로,
눈앞에 당장 나타나는 차이만을 알고 그 결과가 같음을 모르는 경우를 비유하기도 하고,
간사한 꾀로 사람을 속여 희롱함을 이르기도 한다.

송나라에 저공(狙公)이란 사람이 살았는데 원숭이를 좋아하여 많은 수의 원숭이들을 기르고 있었다. 저공은 원숭이의 마음을 잘 알고 원숭이 또한 저공의 마음을 잘 이해했다. 그러나 워낙 많은 원숭이를 기르다 보니 먹이가 이만저만 들어가는 것이 아니었다. 그래서 하루는 먹이를 줄여야겠다는 생각에서 원숭이들에게 물었다.

"너희들에게 줄 도토리를 앞으로는 아침에 세 개, 저녁에 네 개씩 주려고 하는데 어떠냐?"

그러자 원숭이들은 한결같이 화를 내며 난리를 쳤다. 아침에 세 개를 먹으면 배가 고파 못 견디겠다는 원숭이의 마음을 저공은 알아차렸다.

저공은 내심 잘되었다고 생각하면서 다시 물었다.

"그럼, 아침에 네 개, 저녁에 세 개로 하면 어떠냐?"

그제서야 원숭이들은 손뼉을 치며 기뻐했다고 한다.

朝	三	暮	四	朝	三	暮	四				

제포연연 (綈袍戀戀)
벗이 추위에 떠는 것을 동정하여 의복을 주었다는 고사에서, 우정이 깊음을 이르는 말.

제하분주 (濟河焚舟)
적군을 공격하러 가는 마당에 배를 타고 물을 건너서는 그 배를 태워 버린다는 말로 필사의 각오를 다져 먹음.

조궁즉탁 (鳥窮則啄)
새는 진퇴가 궁하면 도리어 상대를 쪼는 것을 이름.

조기자복야 (鳥起者伏也)
평행으로 날아가던 새가 놀라 급히 높이 뜰 때에는 그 밑에 복병이 있음을 이름.

조동모서 (朝東暮西)
정한 곳 없이 자주 이리저리 옮겨다님을 이름.

* 조령모개 (朝令暮改)
아침에 명령하고, 저녁에 다시 고친다는 뜻으로, 법령을 자주 바꿔 종잡을 수 없음을 비유한 말.

조로인생 (朝露人生)
인생의 허무하고 덧없음을 이르는 말.

조불급석 (朝不及夕)
형세가 급박하여 아침에 저녁 일이 어떻게 될지 알지 못함.

조상육불외도 (俎上肉不畏刀)
도마 위의 고기가 칼을 무서워하랴는 뜻으로, 죽음을 각오하면더 이상 두려울 것이 없음을 이름.

조수불급 (措手不及)
일이 매우 급하여 손댈 나위가 없다는 말.

조수족 (措手足)
손발을 움직인다는 뜻으로, 겨우 살아갈 만하다는 말.

좌단 左袒

左 왼쪽 **좌**　袒 한쪽 소매 **단**

웃옷의 왼쪽 어깨를 벗는다는 뜻으로, 남의 편을 들어 동의함을 나타낼 때 쓰는 말이다.

한나라 고조 유방(劉邦)의 황후인 여태후(呂太后)가 죽자 지금까지 그녀의 위세에 눌려 살았던 유씨 일족과 주발(周勃), 진평(陳平) 등은 우선 권력의 핵심부에서 여씨 일족을 몰아내기로 했다.

진평은 주발과 의논한 뒤, 우선 조왕(趙王)인 여록(呂祿)으로부터 상장군의 자리를 빼앗기로 했다. 그때 진평은 어린 황제를 보필하던 역기(酈寄)가 여록과 친하다는 사실을 알고 역기를 여록에게 보냈다.

역기는 여록을 찾아가 황제의 명령이라고 속인 뒤 자리를 가로채왔다. 그러자 주발은 여록이 장악하고 있던 북군 병사들을 모아놓고 이렇게 말했다.

"원래 한 왕실의 주인은 유씨였는데 가당치도 않게 여씨가 실권을 장악해 왔다. 이것은 한 왕조의 불행이며 또한 천하의 통분사이다. 이제 내가 상장군이 되어 천하를 바로잡으려 한다. 지금 이 자리에서 여씨에게 충성을 하려는 자는 웃옷의 오른쪽 어깨를 내리고 나와 함께 유씨에게 충성을 다하려는 자는 왼쪽 어깨를 내려라."

이 말을 들은 군사들은 모두 왼쪽 어깨의 옷을 내리고 유씨에게 충성할 것을 맹세했다.

左	袒	左	袒				

조여청사모성설 (朝如靑絲暮成雪)
아침에는 파란 실이더니 저녁에는 눈이 되었다는 뜻으로, 젊어서 검던 머리가 늙어 백발이 됨을 이르는 말.

---

* **조족지혈 (鳥足之血)**
새 발의 피란 뜻으로 아주 작은 것을 가리킬 때 이름.

족불리지 (足不履地)
발이 땅에 닿지 않는다는 뜻으로, 매우 급히 달아남을 이름.

족탈불급 (足脫不及)
맨발로 뛰어도 미처 따라가지 못한다는 뜻으로, 능력·역량·재질 따위의 차이가 뚜렷함을 이르는 말.

존망지추 (存亡之秋)
존속하느냐 멸망하느냐의 매우 위급한 때. 죽느냐 사느냐의 중대한 경우.

졸부귀불상 (猝富貴不祥)
갑자기 부귀하게 되면 도리어 좋지 못한 일이 생긴다는 말.

졸지풍파 (猝地風波)
별안간 일어나는 풍파.

종고지낙 (鐘鼓之樂)
종고(鐘鼓)의 소리와 같이 부부의 소리가 상화(相和)하여 즐거워하는 것을 이름.

종금이후 (從今以後)
지금으로부터 그후.

종두지미 (從頭至尾)
처음부터 끝까지.

종명누진 (鐘鳴漏盡)
때를 알리는 종이 울고 물시계의 누수도 다되어 밤이 이미 지났다는 뜻으로, 벼슬아치의 노경(老境)을 이르는 말.

[*]주지육림 酒池肉林

酒 술 주   池 못 지   肉 고기 육   林 수풀 림

술이 못을 이루고 고기가 숲을 이루었다는 뜻으로,
호사하고 방탕한 술자리를 비유한 말이다.

하(夏)나라의 걸왕(桀王)은 은나라 주왕과 마찬가지로 본시 현명한 군
주였으나, 말희(妹姬)라는 요녀에게 마음을 빼앗겨 나중에는 폭군 음주
라는 오명을 쓰고 나라를 망친 인물이었다.

걸왕은 말희를 위하여 보석과 상아로 꾸민 호화스런 궁전을 짓고 그
깊숙한 방에 옥으로 꾸민 침대를 놓고서 밤마다 열락에 빠져들었다. 또
그녀가 바라는 대로 전국에서 뽑은 3천 명의 미소녀들에게 오색으로 수
놓은 비단옷을 입혀 놓고 춤을 추게 하고 주연을 벌였다.

또 말희의 제안에 따라 궁궐 안에 커다란 연못을 파게 했다. 그리고
그 바닥에는 새하얀 옥돌을 깔고 향기로운 술을 가득 부어 연못을 채웠
으며, 연못 둘레에는 언덕을 본 따 고기의 산이 쌓아지고 고기포의 숲이
만들어졌다.

왕은 말희와 함께 작은 배를 타고 술의 연못을 저어 다녔다. 3천명의
미소녀들이 연못 둘레에서 악기에 맞추어 춤을 추고, 신호의 북소리가
나면 연못으로 달려가 술을 마시고 숲에 가득 찬 고기를 먹는 광경을 보
며 향락에 빠졌다.

이와 같은 사치 생활의 연속으로 걸왕은 결국 하나라에 복속되어 있
던 은나라 탕왕에게 주살당하고 말았다.

酒	池	肉	林	酒	池	肉	林		

종무소식 (終無消息)
끝끝내 이렇다 할 아무런 소식이 없음.

종선여등 (從善如登)
착한 일을 하는 것은 매우 힘들다는 뜻.

종시여일 (終始如一)
처음부터 끝까지 변치 않는 것.

종식지간 (終食之間)
식사를 하는 짧은 시간이라는 뜻으로, 얼마 되지 않은 동안을 비유하여 이르는 말.

종이부시 (終而復始)
어떤 일을 한번 끝내어 마쳤다가 다시 시작함.

종천지통 (終天之痛)
이 세상에서 잊을 수 없는 슬픔.

종회여류 (從懷如流)
자기 마음대로 하고도 아무런 제재가 없음을 이름.

종횡무애 (縱橫無礙)
자유 자재하여 사방 팔방에 걸린 것이 없는 상태.

＊ **종횡무진 (縱橫無盡)**
자유 자재하여 거침없는 상태.

좌고우면 (左顧右眄)
왼쪽을 돌아보고 오른쪽을 살핀다는 뜻으로, 일을 얼른 결정하지못하고 망설임.

좌불안석 (坐不安席)
앉은 자리가 편치 않음. 불안해하거나 근심이 있음.

좌이대단 (坐以待旦)
밤중부터 앉아서 날이 새기를 기다림.

*죽마고우 竹馬故友

竹 대**죽** 馬 말**마** 故 옛**고** 友 벗**우**

어릴 때 대나무로 만든 말을 타며 함께 놀던 친구라는 뜻으로,
어릴 때부터 같이 놀며 자란 친구를 일컫는 말이다.

진(晉)나라 간문제(簡文帝) 시절, 환온(桓溫)과 은호(殷浩)라는 두 사람이
살고 있었다. 당시 환온은 촉나라를 평정하고 돌아와 한창 기세가 등등
한 때였으므로, 간문제는 환온을 견제하기 위해 내외에 명성이 있는 은
호를 불러 건무 장군에 임명했다. 은호와 환온은 어릴 때부터 친한 친구
사이였다. 그러나 은호가 벼슬길에 오르자 두 사람은 정적이 되었다.

그 무렵 후조(後趙)의 왕 석계룡(石季龍)이 죽자 호족 사이에 내분이 일
어났다. 그러자 진나라는 이 기회에 중원을 회복하고자 은호를 중원 장
군에 임명했다. 그러나 은호는 그 싸움에서 무참히 패하고 말았다. 그러
자 환온은 그것을 구실로 은호를 규탄하는 상서를 올려 그를 변방으로
귀양 보냈다.

은호가 귀양간 다음, 환온은 사람들에게 이렇게 말했다.

"은호와 나는 어릴 때 함께 죽마(竹馬)를 타고 놀았는데, 내가 죽마를
버리면 은호가 언제나 그것을 주워 가졌다. 그러니 그가 내 밑에서 놀아
야 하는 것은 당연한 일이다."

그후 환온은 끝까지 은호를 외면하고 말았다. 한편 친구로부터 버림
을 받은 은호는 유배지에서 생애를 마감하고 말았다.

竹	馬	故	友	竹	馬	故	友				

* **좌정관천 (坐井觀天)**
우물에 앉아 하늘을 쳐다보고 하늘의 넓이가 그것밖에 안 되는줄 안다는 뜻으로, 너무도 세상 물정을 모름.

좌지우오 (左支右吾)
이리저리 버티어서 겨우 지탱해 감.

---

* **좌지우지 (左之右之)**
마음대로 처리한다는 말.

---

* **주경야독 (晝耕夜讀)**
낮에는 일을 하고 밤에는 글을 읽는다는 뜻으로, 바쁜 틈을 타서어렵게 공부함을 이르는 말.

주과포혜 (酒果脯醯)
술·과실·포·식혜 따위로 간략하게 차린 제물(祭物).

주궁휼빈 (賙窮恤貧)
몹시 가난한 사람을 구하여 도와 줌.

---

* **주마가편 (走馬加鞭)**
달리는 말에 채찍질을 한다는 뜻으로, 잘하는 것에 만족하지 말고 더 잘하도록 재촉함.

---

* **주마간산 (走馬看山)**
달리는 말 위에서 산을 본다는 뜻으로, 대충 훑어보며 지나침.

주상야몽 (晝想夜夢)
낮에 생각한 바가 그날 밤 꿈으로 나타남.

주색잡기 (酒色雜技)
술과 여자와 노름.

---

* **주야불망 (晝夜不忘)**
밤낮으로 잊지 아니함.

주야장천 (晝夜長川)
밤낮으로 쉬지 않고 잇따라서.

준조절충 樽俎折衝

樽 술통 준 俎 도마 조 折 꺾을 절 衝 충돌할 충

술자리에서 적의 창 끝을 꺾는다는 말로,
외국과의 교섭에서 국위(國威)를 빛내는 일을 의미한다.

    춘추 시대 제(齊)나라 경공(景公) 때 정승으로 등용된 안영(晏嬰)은 성격이 온후하면서 강직할 뿐 아니라, 여우 털가죽으로 만든 옷 한 벌로 30년을 입을 정도로 검소한 사람이었다. 그는 분수에 맞지 않다고 생각한 것은 서슴없이 사양했으며, 상대의 지위가 높고 낮음을 가리지 않고 옳지 않은 행동을 하면 그 자리에서 직간하였다.

    한번은 경공이 많은 식량을 하사하자 끝내 사양하며 이렇게 말했다.

    "욕심대로 이루어지면 망할 날이 가까워진다고 했습니다."

    또한 안영은 훌륭한 외교적 수완을 발휘하여 주변 국가들을 차례로 제압하고, 제나라의 위상을 한층 높인 인물이었다.

    ≪안자춘추(晏子春秋)≫ <내편(內篇)>에는 당시 안영의 외교적 능력을 이렇게 평가하고 있다.

    "술통과 도마(술자리를 말함) 사이에 나가 있지 않아도 천 리 밖을 절충한다. 이는 곧 안자(안영의 경칭)를 두고 하는 말이다."

樽 俎 折 衝 樽 俎 折 衝

주위상책 (走爲上策)
목숨이 위태로울 때에는 도망치는 것이 가장 좋은 꾀라는 말.

주작부언 (做作浮言)
터무니없는 거짓말을 꾸며 냄.

주주객반 (主酒客飯)
주인은 손에게 술은 권하고 손은 주인에게 밥을 권한다는 말. 술에 독을 타지 않았다는 증명으로 주인이 먼저 한 잔 들고 손에게권한다는 해석도 있음.

준답배증 (噂沓背憎)
눈앞에서는 친한 체하며 수다를 떨고 돌아서서는 비방함.

* **중구난방 (衆口難防)**
여러 사람의 말을 이루 다 막기는 어려움.

중구삭금 (衆口鑠金)
여러 사람이 다같이 하는 말에는 금과 같이 굳은 것도 다 부서진다는 뜻으로, 그만큼 사람의 입이 무섭다는 뜻.

중도개로 (中途改路)
일을 진행하는 중간에 방침을 바꿈.

중도반단 (中途半斷)
시작한 일을 깨끗이 끝내지 않고 중간에 흐지부지함.

중도이폐 (中道而廢)
힘이 미처 다하기 전에 중도에서 폐함.

중망소귀 (衆望所歸)
여러 사람의 촉망이 한 사람에게로 쏠림.

중소성다 (衆少成多)
조그만 것도 여럿이 모이면 큰 것이 된다는 말.

중언부언 (重言復言)
한 말을 자꾸 되풀이함.

*중과부적 衆寡不敵

衆 무리 중 寡 적을 과 不 아니 부 敵 적수 적
적은 숫자로는 많은 숫자를 대적하지 못한다는 뜻.

전국 시대 여러 제국을 순회하며 자신의 왕도론(王道論)을 역설하고 다니던 맹자가 제나라 선왕을 만나 이렇게 말했다.

"폐하, 지금 폐하 자신은 안일한 정치를 하시면서 어떻게 나라를 강하게 만들고 천하의 패권을 장악하려고 하십니까?"

맹자의 날카로운 비판에 할말을 잃은 선왕은 머리를 숙였다.

"예를 들어 설명해 보겠습니다. 만약 소국인 추(鄒)나라와 대국인 초(楚)나라가 싸운다면 어느 쪽이 이기겠습니까?"

"그야 물론 초나라이지요."

"그렇습니다. 소국은 결코 대국을 이길 수 없으며, 약자는 강자에게 패하기 마련이고, 소수로는 다수를 대적하지 못합니다. 지금 천하에는 아홉 개의 대국이 있는데, 제나라도 그 하나입니다. 하나로 다른 여덟을 복종시키려는 것은 소국인 추나라가 대국인 초나라에 대적하는 것과 다를 게 없습니다."

이렇게 말한 후, 맹자는 자신의 왕도론을 설파하였다.

"왕도로써 백성을 다스리면 여덟 나라는 폐하의 덕에 머리를 숙일 것이며, 폐하는 쉽게 천하를 움직일 수 있을 것입니다."

衆	寡	不	敵	衆	寡	不	敵				

중원축록 (中原逐鹿)

중원을 천하, 사슴을 임금의 자리에 비유한 것으로, ① 임금의 자리를 얻고자 다툼. ② 서로 경쟁하여 어떤 지위를 얻으려 함.

지과만인 (智過萬人)

지략이 보통 사람보다 썩 뛰어남을 이름.

지기지우 (知己之友)

자기의 속마음을 잘 알아 주는 벗. 서로의 마음을 알아 주는 친구.

지란지교 (芝蘭之交)

벗 사이의 좋은 감화를 주고받으며 서로 이끌어 나가는 맑고도 높은 사귐.

* **지리멸렬 (支離滅裂)**

체계가 없이 이리저리 마구 흩어져 갈피를 잡을 수 없음.

지만의득 (志滿意得)

바라는 대로 되어서 마음이 몹시 흡족함.

지불생무명지초 (地不生無名之草)

땅은 이름 없는 풀을 자라게 하지 않는다는 뜻으로, 이 세상에 쓸모 없는 물건이라고는 하나도 없음을 이르는 말.

지성감천 (至誠感天)

지극한 정성에 하늘이 감동해 무슨 일이나 이룰 수 있다는 말.

지우지감 (知遇之感)

자기의 인격이나 학식을 잘 알아 주고 후하게 대우해 줌에 대한 고마운 마음.

지은보은 (知恩報恩)

남이 베풀어 준 은혜를 알고 그 은혜를 갚음.

지인지감 (知人之鑑)

사람을 알아보는 슬기.

*지록위마 指鹿爲馬

指 가리킬 지 鹿 사슴 록 爲 삼을 위 馬 말 마

사슴을 보고 말이라고 우긴다는 뜻으로, 윗사람을 농락하여 권세를 마음대로
휘두르거나 남에게 잘못을 뒤집어씌워 함정에 빠뜨리는 것을 말한다.

진(秦)나라의 이세 황제 때 승상에 오른 조고(趙高)는 왕위를 찬탈할 계
획을 품고 다른 신하들을 떠보기 위해 한 가지 꾀를 썼다.

어느 날 조고는 사슴 한 마리를 이세 황제에게 바치면서 말했다.

"말 한 필을 올립니다."

그러자 이세 황제는 웃으며 말했다.

"승상은 묘한 말을 하는구려. 사슴을 보고 말이라고 하다니."

"아닙니다. 말이 분명합니다."

조고는 좌우에 있는 신하들에게 물었다.

"그대들이 보기에 이것은 사슴이오, 아니면 말이오?"

얼굴을 숙이고 잠자코 있는 사람도 있고, 조고의 편을 들어 말이라고
아첨하는 사람도 있었다. 또 정직하게 사슴이라고 대답하는 사람도 몇
있었다.

그 후 조고는 사슴이라고 말한 사람을 모두 처형해 버렸다. 그 뒤로
신하들은 조고가 하는 일에 다른 의견을 내놓지 못했다.

얼마 후 조고는 이세 황제를 미친 사람 취급을 하여 멀리 요양을 보
내 버렸다. 그리고 끝내 이세 황제를 죽이고 부소(扶蘇)의 아들 자영(子
嬰)을 황제 자리에 앉혔으나 도리어 자영에게 주살당하는 신세가 되고
말았다.

指	鹿	爲	馬	指	鹿	爲	馬			

지자불혹 (知者不惑)

지자는 사물의 도리에 밝으므로 일을 당하여 의혹하는 바 없이 잘 분별함.

지족불욕 (知足不辱)

분수를 알고 만족하면 욕을 보지 않음.

지호지간 (指呼之間)

손가락으로 부르면 대답할 수 있을 만한 사이로, 매우 가까운 거리라는 뜻.

직목선벌 (直木先伐)

곧은 나무 먼저 꺾인다는 뜻으로, 강한 것은 그만큼 적을 많이 만들 수 있다는 뜻도 됨.

진담누설 (陳談屢說)

길게 늘어놓기만 하였지 도무지 쓸데 없는 말이란 뜻.

---

* **진인사대천명 (盡人事待天命)**

사람으로서 할 수 있는 일을 다한 뒤에 하늘의 뜻을 기다린다는 뜻으로, 무슨 일이나 있는 힘을 다하여 노력하여야 한다는 뜻.

진진상인 (陳陳相因)

묵은 것이 쌓였다는 뜻으로, 일이 진부함을 비유하는 말.

---

* **진퇴양난 (進退兩難)**

앞으로 나갈 수도 없고 뒤로 물러설 수도 없는 궁지에 빠진다는 뜻으로, 어떻게 해야 옳을지 모르는 어려운 사정을 당하였다는 말.

---

* **진퇴유곡 (進退維谷)**

앞으로 나가지도 못하고 물러서지도 못한다는 뜻으로, 어떻게 해야 좋을지 모르는 난처한 경우에 처하였다는 말.

질풍심우 (疾風甚雨)

센 바람과 몹시 쏟아지는 비.

지피지기백전불태 知彼知己百戰不殆

知 알 지　彼 상대 피　己 자기 기　百 일백 백
戰 싸울 전　不 아니 불　殆 위태할 태

상대를 알고 나를 알면 백 번을 싸워도 위태롭지 않다는 말로,
상대의 강점과 약점, 나의 강점과 약점을 충분히 알고
승산이 있을 때 싸움에 임하면 패하지 않는다는 뜻이다.

　손무(孫武)가 쓴 《손자(孫子)》 <모정편(謀政篇)>에 나오는 글이다.

　"적을 알고 나를 알면, 즉 적과 아군의 전력을 냉철히 분석한 후 승산이 있다고 판단될 때 싸우면 백 번을 싸워도 위태롭지 않다.

　그리고 적의 전력은 모른 채 아군의 전력만 알고 싸우면 승패의 확률은 반반이다. 그리고 적과 아군의 전력을 전혀 모르고 싸운다면 싸울 때마다 패하게 된다."

知	彼	知	己	百	戰	不	殆				

차곡격치 (車轂擊馳)
수레가 끊일 사이 없이 많이 왕래함.

차문차답 (且問且答)
한편으로 물으면서 한편으로 대답함.

차여유수 (車如流水)
수레가 쏜살같이 흐르는 물 같다는 뜻으로, 속력이 빠른 것을 비유한 말.

차일피일 (此日彼日)
이날저날하며 자꾸 기한을 늦추는 모양.

차재두량 (車載斗量)
차에 싣고 말로 된다는 뜻으로, 물건이 대단히 많음을 이름.

차청입실 (借廳入室)
대청을 빌려 머물러 있다가 차츰 안방으로 들어온다는 뜻으로, 처음에는 남을 의지하다가 차차 남의 권리를 침범함을 비유.

차치물론 (且置勿論)
내버려두고 문제로 삼지 않음.

차호위호 (借虎威狐)
윗사람의 권위를 빌려 공갈을 하는 자의 비유.

참불인견 (慘不忍見)
너무나 참혹하여 차마 볼 수가 없음.

참정절철 (斬釘截鐵)
꿋꿋하고 의연한 태도.

참초제근 (斬草除根)
걱정이나 재앙이 될 일을 죄다 없애버림을 이르는 말.

창랑자취 (滄浪自取)
자기가 잘못되고 잘되는 것, 칭찬받고 배척받는 것 등은 다 자기 하기에 달렸으며 제 탓이라는 뜻.

*천고마비 天高馬肥

天 하늘 천   高 높을 고   馬 말 마   肥 살찔 비

하늘이 높고 말이 살찐다는 뜻으로, 가을이 썩 좋은 절기임을 나타낼 때 쓰는 말이다.

기원전 4세기 말엽부터 약 5백 년 동안 번영한 중국 북방에 있던 유목 민족인 흉노족(匈奴族)은 중국에 가장 큰 위협을 주는 존재였다.

그래서 전국 시대에는 연·조·진나라가 북방 변경에 성벽을 쌓았고, 진시황은 그 성벽을 연결하여 만리장성을 완성하기도 했다. 흉노족은 말을 타고 끊임없이 중국 변방을 공격했는데, 북방 초원에서 방목과 수렵으로 살아가는 그들에게는 초원이 얼어붙는 긴 겨울을 버텨내야 할 식량이 필요했기 때문이었다.

그래서 가을이 되면 북방에 사는 중국인들은 하늘이 높아지고 말이 살찌는 가을만 되면 언제 흉노가 쳐들어올지 몰라 항시 불안에 떨며 지냈다.

한편 '천고마비(天高馬肥)'라는 말은 두보(杜甫)의 조부인 두심언(杜審言)이 흉노족을 막기 위해 북방으로 떠나는 친구 소미도(蘇味道)에게 보낸 오언 율시에 나온다.

별이 지듯 고요히 눈이 내리고
가을 하늘이 드높으니 변방의 말은 살이 찌누나.
우리 장군이 안장에 걸터앉아 칼을 휘두르는 곳
그대는 승전보나 격문을 쓰기 위해 붓대를 놀릴 것이다.

天	高	馬	肥	天	高	馬	肥			

창업이수성난 (創業易守成難)
일을 이루기는 쉽지만 이룬 것을 지키기는 어려움.

창왕찰래 (彰往察來)
지난 일을 명찰(明察)하여 장래의 득실을 살핌을 이름.

창우백출 (瘡疣百出)
헌데가 많이 났다는 뜻으로, 잘못과 실수가 무수히 많음을 이름.

창졸지간 (倉卒之間)
어떻게 할 수 없이 급작스러운 동안이라는 말.

---

* **창해일속 (滄海一粟)**
넓고 깊은 바다에 떠있는 한 알의 좁쌀로, 매우 넓거나 많거나 아주 큰 것 가운데 섞여 있는 보잘것없는 것.

채색부정 (采色不定)
풍채와 안색이 일정하지 않다는 뜻으로, 희노(喜怒)를 억누르지못하고 잘 나타냄을 이름.

책인즉명 (責人則明)
자신의 잘못은 덮어놓고 남의 잘못을 나무라는 데는 밝음.

처성자옥 (妻城子獄)
아내라는 성과 자식이라는 감옥에 갇혀 있다는 뜻으로, 처자식에얽매어 자유롭게 활동할 수 없음을 비유한 말.

척당불기 (倜儻不羈)
뜻이 크고 기개가 있어서 남에게 구속을 받거나 굽히지 않음.

척산촌수 (尺山寸水)
높은 산에서 내려다 본 경치의 형용.

척애독락 (隻愛獨樂)
짝사랑한다는 뜻으로, 자기 혼자서 생각하고 즐긴다는 뜻.

척오천 (尺五天)
거리가 극히 얼마 안 되는 곳을 이름.

*천려일실 千慮一失

千 일천 **천**　慮 생각할 **려**　一 한 **일**　失 잃을 **실**

천 가지 생각 가운데 한 가지 실수라는 뜻으로,
지혜로운 사람도 많은 생각 가운데 한두 가지의 실책이 있을 수 있다는 말이다.

　한나라 고조의 명에 따라 조(趙)나라로 쳐들어간 한신(韓信)은 조나라를 쳐서 이기자 장병들에게 영을 내려, 적장인 이좌거(李左車)를 산 채로 잡아오는 사람에게는 천금을 주겠다고 말했다. 이좌거는 비록 적이지만 용맹과 지혜가 뛰어나 그를 죽이기가 아까웠기 때문이었다.

　그리하여 포로의 몸이 된 이좌거가 한신 앞으로 끌려나오자, 한신은 손수 이좌거의 포박을 풀어 상좌에 앉히고는 스승으로 받들었다. 그리고 한나라의 천하 통일을 위한 조언을 해줄 것을 부탁했다. 그러나 이좌거는 패한 장수는 병법을 논하지 않는 법이라며 사양했으나, 한신이 거듭 청하자 결국엔 입을 열었다.

　"지혜로운 사람이 천 번 생각하면 반드시 한 번은 잃는 일이 있고, 어리석은 사람이 천 번 생각하면 반드시 한 번은 얻는 것이 있다고 했습니다. 미친 사람의 말도 성인이 택한다고 했습니다. 비록 제가 패장이지만 제 말 가운데 단 하나라도 쓸 것이 있다면 다행이겠습니다."

　이좌거는 한신에게 연나라와 제나라를 칠 생각을 하지 말고 장병들을 쉬게 하라고 권했다. 결국 한신은 이좌거의 도움으로 나중에 크게 성공을 하게 되었다.

千	慮	一	失	千	慮	一	失		

척호지정 (陟岵之情)
고향에 있는 부모를 그리워하는 마음.

천가지년 (天假之年)
수명을 늘여 더 오래 살게 함.

천감만려 (天感萬廬)
각가지 느낌과 생각.

천경지위 (天經地緯)
영원히 변치 않는 진리나 법칙.

천고만난 (千苦萬難)
온갖 고생과 곤란.

천고불후 (千古不朽)
영원히 썩지 않음. 영원히 사라지지 않음.

천교만태 (千嬌萬態)
모든 아름다운 태도나 아양을 떠는 모양.

천군만마 (千軍萬馬)
아주 썩 많은 수효의 병마(兵馬).

천기누설 (天機漏洩)
중대한 기밀이 누설됨을 이르는 말.

천도부도 (天道不謟)
하늘이 선인에게는 복을 주고 악인에게는 화를 주는 것은 조금도 의심할 바 없음.

천려일득 (千廬一得)
어리석은 사람도 많은 생각 가운데는 한 가지쯤 좋은 생각이 미칠 수 있다는 말.

천리동풍 (千里同風)
온 천지에 같은 바람이 분다는 뜻으로, 태평한 세상을 이름.

천리안 千里眼

千 일천 **천**   里 마을 **리**   眼 눈 **안**

천리 밖을 볼 수 있는 안력(眼力)이란 뜻으로,
먼 데서 일어난 일을 직감적으로 감지하는 비상한 재주를 말한다.

위(魏)나라에 양일(楊逸)이라는 젊은이가 하남성에 태수로 부임해 왔다. 그는 젊은이다운 순수한 패기로 고을을 다스림에 심혈을 다 기울였다. 마을사람들이 '우리 태수께서는 밥 먹는 것도 잠자는 것도 다 잊은 채 일만 하고 계신다'며 칭찬할 정도였다.

또 병사들이 멀리 출정을 나갈 때에는 폭풍우를 무릅쓰고라도 반드시 전송할 정도로 만사에 정열이 대단한 관리였다.

어느 해 전란이 겹쳐 굶어 죽는 백성이 각처에서 속출하자 양일은 비축해 두었던 식량을 풀어 굶주린 사람들에게 나누어 주었다. 또 노인이나 병자들에게는 밥을 지어 주기까지 했다. 한 관원이 중앙 정부의 의향을 걱정하자 양일은 이렇게 말했다.

"나라의 근본은 백성인데 그 백성들의 목숨을 잇는 식량을 나누어 주는 것이 죄가 된다면 나는 그 벌을 달갑게 받겠다."

양일은 자신이 부임해 있는 고을의 곳곳에 첩자들을 풀어 범죄자들을 가려내는 등 고을을 평화롭게 하는데 온갖 애를 썼다. 첩자로부터 수집한 정보를 토대로 멀리 떨어진 지방의 일까지 자세히 알았는데, 이러한 그의 행동을 본 사람들은 이런 말을 했다고 한다.

"양태수께서는 천리를 내다보는 눈을 지니고 있습니다. 그러므로 어떤 식으로든 속일 수가 없습니다."

千	里	眼	千	里	眼		

천만부당지설 (千萬不當之設)
아주 부당한 말. 얼토당토 않은 말.

천무음우 (天無淫雨)
하늘에서 궂은 비가 내리지 않는다는 뜻으로, 화평한 나라, 태평한 시대를 비유하여 이르는 말.

천무이일 (天無二日)
하늘에는 태양이 둘이 없다는 뜻으로, 한 나라에 두 임금이 있을 수 없음을 비유하여 이르는 말.

천반주하 (天半朱霞)
인품이 특출하여 뭇 사람의 눈길을 끄는 것을 비유하는 말.

천방지축 (天方地軸)
① 어리석게 종잡을 수 없이 덤벙이는 상태. ② 몹시 급하여 방향을 모르고 함부로 날뛰는 상태를 이르는 말.

천번지복 (天飜地覆)
세상에 커다란 변동이 일어남을 뜻하는 말.

천봉만학 (千峯萬壑)
수많은 산봉우리와 산골짜기.

천부당만부당 (千不當萬不當)
조금도 가당치 않음.

천붕지통 (天崩之痛)
하늘이 무너지는 것처럼 아프다는 뜻. 임금이나 아버지의 상사(喪事)를 당한 슬픔.

천사만량 (千思萬量)
여러 가지 생각과 헤아림.

천상기린아 (天上麒麟兒)
뭇 어린이들 중에서 뛰어난 어린이를 칭찬해서 하는 말.

*천의무봉 天衣無縫

天 하늘 천   衣 옷 의   無 없을 무   縫 바느질할 봉

하늘의 직녀가 짜 입은 옷은 솔기가 없다는 뜻으로,
시문(詩文) 등이 매우 자연스러워 조금도 꾸민 데가 없음을 비유하기도 하고,
완전 무결하여 흠이 없음을 비유하기도 한다.

당나라 때 문학에 뛰어난 곽한(郭翰)이란 청년이 살고 있었다.

어느 해 여름날 저녁 곽한이 나무 그늘 밑에서 쉬고 있는데, 어디선가 시원한 바람이 스쳐 지나가면서 향기를 풍기는 것이었다. 머리를 들어보니 한 어여쁜 선녀가 하늘에서 내려오고 있는 것이었다. 곽한은 넋을 잃고 바라보다가 선녀에게 물었다.

"당신은 대체 어디서 온 누구요?"

선녀가 대답했다.

"저는 하늘에서 내려온 직녀(織女)입니다. 지금 인간 세상으로 놀러 오는 길이랍니다."

곽한이 무언가에 홀린 듯 직녀 곁으로 다가가 찬찬히 살펴보니, 아주 가볍고 부드러운 직녀의 옷에는 어디를 보아도 바늘로 꿰맨 자국이 없었다.

곽한이 그 이유를 묻자 직녀가 대답했다.

"저희들이 입는 천의(天衣)는 원래 바늘이나 실을 쓰지 않는답니다."

곽한은 그 옷이 너무 아름다워 넋을 잃고 계속 바라보았다.

天	衣	無	縫	天	衣	無	縫				

천생배필 (天生配匹)
하늘에서 미리 마련해 둔 배필이니 썩 잘 어울리는 배필이란 말.

천생우익 (天生羽翼)
형제간에 서로 친함을 비유.

천석고황 (泉石膏肓)
자연을 사랑하는 것이 병적이라 할 만큼 깊다는 뜻.

천세일시 (千歲一時)
다시 만나기 어려운 좋은 기회.

＊ **천신만고 (千辛萬苦)**
한없이 수고하고 애를 쓰며 고생한다는 뜻.

＊ **천양지간 (天壤之間)**
하늘과 땅의 사이라는 뜻으로, 매우 차이가 심함을 이름.

천연세월 (遷延歲月)
일을 당한 그때그때 처리하지 않고 미루는 것을 이름.

천연지차 (天淵之差)
차이가 현격하여 마치 하늘과 땅 위의 연못과의 거리에 견줄 수 있다는 말.

＊ **천우신조 (天佑神助)**
하늘과 신의 도움.

천은망극 (天恩罔極)
임금의 은혜가 한없이 두터움.

천인지의 (天仁地義)
하늘의 인(仁)과 땅의 의(義). 하늘과 같이 인자하고, 땅과 같이 바름을 이르는 말.

천자만홍 (千紫萬紅)
천가지 자줏빛과 만가지 주홍이란 뜻으로, 온갖 빛깔로 만발한 꽃을 이름.

천재일우 千載一遇

千 일천 천　載 해 재　一 한 일　遇 우연히 만날 우

천 년만에 한 번 만나게 되는 기회라는 뜻으로,
좀처럼 만나기 어려운 좋은 기회를 일컫는다.

　　동진(東晋)의 학자 원굉(袁宏)이 삼국 시대의 명신 스무 명을 골라 그들
한 사람 한 사람의 행장(行狀)을 칭찬하는 찬(贊)을 짓고 거기에 서문을
붙인 것이 ≪삼국 명신 서찬(三國名臣序贊)≫ 이다.

　　그는 이 서문에서 "백락(伯樂)을 만나지 못하면 천 년을 가도 천리마
(千里馬) 한 필 생겨나지 않는다."고 말하여 현명한 군주와 뛰어난 신하
가 만나기란 그리 쉬운 일이 아님을 비유한 다음 계속해서, "무릇 만 년
에 한 번의 기회는 세상의 공통된 원칙이요, 천 년에 한 번의 만남은 현
군과 명신의 진귀한 만남이다. 이런 기회를 만나면 그 누가 기뻐하지 않
으며 이를 놓치면 누가 한탄하지 않겠는가."라고 말했다.

千	載	一	遇	千	載	一	遇				

천작지합 (天作之合)
하늘이 지은 배필.

천장지구 (天長地久)
① 하늘과 땅은 영원함을 이르는 말. ② 하늘과 땅처럼 영구히 변함이 없음을 이르는 말.

---

* **천정부지 (天井不知)**
물건값 같은 것이 자꾸 오르기만 함을 가리키는 말.

천지망아 (天之亡我)
아무 잘못 없이 저절로 결판이 난다는 말.

천진난만 (天眞爛漫)
조금도 꾸밈없이 천진함.

---

* **천차만별 (千差萬別)**
여러 가지 사물이 제각기 서로 차이와 구별이 많이 있음.

천참만륙 (天斬萬戮)
수없이 여러 동강을 쳐서 참혹하게 죽임.

천추만세 (千秋萬歲)
천년이고 만년이고 오래 삶. 장수를 축수하는 말.

천추유한 (千秋遺恨)
오랜 세월을 두고 잊지 못할 원한.

천층만층 (千層萬層)
매우 많은 사물이 구별되는 층, 또는 그 모양. 수없이 많이 포개어진 켜.

천태만상 (千態萬象)
여러 가지 다른 모양과 형상이 있다는 말.

천파만파 (千波萬波)
수없이 많은 물결. 갈피를 잡을 수 없이 어지러운 형상을 이르는말.

철면피 鐵面皮

鐵 쇠 **철**   面 얼굴 **면**   皮 가죽 **피**

얼굴에 철판을 깐 듯 부끄러운 줄을 모르는 파렴치한 인간을 두고 하는 말이다.

옛날에 왕광원(王光遠)이라는 사람이 있었다. 그는 학문과 재능이 남달리 뛰어나 과거 급제도 했으나 출세욕이 지나쳐 갖은 수단과 방법을 가리지 않고 권문세가들에게 아첨을 일삼는 지독한 출세주의자였다.

언젠가 한번은 술에 취한 상관이 몽둥이를 집어들고는 이렇게 말했다.

"자네를 이 몽둥이로 때리고 싶은데 때려도 되겠는가?"

"괜찮습니다. 어느 분의 명이라고 거역하겠습니까. 자, 기꺼이 맞겠습니다. 때리십시오."

그러자 상관은 사정없이 왕광원을 때렸는데 왕광원은 화를 내기는커녕 태연하게 그 매를 다 견뎌냈다. 이를 보다 못한 친구가 그에게 화를 냈다.

"여러 사람 앞에서 그런 창피를 당하고도 어찌 그리 태평한가? 자네는 쓸개도 없는가?"

"창피한 것은 잠시뿐일세. 상관에게 잘 보여서 나쁠 건 없지 않은가?"

친구는 기가 막혀 입을 다물지 못했다.

당시의 사람들은 그를 가리켜 '광원의 낯가죽은 두껍기가 열 겹의 철갑(鐵甲) 같다'고 하였다.

鐵	面	皮	鐵	面	皮			

* **천편일률 (千篇一律)**
  ① 여러 시문의 격조가 거의 비슷하여 개별적 특성이 없음. ② 많은 사물이 개성 없이 엇비슷함.

천필염지 (天必厭之)
하늘이 못된 사람을 미워하여 반드시 벌을 줌을 이르는 말.

천하언재 (天何言哉)
하늘은 아무 말도 하지 않지만 도(道)는 행한다는 것.

천하태평 (天下泰平)
평화로운 세상이라는 말. 근심 없는 마음을 뜻함.

천학비재 (淺學菲才)
학문이 얕고 재주가 보잘것없음. 자기 학식을 겸손하게 이르는 말.

철가도주 (撤家逃走)
온 가족을 데리고 살림을 뭉뚱그려 도망감.

---

* **철두철미 (徹頭徹尾)**
  머리에서 꼬리까지 철저함. 처음부터 끝까지 철저함.

철중쟁쟁 (鐵中錚錚)
평범한 사람들 중에 특별히 뛰어난 사람을 이르는 말.

철천지원 (徹天之冤)
하늘에 닿을 정도로 사무친 큰 원한이라는 뜻.

첩첩이구 (喋喋利口)
거침없이 잘하는 빠른 말솜씨.

청경우독 (晴耕雨讀)
갠 날은 논밭 일을 하고 비오는 날에는 집에서 책을 읽는다는 뜻으로, 부지런히 일하며 시간 나는 대로 공부함을 이르는 말.

청등홍가 (靑燈紅街)
화류계(花柳界)를 달리 이르는 말.

청운지지 靑雲之志

靑 푸를 **청**   雲 구름 **운**   之 갈 **지**   志 뜻 **지**

청운(靑雲)이란 푸른 빛깔의 구름으로, 높은 지위에 올라가고자 하는
야망을 뜻하기도 하고, 속(俗)된 세상에서 벗어나려는 뜻을 의미하기도 한다.

　　당나라 현종 때의 어진 재상이었던 장구령(張九齡)은 간신 이임보(李林
甫)의 모략으로 파면되어 초야에서 여생을 보낸 인물이다. 아래의 시는
장구령이 재상의 자리에서 물러났을 때의 감회를 읊은 시로, <아침에
일어나 거울을 보니 백발이 비치는구나(朝鏡見白髮)>라는 제목이 붙어
있다.

　　옛날 청운의 뜻을 품고 벼슬길에 올랐건만
　　백발이 다 된 지금에 와서 차질이 빚어지는구나.
　　누가 알리요, 거울 속에 비친 내 모습과
　　그것을 보고 있는 내가 서로 측은히 여기고 있는 것을.

　　옛날에는 청운이란 말이 꼭 출세의 뜻하지는 않았다. 《사기(史記)》
의 <백이열전(伯夷列傳)>에서 이렇게 말하고 있다.
　　"평민들이 행실을 닦아 이름을 후세에 남기려 해도 청운의 선비의 힘
을 빌리지 않고서야 어찌 그것이 가능하겠는가."
　　즉, 백이·숙제 같은 사람도 공자와 같은 성인이 위대하게 평해 주지
않았으면 그 이름이 세상에 전해질 수 없었다는 것을 개탄한 것으로, 여
기서는 공자가 청운지사(靑雲之士)로 지칭되었다.

青	雲	之	志	青	雲	之	志			

청백리 (淸白吏)
청렴한 벼슬아치.

청산유수 (靑山流水)
막힘 없이 말을 썩 잘하는 것의 비유.

청심과욕 (淸心寡慾)
마음이 깨끗하고 욕심이 적음.

청심이 (淸心耳)
정신과 귀를 깨끗이 함.

청의동자 (靑衣童子)
신선의 시중을 든다는 푸른빛의 옷을 입은 남자아이.

초근목피 (草根木皮)
① 풀뿌리와 나무껍질. 영양 가치가 적은 악식(惡食)을 가리키는말.
② 한약의 재료가 되는 물건.

---

* **초로인생 (草露人生)**
풀 끝에 맺힌 이슬과 같은 인생이라는 뜻으로, 사람이 산다는 것이 매우 허무하고 세상이 덧없다는 말.

---

* **초록동색 (草綠同色)**
풀빛과 녹색은 한 색깔이라는 말로, 서로 같은 처지나 같은 부류의 사람들끼리 함께 함.

초망지신 (草莽之臣)
벼슬을 하지 않고 초야에 묻혀 사는 사람.

초모지신 (草茅之臣)
자기 자신을 겸손하게 이르는 말로, 재야의 신하를 가리킴. 벼슬하지 않은 신하.

초목개병 (草木皆兵)
적을 두려워한 나머지 온 산의 초목을 적병으로 잘못 보았다는뜻.

청천백일 青天白日

青 푸를 **청** 天 하늘 **천** 白 흰 **백** 日 날 **일**

맑게 갠 하늘에서 빛나는 해란 뜻으로, 훌륭한 인물은 세상 사람들 모두
알아본다는 의미였으나, 지금은 무죄를 가리키는 말로 쓰인다.

　당송팔대가의 한 사람인 한유(韓愈)의 친구 중에 최군(崔群)이라는 사람이 있었다.

　최군은 벼슬길에 오르지 않고 생활했는데, 인품이 고상하여 한유와 각별하게 지냈다. 언젠가 한유는 친구 최군의 고매한 인품을 써보냈는데 그 글 속에 이런 구절이 담겨 있다.

　"사람이라면 누구든지 제각기 싫고 좋은 감정이 있을 터인데 현명한 사람이든 어리석은 사람이든 모두가 한결같이 자네를 흠모하는 이유는 무엇인가. 봉황과 지초(芝草)가 상서로운 것이라는 사실을 모르는 사람은 없을 것이며, 청천백일(青天白日)이 맑고 밝다는 사실을 노비들인들 모를 리 있겠는가?"

　즉 최군과 같이 기품 있고 고상한 사람(청천백일과 같은 사람)은 배우지 못하고 무식한 노비들조차도 알아본다는 말이다.

青	天	白	日	青	天	白	日				

초목구부 (草木俱腐)
초목과 함께 썩어 없어진다는 뜻으로, 세상에 알려짐 없이 사라짐을 비유.

초무시리 (初無是理)
처음부터 이치에 맞지 아니함.

초심고려 (焦心苦慮)
마음을 태우며 괴롭게 염려함.

초잠식지 (稍蠶食之)
점차적으로 조금씩 침략하여 들어감.

초창함루 (悵怊含淚)
섭섭하여 슬피 눈물을 머금음.

촉불현발 (燭不見跋)
촉(燭)은 횃불, 발(跋)은 횃불의 밑동을 이름. 횃불이 이미 다 타버려서 횃불의 밑동이 보이면 밤은 이미 깊어진 것임.

촉처봉패 (觸處逢敗)
가는 곳마다 낭패(狼狽)를 당함.

촌마두인 (寸馬豆人)
멀리에 있는 말과 사람이 작게 보임을 이르는 말.

촌선척마 (寸善尺魔)
좋은 것은 적고 나쁜 것이 많다는 뜻.

촌전척택 (寸田尺宅)
조그만 재산(財産).

촌진척퇴 (寸進尺退)
진보는 적은데 퇴보가 많음. 또는 얻는 것은 적은데 잃는 것이 많음을 이르는 말.

총욕개망 (寵辱皆忘)
총애와 치욕을 모두 잊고 마음에 두지 않음.

[*]청천벽력 靑天霹靂

靑 푸를 **청**　天 하늘 **천**　霹 벼락 **벽**　靂 벼락 **력**

맑게 갠 하늘의 날벼락이란 뜻으로, 뜻밖에 일어난 재난이나
변고가 생기는 경우에 쓰이는 말이다.

'청천벽력(靑天霹靂)'이란 남송 시대의 시인 육유(陸游)가 쓴 <9월 4일
닭이 아직 울지 않은 시각에 일어나 지금(九月四日鷄未鳴起作)>이라는 제
목의 오언 고시에서 유래된 말이다.

　　방옹이 병으로 가을을 지내고
　　홀연히 일어나 취한 듯 글을 쓰니
　　오래 웅크려 있던 용과 같이
　　푸른 하늘에서 벼락이 치는구나.
　　비록 이 글이 좀 괴이하고 기이하나
　　불쌍히 여겨 보아 준다면 볼 만도 하리라.
　　갑자기 이 늙은이가 죽기라도 하면
　　천금을 주고도 구하지는 못하리라.

　여기서 방옹(放翁)이란 육유가 만년에 즐겨 쓰던 호이며, 이 시의 제목
을 참조할 때, 닭도 안 우는 늦가을의 어느 새벽에 병상을 박차고 일어
나 앉은 시인이 흥이 나는 대로 붓을 놀려 썼던 모양이다. 이 시에서의
청천벽력은 붓놀림의 웅혼함을 비유한 것이지만 병자(病者)의 돌연한 행
동도 암시하는 듯하다.

靑	天	霹	靂	靑	天	霹	靂				

총욕약경 (寵辱若驚)

달인(達人)은 총영(聰穎)에 놀람이 곤욕에 놀람과 같다. 왜냐하면 총영을 누리면 곤욕(困辱)은 반드시 따르기 때문임. 곧 내 몸을 총욕 이외에 두어야 함을 이름.

총죽지교 (蔥竹之交)

어렸을 때 파피리를 불고 죽마를 타면서 함께 놀던 벗의 교분.

총중고골 (塚中枯骨)

핏기 없이 파리하고 뼈만 남은 사람을 이름.

최강위유 (摧剛爲柔)

강직(剛直)한 성질(性質)을 꺾고 유화(柔和)하게 하는 것.

최고납후 (催枯拉朽)

썩은 나무를 찍는다는 뜻으로, 일이 대단히 쉬움을 이르는 말.

추경정용 (椎輕釘聳)

망치가 가벼우면 못이 솟는다는 뜻으로, 윗사람이 약하면 아랫사람이 말을 듣지 않게 된다는 것을 이르는 말.

추고마비 (秋高馬肥)

가을에는 공기가 맑아 하늘이 높아 보이고 말도 살쪄 기운차 보임을 이름. 중국 북쪽의 흉노(匈奴)가 이때를 타서 변경(邊境)을 침노하기 잘하므로 이름.

추도지말 (錐刀之末)

사소(些少)한 이익(利益). 적은 이익.

추도지리 (錐刀之利)

뾰족한 송곳의 끝. 아주 작은 일.

추로 (鄒魯)

공자는 노(魯)나라 사람이고, 맹자는 추(鄒)나라 사람이라는 뜻으로, 공맹(孔孟)을 가리켜 이르는 말.

*청출어람 靑出於藍

青 푸를 청 出 날 출 於 어조사 어 藍 쪽 람

쪽에서 나온 푸른 물감이 쪽보다 더 푸르다 뜻으로,
제자가 스승보다 더 뛰어남을 일컫는 말이다.

전국 시대 유학자로서 성악설을 주장한 순자(荀子)의 <권학편(勸學篇)>에 나오는 한 구절이다.

"배움은 잠시도 그쳐서는 안 된다. 푸른색은 쪽에서 나오지만 쪽보다 더 푸르고 얼음은 물이 만들지만 물보다 더 차다."

학문에 뜻을 둔 사람은 잠시도 게을리 해서는 안 된다. 그 예로 쪽이라는 풀에 사람의 노력이 가해짐으로 해서 그 쪽 자체보다 더 깨끗하고 진한 푸른 색깔을 얻을 수 있다.

얼음은 물이 얼어서 되지만 물에서 얼음이 되는 과정을 거치기 때문에 물보다 더 차가운 성질의 것이 된다. 그러므로 학문을 스승에게 배우기는 하지만 그것을 열심히 익히고 행함으로써 스승보다 더 깊고 높은 학문과 덕을 갖게 될 수 있다.

靑	出	於	藍	靑	出	於	藍				

추매도구 (椎埋屠狗)

사람을 때려 죽여 파묻으며 개를 잡아 판다는 뜻으로, 포악잔적(暴惡殘賊)의 무리를 이름.

추부의뢰 (趨附依賴)

세력 있는 사람에 붙좇아서 의탁하여 지냄.

추상 (秋霜)

서슬이 퍼런 위엄(威嚴)이나 매서운 지조(志操). 또는 엄한 형벌을 비유.

추상열일 (秋霜烈日)

가을의 찬 서리와 여름의 뜨거운 태양이라는 뜻으로, 지조(志操)나 위력 따위가 썩 엄함을 이르는 말.

추염부열 (趨炎附熱)

권세와 부귀에 아부함. 권세 있는 사람에게 아부하는 것.

추요지설 (芻蕘之說)

꼴 베고 나무하는 무식한 사람의 이야기라는 뜻으로, 촌스럽고 고루한 말이란 뜻.

추우강남 (追友江南)

동무 따라 강남(江南) 간다는 뜻으로, 자기 주관 없이 남의 주관에 따라 이리저리 움직임을 이름.

추우향사 (椎牛饗士)

군중(軍中)에서 소를 잡아 장병에게 먹인다는 말로, 대장이 부하를 우대함을 이름.

추월한강 (秋月寒江)

유덕(有德)한 사람은 그 마음의 맑기가 가을 달과 찬 강물 같다는 뜻.

추일사가지 (推一事可知)

한 가지 일을 미루어서 다른 일을 능히 알 수 있음.

초미지급 焦眉之急

焦 태울 **초**　眉 눈썹 **미**　之 갈 **지**　急 급할 **급**

눈썹에 불이 붙은 것과 같이 매우 위급한 상태로,
그대로 방치할 수 없는 매우 다급한 일이나 경우를 비유한 말이다.

　　금릉(金陵) 장산(蔣山)의 법천불혜선사(法泉佛慧禪師)가 만년에 칙명으로
대상국지해선사(大相國智海禪寺)의 주지로 임명되었을 때 중들을 보고 물
었다.

　　"주지로 가는 것이 옳겠는가, 아니면 이곳 장산에 머물러 있는 것이
옳겠는가?"

　　선사는 계속 도(道)를 닦을 것인가, 황명(皇命)을 받들어 출세의 길을
달려야 할 것인가 망설였던 것이다.

　　그러나 이 물음에 대답하는 사람은 아무도 없었다.

　　그러자 선사는 붓을 들어 명리(名利)를 초탈한 경지를 게(偈)로 쓴 다음
앉은 채 그대로 세상을 떠났다고 한다.

　　이 법천불혜선사가 수주(隨州)에 있을 때 그곳의 중들로부터 여러 가
지 질문을 받고 대답한 말 가운데 이런 것이 있다.

　　"어느 것이 가장 급박한 글귀가 될 수 있습니까?"

　　"불이 눈썹을 태우는 것이다."

焦	眉	之	急	焦	眉	之	急		

추풍낙엽 (秋風落葉)

가을 바람에 나뭇잎이 떨어져 흩날림과 같이 산산이 떨어짐을 이름.

추회막급 (追悔莫及)

지나간 일을 후회하여도 소용이 없음.

축록자불견산 (逐鹿者不見山)

사슴을 쫓는 사람은 산을 보지 못한다는 뜻으로, 명예와 사리사욕에 눈이 먼 사람은 도리를 저버리기 쉽다는 말.

춘화추월 (春花秋月)

봄철의 꽃과 가을철의 달이란 뜻으로, 자연계의 아름다움을 이르는 말.

출장입상 (出將入相)

나가서는 장수가 되고 들어와서는 재상이 된다는 뜻으로, 문무(文武)를 겸비한 사람.

출천열녀 (出天烈女)

하늘이 낸 열녀라는 뜻으로, 매우 절개가 굳은 열녀를 이르는 말.

충의전골수 (忠義塡骨髓)

충의를 다하고자 하는 마음이 골수에 깊이 박힘.

취기소장 (取其所長)

다른 사람의 장점을 취하여 자기 것으로 함.

취생몽사 (醉生夢死)

취몽 속에 살고 죽는다는 뜻으로, 아무 하는 일 없이 한평생을 흐리멍덩하게 살아감.

취적비취어 (取適非取魚)

낚시질을 하는 참뜻이 고기 잡는 데 있지 않고 세상 생각을 잊고자 하는 데 있음. 어떤 행동의 목적이 다른 데 있음.

촌철살인 寸鐵殺人

寸 마디 촌   鐵 쇠 철   殺 죽일 살   人 사람 인

한 치의 짤막한 칼로 살인을 한다는 뜻으로, 간단한 경구로
상대방의 급소를 찔러 당황시키거나 감동시킴을 비유한 말이다.

남송 때 나대경(羅大經)이라는 사람은 찾아오는 손님들과 주고받은 재미있는 말들을 하인에게 시켜 기록하게 했다.

그 기록을 책으로 묶은 것이 ≪학림옥로(鶴林玉露)≫이다. 이 책은 18권으로 천(天)·지(地)·인(人) 세 부분으로 구성되어 있다. 그중 지부(地部)의 살인수단(殺人手段)에 종고선사(宗杲禪師)가 선에 대해 다음과 같이 말했다.

"비유하면 사람이 한 수레에 병기를 싣고 와서 이것도 꺼내 써보고 저것도 꺼내 써보고 하지만, 이것이 곧 사람을 죽이는 수단은 아니다. 나는 오로지 촌철(寸鐵)이 있으므로 당장 사람을 죽일 수 있다."

종고는 북송 임제종(臨濟宗)의 선승으로 대혜선사(大慧禪師)라 불렸다. 그가 여기서 말한 살인(殺人)이란 사람을 죽이는 것이 아니라, 자기 마음속의 속된 생각을 완전히 쫓아 없애는 것을 뜻한다. 그 속된 생각을 성급하게 없애기 위해 수양이 덜된 사람은 이런 저런 방법을 써보지만 죽이지 못하고, 깨달음의 경지에 이른 사람은 비록 작은 '칼'이지만 단 한 번에 잡념을 죽일 수 있다는 말이다.

寸	鐵	殺	人	寸	鐵	殺	人		

취중진정발 (醉中眞情發)
사람이 술에 취하게 되면 평상시에 품고 있던 제 마음 속 생각을 토로한다는 말.

측석이좌 (側席而坐)
마음속에 근심이 있어서 앉은 자리가 편하지 않음을 이름.

치국평천하 (治國平天下)
나라를 잘 다스리고 온 세상을 평화롭게 함. 국가를 안태(安泰)하게 함.

치지도외 (置之度外)
내버려둔 채 상대하지 않음.

칠거지악 (七去之惡)
유교 도덕에서 아내를 내쫓을 수 있는 일곱 가지 죄악. 즉 시부모에게 불손하고, 자식을 못 낳고, 행실이 음란하고, 질투하고, 불치병이 있고, 말이 많아 집안의 화목을 깨고, 도둑질을 했을 경우를 말함.

칠보홍안 (七寶紅顔)
칠보 단장을 한 젊은 여인의 고운 얼굴.

＊ **칠전팔기 (七顚八起)**
일곱 번 넘어졌다가 여덟 번째 일어난다는 뜻으로, 여러 번의 실패에도 굽히지 않고 분투한다는 말.

＊ **칠종칠금 (七縱七擒)**
일곱 번 놓아 주고 다시 일곱 번 잡는다는 말로, 자유자재로운 전술을 말함.

＊ **침소봉대 (針小棒大)**
바늘같이 작은 일을 몽둥이같이 크게 말한다는 뜻으로, 조그마한 일을 크게 과장하여 떠드는 것을 이름.

치인설몽 痴人說夢

痴 어리석을 치　人 사람 인　說 말할 설　夢 꿈 몽

어리석은 사람이 꿈 이야기를 한다는 뜻으로,
종잡을 수 없이 아무렇게나 지껄이는 것을 일컫는다.

　　남송의 석혜홍(釋惠洪)이 지은 ≪냉제야화(冷齊夜話)≫라는 책에 이런
이야기가 나온다.

　　당나라 때 서역(西域)의 고승이던 승가(僧伽)가 양자강과 회하(淮河)
유역에 있는 지금의 안휘성(安徽省) 근처를 지나가고 있을 때였다. 한 낯
선 사람이 다가와 그에게 물었다.

　　"당신은 성이 무엇(何)입니까?"

　　"내 성은 무엇(何)이오."

　　"그럼 당신은 어느 나라 사람(何國人)입니까?"

　　"나는 어느 나라 사람(何國人)입니다."

　　훗날 승가가 죽은 뒤, 당나라의 문인 이옹(李邕)이 승가를 위해 비문을
썼는데, 그는 승가가 농담으로 한 말을 그대로 믿고 비문에, '승가 대
사의 성은 하(何)씨고 하(何)나라 사람이었다'라고 썼다고 한다.

　　그리고 석혜옹은 이옹의 이와 같은 어리석음에 대해 ≪냉재야화(冷齊
夜話)≫에 이렇게 토를 달았다.

　　"이것이 바로 어리석은 사람에게 꿈을 이야기한다는 것이다. 이옹은
꿈을 참인 줄로 믿고 말았으니 참으로 어리석은 자라 아니할 수 없다."

痴	人	說	夢	痴	人	說	夢			

타상하설 (他尚何說)

한 가지 일을 보면 다른 일은 보지 않아도 능히 헤아릴 수 있다는 말.
하나를 보면 열을 앎.

타수가결 (唾手可決)

쉽게 승부를 낼 수 있음을 이름.

타초경사 (打草驚蛇)

풀을 쳐서 뱀을 놀라게 한다는 뜻으로, 무심코 한 일이 의외의 결과를
초래함.

타향고지 (他鄕故知)

외로운 타향에서 고향 벗을 만났다는 뜻으로, 기쁨이 굉장히 클때를
이름.

탁상공론 (卓上空論)

탁상 위의 헛된 이론으로, 현실성이나 실현성이 없는 허황된 이론.

탁족만리류 (濯足萬里流)

속세에서 초연(超然)함을 형용한 말.

탁탁여춘월류 (濯濯如春月柳)

봄철에 윤이 나는 새싹이 튼 버들처럼 아름다움.

탄우지기 (呑牛之氣)

소를 삼킬 만한 장대한 기상.

탄지지간 (彈指之間)

손가락 끝을 튀길 동안이라는 뜻으로, 세월의 흐름이 매우 빠름을 이름.

탄화와주 (呑花臥酒)

꽃을 사랑하고 술을 좋아하는 풍류의 기질을 이르는 말.

탈토지세 (脫兔之勢)

토끼가 울에서 뛰쳐나오듯 신속한 기세를 이름.

*타산지석 他山之石

他 다를 **타** 山 뫼 **산** 之 갈 **지** 石 돌 **석**

다른 산에서 난 나쁜 돌도 자기의 구슬을 가는 데는 소용이 된다는 뜻으로,
다른 사람의 하찮은 언행이라도 자기의 지덕을 연마하는데 도움이 된다는 말이다.

≪시경(詩經)≫ <소아편(小雅篇) 학명(鶴鳴)>에 나오는 글이다.

학이 깊은 산 못에서 울어
그 소리는 멀리 들에까지 울린다.
물고기는 연못 깊이 숨어 산다지만
때로는 연못가에 나와 놀기도 한다.
아름다운 저기 저 동산에는
박달나무가 심어져 있고
그 밑에는 닥나무가 심어져 있네.
다른 산의 돌이라도
옥을 갈 수 있다네.

학이 깊은 산 못에서 울어도
그 소리는 하늘까지 울려 퍼지네.
물가에 나와 노는 물고기라도
때로는 연못 깊이 숨기도 한다네.
즐거운 저기 저 동산 위에는
의지하고 쉴 한 그루의 향목은 있어도
그 밑에 나쁜 나무만 있어 그렇게는 안 된다네.
다른 산의 몹쓸 돌이라지만
구슬은 그것으로 갈아 빛이 난다네.

他 山 之 石 他 山 之 石

* **탐관오리 (貪官汚吏)**
벼슬을 탐내는 추잡한 벼슬아치.

탐다무득 (貪多務得)
욕심이 많아 많은 것을 탐냄.

탐천지공 (貪天之功)
천연의 공을 탐내어 자기 힘으로 이룬 체함.

탐화봉접 (探花蜂蝶)
꽃을 찾는 벌과 나비라는 뜻으로, 여색을 좋아하여 노니는 사람을 이름.

태강즉절 (太剛則折)
지나치게 굳고 꼿꼿하면 쉽게 부러진다는 뜻으로, 지나치게 단단한 사
람은 도리어 실수하기 쉽다는 뜻.

태백촉월 (太白捉月)
이백(李白)이 채석(采石)에서 술에 만취하여 물 속의 달을 잡으려다 죽
은 일.

태연자약 (泰然自若)
마음에 무슨 충동을 받아도 움직임 없이 천연스러움.

태평연월 (太平烟月)
편안하고 안락한 세월.

택피창생 (澤被蒼生)
덕택(德澤)이 모든 백성에게 미침.

토각 (兎角)
토끼에 뿔이 났다는 뜻으로, 세상에 있을 수 없는 일을 이름.

토미양화 (土美養禾)
고운 흙은 벼를 잘 기른다는 뜻으로, 어진 임금은 인재를 잘 기름을 비
유한 말.

*태산북두 泰山北斗

泰 클 태 山 뫼 산 北 북녘 북 斗 별이름 두

태산과 북두성으로, 세상 사람으로부터 가장 존경을 받는 사람을 가리킨다.

　당송 8대 문장가 중에 첫째로 손꼽히는 사람인 한유(韓愈)는 순탄치 못한 벼슬살이를 했다. 그에게는 가장 친한 친구 유종원(柳宗元)이 있었다. 두 사람의 사이가 너무 친밀하여 주위 사람들은 두 사람을 가리켜 '한유' 라고 불렀다.

　두 사람은 학문에도 정진하여 고문(古文) 부흥 운동을 제창하기도 했다. 그들은 훗날 후학들로부터 존경을 받았다. 이에 대해 ≪당서(唐書)≫ <한유전(韓愈傳)>에 이런 대목이 실려 있다.

　"한유가 죽은 뒤, 그의 학문은 세상에 널리 번성했으며 학자들은 그를 태산북두처럼 우러러보았다."

泰	山	北	斗	泰	山	北	斗				

토붕와해 (土崩瓦解)

큰 흙덩이가 무너지거나 기와가 부서져 버림 같이, 일이나 물건이 산산이 흩어져서 수습할 수 없는 혼란에 빠짐을 이르는 말.

토사호비 (兎死狐悲)

토끼의 죽음을 여우가 슬퍼한다는 말로, 남의 처지를 보고 자기 신세를 헤아려 동류(同類)의 슬픔을 서러워한다는 뜻.

토영삼굴 (兎營三窟)

토끼가 위난(危難)을 피하기 위해 세 개의 굴을 파놓는다는 뜻으로, 자신의 안전을 위하여 미리 피할 방책을 몇 가지 짜놓음을 이르는 말.

토진간담 (吐盡肝膽)

솔직한 심정을 숨김없이 모두 말함.

통가지의 (通家之誼)

절친한 친구 사이에 친척처럼 내외를 트고 지내는 정의.

통소불매 (通宵不寐)

밤새도록 잠이 들지 않음.

통양상관 (痛痒相關)

서로 매우 가까이 지내는 사이.

통운망극 (痛隕罔極)

그지없이 슬픔.

통입골수 (痛入骨髓)

원통한 일이 깊이 사무쳐 골수에 맺힘.

통천지수 (通天之數)

하늘에 통하는 운수라는 뜻에서, 더할 나위 없이 좋은 운수를 이르는 말.

통한 (痛恨)

몹시 한탄함.

토사구팽 兎死狗烹

兎 토끼 토   死 죽을 사   狗 개 구   烹 삶을 팽

토끼 사냥이 끝나면 사냥개는 잡아 먹힌다는 뜻으로, 쓸모 있는 동안에는
부림을 당하다가 소용이 다하면 버림을 받는다는 말이다.

초나라의 항우를 물리치고 천하를 통일한 유방은, 한나라 건국에 큰
공을 세운 한신(韓信)을 초나라 왕에 등극시켰다.

그런데 항우의 부하였던 종리매(鐘離昧)가 한신에게 몸을 의탁하고 있
다는 사실을 유방이 알게 되었다. 게다가 한신은 전에 항우를 섬긴 일도
있고 해서 한신을 체포하려고 했다.

반란을 꾀하고 있던 한신은 종리매를 죽여 그의 목을 바치라는 부하
의 말을 그대로 종리매에게 전하자 종리매는 이렇게 말했다.

"유방이 자네를 치지 않는 것은 자네 곁에 내가 있기 때문일세. 그런
데도 내 목을 바치겠다면 내 손으로 하지. 하지만 그땐 자네도 무사하지
못하게 된다는 사실을 잊지 말게."

이 말을 남긴 채 종리매는 스스로 목숨을 끊었다. 한신은 종리매의
목을 가지고 유방을 만나러 갔으나, 유방은 즉시 그를 체포하였다. 그때
한신이 한숨을 쉬면서 말했다.

"교활한 토끼를 사냥하고 나면 좋은 사냥개는 삶아 먹히고, 높이 나
는 새를 잡으면 좋은 활을 치워 버리며, 적군을 쳐부수고 나면 지혜로운
부하를 버린다고 하더니 천하가 평정된 지금, 내가 삶아지는 건 당연한
일이구나."

兎	死	狗	烹	兎	死	狗	烹				

퇴양군자 (退讓君子)

성품이 겸손하여 남에게 사양(辭讓)을 잘하는 군자.

투과득경 (投瓜得瓊)

변변치 않은 물건을 선사하고 후한 반례(返禮)를 받았을 때 이르는 말.

투이주병 (鬪而鑄兵)

전쟁이 터진 뒤에 무기를 만든다는 뜻으로, 때를 잃었음을 이름.

투저의 (投杼疑)

여러 번 말을 들으면 곧이듣게 된다는 말.

투편단류 (投鞭斷流)

대군의 채찍만으로도 강의 흐름을 막을 수 있다는 말로, 병력의막대함을 가리킴.

투필반무 (投筆反武)

문필(文筆)을 던져 버리고 다시 무관(武官)으로 돌아간다는 말.

투필성자 (投筆成字)

글씨에 능한 사람은 정신을 들이지 않고 붓을 아무렇게나 던져도글씨가 잘된다는 말.

투합구동 (偸合苟同)

남에게 영합함을 이름.

투합취용 (偸合取容)

남에게 영합하여 자기 한몸이 받아들여지기를 바란다는 말.

투현질능 (妬賢嫉能)

어진 사람을 미워하고 재능있는 사람을 시기한다는 말.

특립독행 (特立獨行)

세속에 따르지 않고 스스로 믿는 바에 의해 진퇴함. 남에게 굴하여 따르지 않고 자신의 소신대로 함.

퇴고 推敲

推 밀칠 **퇴**　　敲 두드릴 **고**

밀고 두드린다는 뜻으로, 시문(詩文)을 지을 때 자구(字句)를
여러 번 생각하여 고침을 이르는 말이다.

　　당나라 때의 시인 가도(賈島)가 장안(長安)으로 과거를 보러 갈 때의 일
이다. 나귀를 타고 길을 가는데 문득 시상이 떠올랐다.

　　인가가 드문 곳에 한가한 집이 있어
　　잡초로 뒤덮인 황량한 정원과 통하고 있네.
　　새는 연못가 나무에서 자고
　　중은 달 아래 문을 두드리네.

　　가도는 이 시에서 마지막 구절을 '두드린다[敲]' 보다 '민다[推]' 고 하
는 것이 어떨까 하는 생각이 들었다. 그래서 그는 이 두 글자를 놓고 어
느 것이 좋을지 생각에 잠기게 되었다.

　　나귀를 탄 채 두 글자를 놓고 '밀었다, 두드렸다' 하면서 가던 도중,
귀인의 행차와 부딪히고 말았다. 경조윤 한유(韓愈)의 행차였다. 무례하
다는 이유로 한유 앞에 끌려나온 가도는 사실대로 이야기를 했다. 그러
자 한유는 노여워하는 기색도 없이 잠시 생각하다가 이렇게 말했다.

　　"내 생각엔 민다 보다는 두드린다가 좋을 듯하네."

　　그 뒤로 두 사람은 친한 시우(詩友)가 되었다고 한다.

推	敲	推	敲				

파경지탄 (破鏡之歎)

부부 사이의 영원한 이별을 서러워하는 탄식.

파계무참 (破戒無慙)

계율을 어기면서 부끄러워함이 없음.

파기상접 (破器相接)

깨어진 그릇을 도로 붙이려 한다는 뜻으로, 이미 그릇되어 다시는 바로 잡을 수 없는 일을 가지고 그것을 다시 붙이려고 애쓴다는 말.

파란중첩 (波瀾重疊)

일의 진행에 여러 가지의 변화와 난관이 많음.

파안대소 (破顔大笑)

얼굴에 매우 즐거운 표정을 지어 크게 한바탕 웃음.

파옥수간 (破屋數間)

허물어지고 협소한 집.

파천 (播遷)

임금이 도성을 떠나 딴 곳으로 피란함.

파천황 (破天荒)

천황(天荒)이란 천지가 아직 열리지 않은 때의 혼돈한 상태이며, 이것을 찢어 버리고 새로운 세상을 만든다는 뜻으로, 이전에 아무도 하지 못한 큰일을 처음 시작함.

판상주환 (阪上走丸)

기세에 편승하여 향(向)함을 이름.

팔면부지 (八面不知)

어떤 점으로 보든지 전혀 알지 못하는 낯모르는 사람.

팔면육비 (八面六臂)

여덟 개의 얼굴과 여섯 개의 팔. 언제 어디서 어떤 일을 당하더라도, 묘하게 처리해 내는 수완과 역량을 가진 사람을 이르는 말.

파과지년 破瓜之年

破 깨뜨릴 파   瓜 외 과   之 갈 지   年 해 년

여자 나이 16세를 말하며, 또 남자의 64세를 가리키기도 한다.

파과지년(破瓜之年)이란 말은 진나라 손작(孫綽)의 ≪정인벽옥가(情人碧玉歌)≫에 나온다.

푸른 구슬이 참외를 깰 때
님은 사랑을 못견디어 넘어져 뒹굴었다네.
님에게 감격하여 부끄러움도 잊은 채
몸을 돌려 님의 품에 안겼다네.

과(瓜)란 글자를 쪼개 보면 팔(八)자가 두 개가 된다. 여덟이 두 개면 열여섯이다. 열여섯이 되기에 파과지년이란 여자의 나이 열여섯을 말하는 것이다. 또한 여자를 참외에 비유한다. 여자의 자궁을 참외처럼 생긴 것으로 보고, 첫 생리를 '파과'로 간주하며 그 나이를 대략 열여섯으로 본 것이다. 또한 여자가 육체적으로 처녀를 잃는 것을 '파과'라고도 한다.

破	瓜	之	年	破	瓜	之	年				

팔방미인 (八方美人)

① 어느 모로 보나 아름다운 사람. ② 누구에게나 잘 보이려고 처세를 잘 하는 사람. ③ 여러 방면의 일에 능통한 사람.

팔불취 (八不取)

아무 데도 쓸모 없는 어리석은 사람이란 뜻. 흔히들 팔불출(八不出)이라 함.

팔자춘산 (八字春山)

미인의 고운 눈썹을 이르는 말.

팔진성찬 (八珍盛饌)

여러 가지 이름난 맛있는 음식을 다 갖춘 성찬.

패가망신 (敗家亡身)

집안의 재산을 탕진하고 몸을 망침.

패군지장 (敗軍之將)

싸움에 진 장수로, 실패하여 면목없게 된 사람이란 뜻.

패기발발 (霸氣勃勃)

① 성격이 진취적이고 패기가 한창 일어나는 모양. ② 모험이나 투기를 좋아하는 마음.

패망쇠미 (敗亡衰微)

패망하여 쇠미함.

패설 (稗說)

가설항담(街說巷談)·기담이문(奇談異聞) 등 세상에 떠돌아다니는 교훈적, 건설적 및 세속적인 기이한 내용의 이야기.

패표착풍 (佩瓢捉風)

성사가 되지 않을 것을 뻔히 알면서도 헛되이 하려 함의 비유.

팽두이숙 (烹頭耳熟)

머리를 삶으면 귀까지 익는다는 뜻으로, 중요한 것만 해결하고 나면 나머지는 저절로 해결됨.

*파죽지세 破竹之勢

破 가를 **파** 竹 대나무 **죽** 之 갈 **지** 勢 기세 **세**

대나무를 쪼개는 듯한 기세로, 즉 세력이 강대하여 대적을 거침없이 물리치고 쳐들어가는 기세를 말한다.

삼국 중 촉한(蜀漢)이 망하고 천하는 위나라의 뒤를 이른 진(晉)나라와 오(吳)나라의 대립 시기였다.

서진 무제(武帝) 때의 장수 중에 두예(杜預)라는 자가 있었다.

이듬해에 두예는 왕준(王濬)의 군과 합류하여 무창(武昌)을 빼앗고 여기서 제장들을 모아 작전을 짰다.

이때 한 사람이 나서며 말했다.

"지금은 봄도 제철에 접어들었습니다. 강물도 머지않아 범람할 때이니 무창에 오래 주둔하는 것은 불가능합니다. 일단 군을 후퇴시켰다가 오는 겨울에 다시 진격하는 것이 좋을 듯합니다."

그러나 두예는 딱 잘라 말했다.

"아니, 그렇지 않다. 지금 우리 군대의 사기는 마치 대나무를 쪼개는 기세와 같다. 대나무란 처음 두세 마디만 쪼개면 그 다음부터는 칼날을 대기만 해도 저절로 쪼개지는 법이다. 이 기회에 천하를 통일해야 한다."

그는 곧 공격할 준비를 갖추었다. 드디어 3월에 두예(杜豫)의 말대로 서진의 군대는 오나라를 점령하고 그 기세를 몰아 삼국 시대에 종지부를 찍으며 천하를 통일했다.

破	竹	之	勢	破	竹	之	勢			

편고지역 (偏苦之役)
남보다 괴로움을 많이 받으며 하는 일.

편모시하 (偏母侍下)
편모를 모시고 있는 처지.

편편옥토 (片片沃土)
어느 논밭이나 모두 다 비옥함.

평기허심 (平氣虛心)
심기를 조용하게 가져 잡념을 없앰.

평단지기 (平旦之氣)
새벽녘의 청명한 기운.

평수 (萍水)
물 위에 뜬 개구리밥이라는 뜻으로, 이리저리 정처 없이 떠돌아다님을
비유.

평윤지사 (平允之士)
공평 성실한 사람.

평이담백 (平易淡白)
마음이 고요하고 이욕(利慾)의 생각이 없음.

평지낙상 (平地落傷)
평평한 땅에서 넘어져 몸을 상하였다는 뜻으로, 안전한 데서 뜻하지 않
은 불행한 일을 당함을 이름.

평지돌출 (平地突出)
① 평지에 산이 우뚝 솟음. ② 훌륭하지 못한 집에서 뛰어난 사람이 생
김을 비유.

폐침망찬 (廢寢忘餐)
침식을 잊고 일에 몰두함.

폐호선생 (閉戶先生)
문을 닫고 학문에만 열중하는 선생.

포락지형 炮烙之刑

炮 통째로 구울 **포**　烙 지질 **락**　之 갈 **지**　刑 형벌 **형**

죄인을 통째로 구워 죽이는 형벌로, 은나라 주왕이 만든 것으로
불에 달군 쇠 위를 맨발로 걸어가게 하는 형벌을 말한다.

　　은(殷)나라 마지막 왕인 주왕(紂王)은 유소씨(有蘇氏)의 나라를 정벌하
여 얻은 달기(妲己)라는 요부를 얻고부터 폭군으로 변하였다. 요부 달기
의 말은 그대로 주왕의 정령이 되었다. 그러니 정치는 달기의 마음을 사
기 위한 도구로 전락되었으며, 그 결과 주왕은 달기와의 음탕한 생활을
유지하기 위해 새로운 세법을 계속 제정했다.

　　이렇게 되자 백성들의 생활은 날로 궁핍해지고 원성 또한 높아져만
갔다. 주왕의 폭정을 더 이상 방관만 할 수 없었던 신하들 가운데는 주
왕에게 직언을 하는 충신들도 있었는데, 주왕은 신하들이 와서 간언을
하면 몹시 화를 내며 물리쳤다. 그러자 주왕은 자신을 반대하는 세력들
을 제거하기 위해 새로운 형벌을 하나 만들었다. 이궁(離宮) 뜰에 구리
기둥을 숯불 위에 걸쳐 놓고, 죄인을 그 위로 걸어가게 하는 형벌이었
다. 그런데 이 기둥에는 기름이 칠해져 있어 미끄러워서 도저히 건너갈
수가 없었다. 기둥 위를 걸어가다가 미끄러져 떨어지면 아래에 놓인 숯
불로 떨어져 타죽었다.

　　주왕과 달기는 이 광경을 보고 박장대소를 하며 즐거워했다고 한다.

炮	烙	之	刑	炮	烙	之	刑				

포고발심 (怖苦發心)
세상의 고통이 무서워서 진리를 찾을 마음을 펴냄.

포기재 (抱奇才)
비범한 천재를 지니고 있는 것.

포난생음욕 (飽煖生淫欲)
편안하게 잘 살면 방탕하여진다는 말.

포류지자 (蒲柳之姿)
스스로 몸의 허약함을 이르는 말.

포만무례 (暴慢無禮)
하는 짓이 사납고 거만하여 무례함.

포문이염도 (飽聞而厭道)
세상에 너무 많이 알려짐을 이름.

포복절도 (抱腹絕倒)
배를 움켜쥐고 몸을 가누지 못할 정도로 몹시 웃음.

포식난의 (飽食暖衣)
① 배불리 먹고 따뜻이 옷을 입는다는 뜻으로, 근심 없이 편안히삶을 뜻하는 말. ② 지나치게 편안한 것은 패륜(悖倫)을 낳는다는 경계의 뜻으로도 쓰임.

포의지교 (布衣之交)
① 가난할 때 사귄 교분. ② 벼슬을 하지 않을 때의 사귐을 이르는말.

포의한사 (布衣寒士)
벼슬이 없는 가난한 선비.

포장화심 (包藏禍心)
남을 해칠 마음을 품음.

포저감장입 (苞苴甘醬入)
꾸러미에 단 장이 들었다는 말.

포호빙하 暴虎憑河

暴 맨손으로 칠 **포**　虎 호랑이 **호**　憑 물건널 **빙**　河 물 **하**

맨주먹으로 호랑이를 잡고 걸어서 황하를 건넌다는 뜻으로,
용기는 있으나 무모함을 비유한 말이다.

어느 날 공자가 제자인 안회(顔回)에게 말했다.

"등용이 되면 나가 포부를 펴고, 받아들여지지 않는다면 기꺼이 물러
나서 숨어 살겠다. 그럴 수 있는 자는 오직 나와 너뿐이다."

옆에서 조용히 듣고 있던 자로(子路)는 스승이 안회만을 칭찬하는 것
이 불쾌했다. 평상시에 용기와 결단성이 있기로 알려진 자로가 무(武)에
관한 한 자기만큼 해낼 사람이 없으리라고 자부하고 공자에게 물었다.

"그렇다면 선생님께서는 군사를 이끌고 전쟁을 하게 된다면 누구와
함께 행동하시겠습니까?"

공자는 자로의 기분은 잘 알고 있었으나 경솔한 태도를 꾸짖었다.

"맨손으로 범에게 덤비거나 걸어서 황하를 건너는 것과 같은 무모한
용기를 가진 자와는 함께 행동하지 않을 것이다. 일을 함에 있어 반드시
두려워하며 생각을 갖고 미리 꾀하며 일을 성공시키는 자와 함께 행동
할 것이다."

공자는 자로에게 모든 일은 용기만으로 되는 것이 아니고, 용기 이전
에 신중한 검토와 그에 대한 대책이 앞서야 한다는 것을 타일렀다. 그러
나 자로는 결국 그 '포호빙하(暴虎憑河)'하는 성질을 이기지 못하여 뒷
날 난에 휩쓸리어 목숨을 잃고 말았다.

暴	虎	憑	河	暴	虎	憑	河				

포탄희량 (抱炭希涼)
불을 가지고 있으면서 선선하기를 원함이니 행하는 일과 원하는 일이
서로 맞지 않음을 이르는 말.

포풍착영 (捕風捉影)
바람을 잡고 그림자를 붙든다는 뜻에서 허망한 언행을 이르는말.

포호함포 (咆虎陷浦)
큰소리치던 사람이 실수함을 이름.

* **표리부동** (表裏不同)
마음씨가 음흉해서 겉과 속이 다름.

표리산하 (表裏山河)
강을 밖으로 하고 산을 안으로 함. 험준한 땅에 의지하여 적을 몰아냄.

표이출지 (表而出之)
겉으로 두드러지게 드러나거나 드러냄.

표표정정 (表表亭亭)
얼핏 눈에 띄도록 우뚝하여 두드러짐.

품성불가개 (稟性不可改)
타고난 성품은 고칠 수 없다는 뜻으로, 성품이 변화하기 어려운 것을
이름.

풍거운요 (風擧雲搖)
바람 또는 구름이 움직임과 같이 이곳 저곳을 두루 다니는 것을 이름.

풍광명미 (風光明媚)
산수의 경치가 맑고 아름다움.

풍년화자 (豊年化子)
풍년 거지.

표사유피 인사유명 豹死留皮人死留名

豹 표범 **표**　死 죽을 **사**　留 머무를 **류**　皮 가죽 **피**
人 사람 **인**　名 이름 **명**

범은 죽어서 가죽을 남기고 사람은 죽어서 이름을 남긴다는 뜻으로,
짐승도 가죽을 남겨 세상에 이익을 주는데 하물며 사람은 더욱더
훌륭한 일을 해 좋은 이름을 남겨야 한다는 말이다.

양(梁)나라의 용장으로 왕언장(王彦章)이라는 자가 있었다. 성품이 강직하고 융통성이 없는 그는 싸움터에서 항상 철창을 휘두르며 적진에 뛰어들어 사람들은 그를 왕철창(王鐵槍)이라 불렀다.

그런데 진(晋)나라가 국호를 후당(後唐)으로 바꾸고 양나라에 쳐들어왔을 때 왕언장도 출전했으나 크게 패해 파면 당했다. 그 후 후당이 다시 침입했을 때 재기용되었으나 이번에는 포로로 잡히고 말았다.

후당의 임금이 왕언장의 용맹을 높이 사 귀순하기를 권했으나, 왕언장은 완강히 거절하며 이렇게 말했다.

"아침에는 양나라를 섬기고 저녁에는 당나라를 섬긴다면 무슨 면목으로 세상 사람들을 대하겠습니까?"

단호한 왕언장의 말에 진노한 임금은 그의 목을 쳤다. 그는 평소 입버릇처럼 한 말을 따르려는 듯, 의연하게 죽음을 맞아들였다.

그는 평소 속담을 인용하여 말했는데 그가 즐겨 말했던 것은 다음과 같다.

"표범은 죽어 가죽을 남기고 사람은 죽어 이름을 남긴다."

한 나라의 장수로서 명예를 소중히 여긴 왕언장의 행동은 의롭다 할 만하다.

豹	死	留	皮	人	死	留	名				

풍류남자 (風流男子)
풍치가 있고 멋스럽게 지내는 남자.

풍마우세 (風磨雨洗)
바람에 갈리고 비에 씻긴다는 뜻으로, 한데 드러나 있다는 말.

풍사재하 (風斯在下)
높은 곳에 오름을 이름. 새가 높이 날 때는 바람은 그 밑에 있다는 말.

풍상지임 (風霜之任)
엄엄하고 기강한 임무.

* **풍수지탄 (風樹之嘆)**
나무가 조용해지려고 하나 바람이 자지 않음을 한탄한다는 뜻으로, 부모에게 효도를 하려고 하나 이미 돌아가시고 안 계심을 한탄한다는 뜻.

풍우대작 (風雨大作)
바람이 몹시 불고 비가 많이 옴.

풍우처처 (風雨凄凄)
바람이 불고 비 내려 쓸쓸함을 이름.

풍운어수 (風雲魚水)
바람과 구름과 고기와 물이라는 뜻으로, 곧 임금과 신하의 아주 가까운 사이를 비유하여 이르는 말.

풍운지기 (風雲之器)
사변을 당하여 공명을 세우는 사람.

풍월주인 (風月主人)
청풍명월과 같은 자연을 즐기는 사람.

풍의포식 (豊衣飽食)
의식이 충분한 것.

*풍성학려 風聲鶴唳

風 바람 풍 聲 소리 성 鶴 학 학 唳 울 려

바람소리와 학의 울음이라는 뜻으로, 겁을 먹은 사람이
하찮은 일에도 놀라는 것을 가리키는 말이다.

전진(前秦)의 임금인 부견(苻堅)이 백만 대군을 이끌고 쳐들어오자 동
진의 임금인 효무제는 사석(謝石)과 사현(謝玄)에게 8만의 군사를 주고
맞서 싸우게 했다. 사석과 사현은 정예 군사 5천 명으로 적의 선봉대를
격파했다.

부견이 당황하여 수양의 성에 올라 진군을 바라보니 진영이 질서 정
연했다. 무심코 팔공산을 바라보니 온통 동진의 군사들로 가득 차 있었
다. 깜짝 놀라 마음을 가라앉히고 다시 보니 그것은 적군이 아니라 풀과
나무였다. 선봉대를 잃은 부견은 이미 두려움 속에 떨고 있었던 것이다.

부견은 강변에 진을 치고 있던 주력 군대의 대장에게, 저 강 한복판
에 이르면 반격을 가하라고 명령을 내렸다. 그러나 그 작전도 실패하여
부견의 군대는 큰 공격을 받고 궤란 상태에 빠지고 말았다. 큰 혼란에
빠진 부견의 군사들은 먼저 도망가려고 하다가 어이없게도 그만 서로
밟고 밟혀 죽었다. 겨우 목숨을 건진 군사들은 어찌나 겁을 먹었는지 바
람소리와 학의 울음소리만 들어도 동진의 추격대가 쫓아오는 것으로 잘
못 알고 혼비백산하여 그저 도망갈 뿐이었다.

風	聲	鶴	唳	風	聲	鶴	唳				

* **풍전등화 (風前燈火)**
바람 앞에 켠 등불이란 뜻으로, ① 사물이 오래 견디지 못하고 몹시 위
급한 자리에 놓여 있거나 존망에 관계되는 아주 위험한 상태를 이르는
말. ② 사물의 덧없음을 이르는 말.

풍전지진 (風前之塵)
바람 앞의 먼지라는 뜻으로, 사물의 변화가 덧없음을 비유한 말.

* **풍찬노숙 (風餐露宿)**
바람과 이슬을 무릅쓰고 한 데서 먹고 잔다는 뜻으로, 떠돌아다니며 고
생스러운 생활을 함의 비유.

피일시차일시 (彼一時此一時)
그때나 지금이나 마찬가지라는 뜻.

피장봉호 (避獐逢虎)
노루를 피하다가 범을 만났다는 뜻으로, 작은 해를 피하려다 재앙을
당함.

피재피재 (彼哉彼哉)
경멸하여 소외하는 뜻.

필부필부 (匹夫匹婦)
서민의 부부를 말하는 것으로 일반 평민을 뜻하는 말.

필사내이 (必死乃已)
틀림없이 죽음. 살아날 길이 없음.

필욕감심 (必欲甘心)
품은 원한을 기어코 풀고자 애씀.

필유곡절 (必有曲折)
꼭 무슨 까닭이 있음.

필지어서 (筆之於書)
다짐을 두거나 또는 잊어버리지 않기 위하여 글로 써둠.

필부지용 匹夫之勇

匹 변변치 못할 **필**   夫 사내 **부**   之 갈 **지**   勇 과감할 **용**

소인이 깊은 생각 없이 혈기만 믿고 대드는 용기를 말하는 것으로,
앞뒤 분별없이 마구 행동하는 것을 일컫는다.

전국 시대, 맹자가 양(梁)나라에 갔을 때 혜왕(惠王)이 맹자에게 물었다.

"이웃 나라와 어떻게 사귀는 것이 좋겠습니까?"

맹자가 대답하였다.

"인(仁)으로 사귀는 것이 좋습니다. 오직 인자(仁者)만이 큰 나라로서 작은 나라를 섬길 수 있습니다. 그리고 오직 지혜로운 왕만이 작은 나라로서 큰 나라를 섬길 수 있습니다. 큰 나라가 작은 나라를 섬기는 것은 하늘의 도(道)를 즐기는 것이요, 작은 나라가 큰 나라를 섬기는 것은 하늘의 도를 두려워하는 것이니, 하늘의 도를 즐기는 사람은 천하를 편안케 하고, 하늘의 도를 두려워하는 사람은 자기 나라를 편안케 합니다."

맹자의 대답을 듣고 난 혜왕은 자신에게는 한 가지 병이 있는데, 그것은 용(勇)을 좋아하는 것이라고 했다. 그러자 맹자가 대답했다.

"폐하, 작은 용기를 과시하려 하지 마십시오. 칼자루를 쥐고 상대를 노려보면서, 네놈이 어찌 감히 나를 당할쏘냐! 하고 큰소리치는 것은 못난 남자의 용기일 뿐입니다. 필부(匹夫)의 용맹으로는 한 사람밖에 대적을 못하니, 폐하께선 부디 큰 용기를 가지십시오."

匹	夫	之	勇	匹	夫	之	勇			

하갈동구 (夏葛冬裘)
여름의 서늘한 베옷과 겨울의 따뜻한 옷. 곧 격(格)에 맞음을 이르는 말.

하견지만 (何見之晚)
견(見)은 식견. 깨달음이 늦음을 이름.

하당복지 (下堂伏地)
윗사람에게 존경의 뜻으로 아랫사람이 방이나 마루에서 뜰 아래에 내려와 땅에 엎드림.

하당지우 (下堂之憂)
낙상하여 앓음을 이르는 말.

하동삼봉 (河東三鳳)
남의 형제를 칭찬하는 일.

하량별 (河梁別)
사람과 작별하는 것을 말함.

하로동선 (夏爐冬扇)
여름의 화로와 겨울의 부채라는 뜻으로, 쓸모 없는 재능을 말함.

하류지배 (下流之輩)
하류 사회에 속하는 사람을 천하게 이르는 말.

하불실 (下不失)
아무리 적어도 적은 그 정도의 희망은 있음.

하불암유 (瑕不揜瑜)
일부분의 흠으로 말미암아 전체를 해하지 못한다는 뜻.

---

* 하석상대 (下石上臺)
아랫돌을 빼서 윗돌에 괴고 윗돌을 빼서 아랫돌에 괸다는 말로, 곧 임시변통으로 이리저리 둘러맞추어 겨우 버텨 나감을 일컬음.

하어지질 (河魚之疾)
복통을 달리 이르는 말.

한단지몽 邯鄲之夢

邯 현 이름 한   鄲 현 이름 단   之 갈 지   夢 꿈 몽

한단이란 지방에서 꾼 꿈으로, 인생과 영화의 덧없음을 비유하는 말이다.

당나라 현종(玄宗) 때 여옹(呂翁)이란 도사가 한단(邯鄲)의 어떤 주막에서 초라한 행색의 노생(盧生)이라는 젊은이를 만났다. 그 젊은이는 한참 신세 한탄을 늘어놓더니 어느 순간 졸기 시작했다. 여옹은 자루 속에서 양 끝에 구멍이 뚫린 베개를 꺼내 노생의 머리를 받쳐 주었다. 노생은 이내 깊은 잠 속으로 빠져들었다.

노생은 청하 최씨의 딸과 결혼을 하고 진사 시험에 합격하여 벼슬길에 나아가 재상의 자리에까지 올랐다. 그후 10년 동안 천자를 잘 보필하고 선정을 베풀어 백성들로부터 존경을 받게 되었다. 그러나 몇 년 뒤, 그를 시기하는 자들의 모함에 역적으로 몰리게 되었다. 그는 옛 시절을 그리워하며 벼슬길에 오른 것을 후회했다. 노생은 변방으로 유배되고 수년이 지난 후 누명을 벗어 다시 조정으로 불려 들어갔다. 그 후 자식 모두를 권문세가와 혼인시키고 십여 명의 손자를 두었으며, 행복한 만년을 보내다가 생애를 마쳤다. 노생이 깨어보니 모두가 꿈이었다. 어리둥절해 주위를 살펴보니 자신이 잠들기 전의 모습과 달라진 점이 없었다. 그런 노생의 모습을 보며 여옹이 웃으며 말했다.

"인생이란 다 그런 거라네."

"비록 꿈이었지만 영욕(榮辱)도 빈부도 죽음도 모두 경험했습니다. 선생께서 제 욕심을 막아주신 것이라 생각됩니다. 감사합니다."

노생은 여옹에게 인사를 하고 한단의 길을 걸어갔다.

邯	鄲	之	夢	邯	鄲	之	夢		

하운기봉 (夏雲奇峰)
산봉우리같이 기이하게 솟아오른 여름철의 구름.

하원지유 (何遠之有)
피차 사이가 극히 가까움을 이름.

하육처자 (下育妻子)
아래로 아내와 자식을 기름.

하이위지 (何以爲之)
뜻밖에 얻음을 이르는 말.

하필성장 (下筆成章)
붓을 댔다 놓으면 문장이 된다는 뜻으로, 글 짓는 재주가 빠르고뛰어남을 비유함.

하학상달 (下學上達)
낮고 쉬운 것에서부터 배워 어렵고 깊은 것을 깨달아 안다는 뜻.

하한기언 (河漢其言)
심원하여 뜻을 알기 힘든 말.

하한지언 (河漢之言)
은하수가 멀고 멀어서 끝이 없듯이 한없이 길어서 끝이 없는 말.

하해지택 (河海之澤)
큰 강이나 바다와 같은 은택이라는 뜻으로, 몹시 넓은 덕택을 비유하여 이르는 말.

하후상박 (下厚上薄)
아랫사람에게 후하고 윗사람에게 박함.

하후하박 (何厚何薄)
어느 쪽은 후하고 다른 쪽은 박하게 함.

학구소붕 (鸒鳩笑鵬)
비둘기와 같이 작은 새가 큰 붕새를 보고 웃는다는 뜻으로, 되지못한 소인이 위인의 업적과 행위를 보고 비웃음을 비유.

한단지보 邯鄲之步

邯 현 이름 한　鄲 현 이름 단　之 갈 지　步 걸음걸이 보

조나라 한단 사람들의 걸음걸이를 배운다는 뜻으로,
자기의 본분을 잊고 함부로 남의 흉내를 내면 두 가지 다 잃는다는 뜻이다.

　　전국 시대 조(趙)나라 한단 사람들의 걸음걸이는 경쾌하고 우아했다. 이 소문을 들은 연(燕)나라 수릉(壽陵) 지방에 사는 한 청년이 그 걸음걸이를 배우려고 산 넘고 물을 건너 한단으로 왔다.

　　그는 하루종일 한단의 거리에 서서 사람들의 걷는 모습을 지켜보며 따라해 보았지만 그것은 보기 보다 쉬운 일이 아니었다. 그래서 그는 생각에 생각을 거듭한 끝에 지금까지의 걸음걸이가 몸에 배어 있기 때문이라는 결론을 내리고 자신의 본래 걸음걸이를 버리기로 했다. 그리고 새로운 걸음걸이를 익히려고 밤낮으로 고생을 했다. 발을 올리는 법, 보폭의 정도, 손을 젓는 법, 몸을 놀리는 방법 등을 유의하며 걸었지만 여전히 잘 되지는 않았다. 애를 쓰면 쓸수록 더 엉망이 되는 것 같았다.

　　그는 갖고 온 노비가 바닥이 나 수릉으로 돌아가야만 했다. 그러나 자신의 원래 걸음걸이를 까맣게 잊어버려 발이 꼬이고 엉켜 제대로 걸을 수가 없었다. 그래서 하는 수 없이 그 먼 길을 엉금엉금 기어서 돌아갈 수밖에 없었다고 한다.

邯	鄲	之	步	邯	鄲	之	步		

* **학수고대 (鶴首苦待)**
  학의 목처럼 목을 길게 늘여 기다린다는 뜻으로, 간절하게 기다림을 이르는 말.

학여불급 (學如不及)
학문을 언제나 모자란 듯이 여겨 쉬지 않고 노력해야 한다는 뜻.

학우고훈 (學于古訓)
옛 성왕들의 가르침을 공부하는 것.

학이지지 (學而知之)
배워서 앎.

한강투석 (漢江投石)
한강에 돌을 던진다는 뜻으로, 너무 미미하여 전혀 효과가 없음을 이르는 말.

한담객설 (閑談客說)
심심풀이로 하는 군말.

한량음식 (閑良飮食)
매우 시장하여 함부로 먹어댄다는 말.

한불조지 (恨不早知)
(일의 기틀을) 미리 알지 못한 것을 뉘우침.

한송천장절 (寒松千丈節)
세한(歲寒)에도 절개를 변치 않는 송백의 절개를 말함.

한왕서래 (寒往暑來)
세월이 흘러감을 말함.

* **한우충동 (汗牛充棟)**
  짐으로 실으면 소가 땀을 흘릴 정도의 무게이고, 쌓으면 들보에닿을 정도란 뜻으로, 책이 아주 많음을 이르는 말.

한인물입 (閑人勿入)
일 없이 들어오지 말라는 뜻.

[*]형설지공 螢雪之功

螢 반딧불 형 雪 눈 설 之 갈 지 功 공훈 공

눈빛과 반딧불의 힘을 빌려 공부하여 얻은 공이란 뜻으로,
갖은 고생을 하면서 공부하여 얻은 보람을 말한다.

진(晉)나라에 손강(孫康)이라는 사람이 살고 있었는데, 집이 너무 가난하여 기름을 살 돈이 없었다. 그래서 손강은 눈빛으로 글을 읽었다.

그는 어려서부터 성품이 맑고 깨끗하여 친구를 사귐에도 신중히 했고, 책 읽기를 게을리 하지 않았다. 남다른 노력을 한 결과, 그는 훗날에 어사대부(御史大夫)라는 벼슬에까지 올랐다.

또 같은 시기에 차윤(車胤)이라는 소년이 있었다. 어려서부터 성격이 공손했으며, 책 읽기를 무척 즐겼다. 하지만 집안이 몹시 가난해서 마음 놓고 불을 켜놓고 책을 읽을 수가 없었다. 소년은 밤에도 책을 읽고 싶었다. 그래서 이런 저런 궁리를 한 끝에 여름에는 비단 주머니에 수십 마리의 반디를 잡아넣어 그 빛으로 밤을 새우며 책을 읽었다. 그러한 노력으로 열심히 학문에 임한 차윤은 후에 상서랑(尙書郎)의 벼슬에까지 올랐다.

螢	雪	之	功	螢	雪	之	功			

한입골수 (恨入骨髓)

원한이 뼈에 사무침.

한중망 (閑中忙)

한가한 가운데에도 바쁨.

한화휴제 (閑話休題)

쓸데 없는 이야기는 그만두라는 뜻으로, 어떤 내용을 써내려 갈때 한동안 다른 내용으로 쓰다가 다시 본론으로 돌아갈 때 이르는 말.

할고충복 (割股充腹)

공복을 채우기 위해 허벅지의 살을 베어 먹는다는 뜻으로, 한때만 면하려는 어리석은 잔꾀의 비유.

할반지통 (割半之痛)

몸의 반쪽을 베어내는 고통이라는 뜻. 형제나 자매가 죽은 슬픔의 비유.

할육충복 (割肉充腹)

제 살을 베어서 배를 채운다는 뜻으로, 혈족의 재물을 빼앗아 서제가 먹어 없애는 것을 이름.

함구무언 (緘口無言)

입을 다물고 아무런 말이 없음.

함분축원 (含憤蓄怨)

분을 품고 원한을 쌓음.

함소입지 (含笑入地)

① 안심하고 죽는다는 뜻. ② 충신이 죽음 앞에 태연하거나 아무 두려움 없이 사지에 뛰어들음의 비유.

함양훈도 (涵養薰陶)

사람을 교도하여 재덕을 이루게 함.

호가호위 狐假虎威

狐 여우 호   假 빌 가   虎 호랑이 호   威 두려워할 위

여우가 호랑이의 힘을 빌려 제 위엄으로 삼는다는 말로,
남의 권세를 업고 위세를 부리는 것을 말한다.

위(魏)나라 출신인 강을(江乙)이라는 사람은 초(楚)나라에 사신으로 왔
다가 귀화한 사람이다. 하루는 초나라 선왕(宣王)이 여러 신하들이 모여
있는 자리에서 그에게 물었다.

"초나라 북쪽에 있는 모든 나라들이 재상 소해휼(昭奚恤)을 두려워하
고 있다는데 그 말이 사실이오?"

"아닙니다. 북방 제국이 어찌 일개 재상에 불과한 소해휼 따위를 두
려워하겠습니까? 폐하, 호가호위라는 말을 들어보셨습니까?"

선왕이 의아해하자 평소 소해휼을 시기하던 강을이 말을 이었다.

"호랑이에게 잡아먹힐 위기에 처한 여우가 이렇게 말했습니다. '만약
네가 나를 잡아먹으면, 나를 백수의 왕으로 정하신 하느님의 뜻을 거역
하는 것이 되니, 너는 곧 천벌을 받게 된다. 나를 보고 무서워 감히 달아
나지 않는 짐승은 한 마리도 없다. 만약 내 말이 의심스러우면 뒤를 따
라와 보아라'라고 말입니다. 그래서 호랑이는 여우를 앞세우고 숲을 돌
아다녔는데, 정말 여우의 말대로 만나는 짐승마다 여우를 보고 달아나
는 것이었습니다. 호랑이는 여우가 무서워서 짐승들이 달아나는 것으
로 알았습니다. 그러나 사실은 여우 뒤에 있는 호랑이가 무서워 도망쳤
던 것입니다. 소해휼의 경우도 마찬가지입니다. 북쪽 나라들이 두려워
하고 있는 것은 소해휼이 아니라, 실은 대왕의 무장한 군대를 무서워하
고 있는 것입니다."

狐	假	虎	威	狐	假	虎	威		

* **함포고복 (含哺鼓腹)**
배불리 먹고 배를 두드린다는 뜻으로, 먹을 것이 풍족하여 아무런 걱정
없이 즐겁게 지냄.

합자이지시 (合者離之始)
만나고 헤어짐은 도리이며, 곧 만난다는 것은 이별의 바탕이 된다는 말.

합포주환 (合浦珠還)
선정(善政)을 시행(施行)하면 백성(百姓)이 모여온다는 뜻. 합포는 구슬
의 명산지, 즉 선정을 함으로써 없어졌던 구슬까지 돌아왔다는 고사.

항다반사 (恒茶飯事)
항상 있는 일이라 이상하거나 신통할 것이 없는 일.

항려지년 (伉儷之年
장가들고 시집갈 나이.

항쇄족쇄 (項鎖足鎖)
죄인을 단단히 잡 죄기 위하여 목에는 칼을 씌우고 발에는 족쇄나 차꼬
를 채움.

해로동혈 (偕老同穴)
부부가 한평생 같이 지내며 같이 늙고 죽어서는 같은 무덤에 묻힌다는
뜻으로, 부부 사랑의 굳은 맹세를 이르는 말.

해물지심 (害物之心)
물건을 해치려는 마음.

행로병자 (行路病者)
한 길가에 쓰러져 앓는 병자.

행로지인 (行路之人)
오다가다 길에서 만나는 사람이라는 뜻으로, 아무 관계가 없는 사람을
이르는 말.

호구지계 狐丘之戒

狐 여우 호　丘 언덕 구　之 갈 지　戒 경계할 계

호구의 경계라는 뜻으로, 다른 사람으로부터 원망을 사는 일이 없도록 하라는 말이다.

초나라 호구(狐丘)에 사는 한 노인이 손숙오(孫叔敖)에게 물었다.

"사람들에게는 원망의 대상이 세 가지 있는데, 혹시 아십니까?"

"무슨 말씀이신가요?"

"사람들은 직위가 높은 사람을 투기하고, 임금은 벼슬이 높은 신하를 미워하며, 녹을 많이 받는 사람은 백성의 원망을 듣습니다."

그러자 손숙오가 이렇게 말했다.

"제 직위가 올라갈수록 뜻은 낮추고, 제 벼슬이 높아질수록 마음을 궁휼히 가지며, 녹이 많아질수록 베풀기를 넓게 한다면 이 세 가지 원망으로부터 자유로워질 수 있겠죠?"

세월이 흘러 병이 깊어 자리에서 일어날 수 없음을 알고 손숙오는 아들에게 이렇게 훈계했다.

"임금은 나를 봉하려 했지만 나는 임금의 뜻을 받아들이지 않았다. 내가 죽으면 분명 네게 땅을 봉해 주실 텐데 너는 절대 좋은 땅을 받지 말아라. 초나라와 월나라 사이에 명성이 좋지 않은 침구(寢丘)라는 지방이 있다. 초나라 사람들은 귀신을 믿고 월나라 사람들은 상서를 믿으니 그곳만이 오래도록 차지할 수 있는 곳이다."

손숙오가 세상을 떠나자 임금은 기름지고 아름다운 지방을 그의 아들에게 주려 했으나, 그의 아들은 부친의 유언대로 이를 사양하고 침구 지방을 받아 그곳에서 자자손손 오래 살았다.

狐	丘	之	戒	狐	丘	之	戒			

행부득지정 (行不得之政)
행할지라도 이룰 수 없는 일.

행불유경 (行不由徑)
행실(行實)이 바르다는 말.

행시주육 (行尸走肉)
살아 있는 송장이요, 걸어 다니는 고깃덩이라는 말로, 배운 것이 없어 아무짝에도 쓸모가 없는 사람을 일컫는 말.

행운유수 (行雲流水)
떠가는 구름과 흐르는 물처럼 일을 빨리 진행함.

행유여력 (行有餘力)
일을 다하고도 오히려 힘이 남음.

행유여력학문 (行有餘力學文)
맡은 일을 끝내고 남은 시간에 글을 배움.

행이득면 (倖而得免)
요행히 벗어남.

행인지불행 (幸人之不幸)
남의 불행을 기뻐함.

행재요화 (幸災樂禍)
남이 재화(災禍)를 입음을 보고 좋아함.

행차모지 (行且謨之)
일을 처리해 가면서 적당한 수단을 씀.

향국지성 (向國之誠)
조국을 생각하는 정성.

향우지탄 (向隅之歎)
그 자리에 모인 많은 사람들이 다 즐거워하나 자기만은 구석을 향하여 한탄한다는 뜻으로, 좋은 때를 만나지 못하여 한탄하는 말.

호접지몽 胡蝶之夢

胡 나비 호　蝶 나비 접　之 갈 지　夢 꿈 몽

나비가 된 꿈을 꾸다라는 뜻으로, 나와 자연이 한 몸이 되어
물아일체(物我一體)의 경지를 비유하는 데 쓰이며,
때로는 인생의 무상함을 비유하여 말하기도 한다.

　　장자(莊子)가 어느 날 꿈을 꾸었다.

　　꿈 속에서 장주(장자의 이름이 장주이다)는 나비가 되었다. 훨훨 나는 것이 분명 나비였다. 장주는 나비가 되어 있는 자신을 느끼지 못한 채 즐겁게 날아다녔다. 그러다가 문득 잠에서 깨어 보니 분명히 장주였다. 장주는 생각했다. '장주가 꿈에 나비가 된 것인가 아니면 나비가 꿈에 장주가 된 것인가' 꿈이 현실인지, 현실이 꿈인지를 알 수 없는 경지에 이르렀던 것이다.

　　장자가 말했다.

　　"현실의 모습으로 말하자면 나와 나비 사이에는 확실히 구별이 있다. 하지만 이것은 물(物)의 변화, 현상계에 있어서의 한 때의 모습일 뿐이다."

　　또 장자는 말했다.

　　"천지는 나와 나란히 생기고, 만물은 나와 하나이다."

胡	蝶	之	夢	胡	蝶	之	夢			

허무맹랑 (虛無孟浪)
터무니없이 허황 되고 거짓되어 실상이 없음.

허심탄회 (虛心坦懷)
아무런 선입견 없이 솔직하게 속생각을 털어놓음.

허심평의 (虛心平意)
아무것도 생각지 않고 조용히 있는 것.

허연세월 (虛延歲月)
쓸데 없이 세월을 천연(遷延)함.

허위배설 (虛位排設)
제사 때에 신위(神位) 없이 제례를 베풂.

---

* **허장성세 (虛張聲勢)**
실력은 없으면서 헛소문과 허세로만 떠벌림.

허허실실 (虛虛實實)
온갖 계책을 사용하여 상대방의 실(實)을 피하고 허(虛)를 노림.

허희자탄 (歔欷自歎)
한숨지으며 자기 스스로 탄식함.

혁세공경 (赫世公卿)
대대로 지내는 높은 벼슬아치.

혁혁지공 (赫赫之功)
빛나는 큰 공.

혁혁지광 (赫赫之光)
성명(盛名)이 세상(世上)에 빛나는 것을 이름.

혁혁지명 (赫赫之名)
널리 알려진 빛나는 명예.

현군고투 (懸軍孤鬪)
후방과의 연락도 없이 적지(敵地)에 깊숙이 들어가 원군(援軍) 없이 외롭게 싸움.

호중천 壺中天

壺 항아리 호　中 가운데 중　天 하늘 천

별천지, 별세계, 선경(仙境)의 뜻으로 쓰이는 말이다.

후한 시대에 비장방(費長房)이라는 사람이 살고 있었다. 그는 시장을 관리하는 관원이 되었다.

어느 날, 시장을 시찰하다가 이상한 광경을 목격하게 되었다. 시장에 약장수 할아버지가 있었는데 이 할아버지는 언제나 가게 앞에 항아리를 놓고, 시장이 문을 닫을 시간이 되면 얼른 항아리 속으로 들어가 버리는 것이었다. 그런데 시장 사람들은 아무도 그것을 눈여겨보지 않았다.

비장방은 너무도 이상한 일이라고 생각되어 그 할아버지를 찾아가 자신이 할아버지를 찾아오게 된 연유를 이야기했다. 그러자 할아버지는 비장방을 항아리 속으로 안내했다.

그런데 이것이 어떻게 된 일인지, 항아리 속에는 옥으로 지은 훌륭한 집들이 화려하게 자리잡아 있었고, 그 저택 안에는 좋은 술과 맛있는 음식들로 가득 차 있었다.

그는 할아버지와 함께 실컷 마시고 먹으며 여유를 즐기다가, 한참 후에 그 항아리 속에서 밖으로 나왔다.

壺	中	天	壺	中	天					

현두자고 (懸頭刺股)

머리를 노끈으로 묶어 높이 걸어 잠을 깨우고 또 허벅다리를 찔러 잠을 깨운다는 뜻으로, 학업에 매우 열중함을 이름.

현모양처 (賢母良妻)

어진 어머니이자 착한 아내.

현인군자 (賢人君子)

① 현인(賢人)과 군자(君子). ② 어진 사람을 두루 이르는 말.

현정만리지외 (顯旌萬里之外)

멀리 외국(外國)에 출정(出征)함을 이르는 말.

---

* **혈혈단신 (孑孑單身)**

의지할 데 없는 외로운 홀몸.

형각도존 (形殼徒存)

드러나 보이는 겉껍데기만 남아 있음의 비유.

형단영척 (形單影隻)

아무 데도 의지할 곳 없이 몹시 외로움을 이르는 말.

형망제급 (兄亡弟及)

맏형이 아들이 없이 죽었을 때, 다음 아우가 맏형 대신으로 그 가통(家統)을 이음.

형불염경 (形不厭輕)

형벌은 무거운 것보다 차라리 가벼운 편이 좋다는 뜻.

형승지국 (形勝之國)

지세(地勢)가 매우 좋은 나라.

형영상조 (形影相弔)

자기의 몸과 그림자가 서로 불쌍히 여긴다는 뜻으로, 몹시 외로워 의지할 곳이 없음을 이르는 말.

형용고고 (形容枯槁)

모습이 초췌함을 이름.

홍일점 紅一點

紅 붉을 홍   一 한 일   點 점 점

푸른 잎 가운데 한 송이의 붉은 꽃이라는 뜻으로,
여럿 가운데서 뛰어난 하나를 가리킬 때 쓰이며,
많은 남자들 사이에 끼어 있는 한 사람의 여자를 가리키기도 한다.

송나라의 유명한 정치가이자 당송 팔대가 가운데 한 사람인 왕안석
(王安石)의 <영석류시(詠石榴詩)>에 다음과 같은 구절이 있다.

수많은 푸른 잎 가운데 한 송이 붉은 꽃
사람을 움직이는 봄의 빛깔이 그리 많을
필요는 없으리.

이 시는 가득한 푸른색 속에 홀로 붉게 핀 한 송이 석류꽃의 아름다
움이 봄의 정경 중에 제일이라고 칭찬하고 있다.

또 <임재시화(任齋詩話)>에는 다음과 같은 말이 있다.

"청주의 추관(推官)인 유부(劉俘)가 일찍이 말하길 시를 생각하는데 있
어서 그 자리 위에 만일 일점홍(一點紅)이 있으면 한 말 정도의 작은 그
릇이라도 천의 종(鍾)과 같이 뚜렷하게 두드러질 것이다."

紅	一	點	紅	一	點				

형우제공 (兄友弟恭)
형제끼리 우애가 깊음.

형제불여우생 (兄弟不如友生)
형제는 안락무사(安樂無事)한 때에는 친구만 못하다는 말.

형제위수족 (兄弟爲手足)
형제 사이는 몸의 손발과 같아서 한번 자르면 다시 자기 것이 될 수 없으니 우애 있게 지내라고 이르는 말.

형제지국 (兄弟之國)
사이가 썩 친밀하고 가까이 지내는 나라. 또는 혼인 관계를 이룬 나라.

형제혁장 (兄弟鬩墻)
형제가 담 안에서 싸운다는 뜻. 같은 종족끼리 서로 다툼을 이르는 말.

호각지세 (互角之勢)
서로 조금도 낫고 못함이 없는 위세.

호기만장 (豪氣萬丈)
호기로운 기세가 몹시 높음.

호당지풍 (護黨之風)
당파들끼리 서로 감싸고 도는 기풍.

호령생풍 (號令生風)
큰 소리로 꾸짖음을 비유한 말.

호리천리 (毫釐千里)
처음에는 대단치 않은 것 같으나 나중에는 큰 차이가 생긴다는 뜻.

호말지리 (毫末之利)
썩 작은 이익, 털끝 만한 이익.

*화룡점정 畫龍點睛

畫 그릴 **화**   龍 용 **룡**   點 점찍을 **점**   睛 눈동자 **정**

용을 그린 뒤 마지막으로 눈동자를 그려 넣는다는 뜻으로,
사물의 가장 중요한 부분을 끝내어 완성시킴을 이르는 말이다.

양나라에 장승요(張僧繇)라는 사람이 있었다. 그는 붓 하나로 사물을 실물과 똑같이 그리는 뛰어난 화가였다.

어느 날, 장승요는 금릉(金陵)에 있는 안락사(安樂寺)의 주지로부터 용을 그려달라는 부탁을 받았다. 그는 절의 벽에다 두 마리의 용을 그렸다. 먹구름을 헤치고 금방이라도 하늘로 날아오를 듯한 용의 모습에는 비늘 하나 하나에도, 날카롭게 뻗치고 있는 발톱에도 강한 생명력이 나타나 있어 이것을 보고 감탄하지 않는 자가 없었다. 그런데 이상하게도 용의 눈에 눈동자가 그려져 있지 않았다. 사람들이 그 이유를 묻자 장승요는 이렇게 대답했다.

"만약 눈동자를 그려 넣으면 용은 생명을 얻어 당장 벽을 박차고 하늘로 날아가 버릴 것이 분명하기 때문이오."

그러나 사람들은 헛소리 말고 당장 눈동자를 그려 넣어 그림을 완성하라고 졸라대는 바람에 장승요는 쌍룡 중 한 마리의 용에 눈동자를 그려 넣었다. 그러자 갑자기 벽 속에서 뇌광이 빛나고 요란스런 천둥소리가 울리더니 한 마리의 용이 비늘을 번쩍이며 벽에서 튀어나와 구름을 타고 하늘로 날아 올라갔다. 그러나 눈동자를 그려 넣지 않은 한 마리는 그대로 벽에 남아 있었다고 한다.

畫	龍	點	睛	畫	龍	點	睛				

호미난방 (虎尾難放)

잡았던 범의 꼬리를 놓기가 어렵다는 뜻으로, 위험한 일에 손을 대었다가 그대로 나가기도 어렵고 그만두기도 어려운 경우를 이르는 말.

* 호사다마 (好事多魔)

좋은 일에는 흔히 방해되는 일이 생김을 이르는 말.

호사불출문 (好事不出門)

좋은 일은 좀처럼 세상에 알려지지 않는다는 말.

호사수구 (狐死首丘)

여우는 평소에 구릉(丘陵)에다 굴을 파고 사는데 죽을 때도 구릉을 쳐다본다 함은, 근본을 잊지 않는다는 뜻으로, 근본을 잊음은 인자(仁者)의 마음이 아님을 이른 말.

* 호시탐탐 (虎視耽耽)

호랑이가 먹이를 노리어 눈을 부릅뜨고 노려본다는 뜻으로, ① 공격이나 침략의 기회를 노림. ② 야심을 이루고자 가만히 정세를 관망함.

호연지기 (浩然之氣)

① 하늘과 땅 사이에 가득 찬, 넓고도 큰 원기. ② 공명정대하여 조금도 부끄러울 것이 없는 도덕적 용기. ③ 사물에서 해방된 자유롭고 즐거운 마음.

호우호마 (呼牛呼馬)

남이야 무어라 하든 개의하지 아니함.

호의기건 (縞衣綦巾)

① 여인의 옷이 누추함. ② 가난한 살림에 찌든 자기처(自己妻)의 변변히 못한 옷차림을 말할 때 이름.

호이관 (虎而冠)

사람의 의관은 차렸으나 마음은 범과 같이 포악함을 이름.

화서지몽 華胥之夢

華 빛날 화 胥 서로 서 之 갈 지 夢 꿈 몽

꿈에 화서국에서 놀았다는 뜻으로, 낮잠 또는 좋은 꿈을 이르는 말이다.

　　황제는 15년 동안 백성들이 자신에게 복종하는 것을 보고 기뻐서 이목구비를 즐겁게 하는 것에만 신경을 썼다. 그러나 이상하게도 몸은 자꾸 여위어만 가고 정신은 흐려져 갔다.

　　그래서 다음 15년은 전력을 기울여 천하를 잘 다스리고자 지혜와 노력을 아끼지 않았다. 그러나 심신은 더욱 쇠약해졌다.

　　그래서 무엇인가 잘못된 점이 있음을 깨달은 황제는 정치에서 물러나 오로지 심신 수양에만 힘썼다.

　　그러던 어느 날 황제는 낮잠을 자다가 화서씨(華胥氏)의 나라에서 노니는 꿈을 꾸었다. 그 화서씨의 나라에는 지배자도 없고, 욕심, 생을 즐길 줄도 죽음을 두려워할 줄도 모르므로 젊어서 죽는 법이 없고, 나를 위하고 남을 얕보는 법도 모르므로 이해득실이라는 관념도 없었다. 사랑, 미움, 물에 빠져도 익사하지 않으며 불에 뛰어들어도 타죽지 않고, 구름이나 안개도 사람의 시야를 가리지 않았고, 천둥 번개 소리도 귀를 아프게 하지 않았다. 화서씨국에는 모든 것이 자유로웠다. 신분의 높고 낮음도 없었으며, 노소의 권한 따위도 없었다. 사물의 아름다움과 추함을 보고도 마음이 흔들리지 않았고, 험한 산을 걸어가더라도 발걸음이 가벼웠다.

　　황제는 꿈에서 깨어나자 진정한 도(道)란 무엇인지를 깨닫게 되었다. 황제는 28년 동안 도의 정치를 베풀며 나라를 잘 다스려 꿈에서 본 화서씨의 나라와 같은 태평세월을 보냈다고 한다.

華	胥	之	夢	華	胥	之	夢			

호질기의 (護疾忌醫)

자신에게 과오가 있으나 그 과오에 대한 남의 충고를 듣지 않음의 비유.

호천망극 (昊天罔極)

하늘이 드넓어 끝이 없음과 같이 어버이의 은혜가 크고 다함이 없음을 이르는 말.

호학근호지 (好學近乎知)

학문(學問)은 지(知)를 닦는 길이므로 학문을 즐기는 것 자체가 지자(智者)에 가깝다는 말.

호행난주 (胡行亂走)

함부로 날뛰며 이리저리 돌아다니거나 행동함.

호형호제 (呼兄呼弟)

서로가 형, 아우라고 부를 정도로 아주 가까운 사이.

호호망망 (浩浩茫茫)

바다, 호수 따위가 끝없이 넓고 멀어서 아득함.

＊ **혹세무민 (惑世誣民)**

세상을 어지럽히고 백성을 속인다는 말.

혹시혹비 (或是或非)

혹은 옳기도 하고 혹은 그르기도 하여 옳고 그른 것이 질정(質定)되지 못함.

혹전혹후 (或前或後)

어떤 때에는 앞서고 어떤 때에는 뒤서기도 함.

혼비백산 (魂飛魄散)

몹시 놀라 혼이 흩어지고 넋이 흩어짐.

혼연일치 (渾然一致)

행동이나 의식 등이 차이 없이 하나로 뭉친 상태.

화씨지벽 和氏之璧

和 화할 화   氏 성 씨   之 갈 지   璧 도리옥 벽

화씨가 발견한 구슬인 천하 명옥의 이름으로,
진리가 세상에 인정되지 않음을 한탄하는 뜻을 가지고 있다.

    초나라에 변화(卞和)라는 사람이 아름다운 옥돌을 발견하고 그것을 여왕(厲王)에게 바쳤다. 여왕이 옥장을 불러다가 감정시켰더니 평범한 돌이라고 했다. 화가 난 여왕은 변화의 왼발을 칼로 찍어 버리라는 형벌을 내렸다. 오래지 않아 여왕이 죽고 무왕(武王)이 즉위했다. 변화는 또 그 옥돌을 무왕에게 바쳤다. 무왕 역시 옥장을 불러다 물었더니 역시 돌이라고 하는 것이었다. 그래서 무왕도 선친처럼 변화의 오른발을 찍으라고 명령했다.

    그후 무왕도 세상을 떠나고 문왕(文王)이 즉위했다. 이 소식을 들은 변화는 형산 기슭에 올라가 이 옥돌을 안고 사흘 밤낮을 울었다. 어찌나 슬피 울었던지 눈에서 피까지 흘러나왔다. 그 소문을 들은 문왕은 그 까닭을 알기 위해 사람들을 파견했다.

    "이 세상에는 그대처럼 두 발을 잘린 사람이 많은데 어찌하여 그대만은 이리도 슬피 우는가?"

    변화는 울음을 멈추고 구슬피 말했다.

    "저는 두 발이 잘려서 우는 것이 아닙니다. 보옥을 돌이라 하고, 사기꾼으로 몬 것이 슬퍼 이리 울고 있는 것입니다."

    보고를 받은 문왕은 즉시 옥장에게 그 옥돌을 가공하게 했다. 얼마 후, 세상에서 보기 드문 아름다운 옥이 나타났다. 문왕은 이 옥에다 '화씨지벽(和氏之璧)'이라는 명칭을 달아 주었다.

和 氏 之 璧 和 氏 之 璧

* **혼정신성 (昏定晨省)**
저녁에는 잠자리를 보아 드리고, 아침에는 문안 인사를 드림. 어버이를 섬기는 자식의 도리를 말함.

홀현홀몰 (忽顯忽沒)
홀연히 나타났다 홀연히 사라짐.

홍동백서 (紅東白西)
제사 지낼 때에 제상에 과물을 올려놓는 차례. 붉은 과실은 동쪽에, 흰 과실은 서쪽에 차리는 격식.

홍안박명 (紅顏薄命)
① 얼굴빛이 도홍색(桃紅色)인 여자는 팔자가 사납다는 뜻으로 하는 말. ② 썩 예쁜 여자는 팔자가 사납다는 뜻으로 하는 말.

홍안백발 (紅顏白髮)
나이 들어 머리는 세었으나 얼굴은 붉고 윤기가 돈다는 말.

홍진만장 (紅塵萬丈)
햇빛에 비치어 붉게 된 티끌이 높이 솟아오름.

화광충천 (火光衝天)
불이 일어나서 그 형세가 하늘을 찌를 듯이 몹시 사나움.

화기애애 (和氣靄靄)
여럿이 모인 자리에 온화한 기색이 차서 넘쳐 흐르는 모양.

화불단행 (禍不單行)
화(禍)는 혼자서 다니지 않는다는 뜻으로, 사람의 재앙은 언제나 겹쳐서 닥친다는 뜻.

화서지국 (華胥之國)
지극히 잘 다스려진 나라를 이르는 말.

화양부동 (花樣不同)
꽃 모양이 같지 않음을 이름. 문장이 타인과 다른 것을 비유하는 말.

화이부실 華而不實

華 꽃 화   而 말 이을 이   不 아니 부   實 열매 실

꽃은 피었으나 열매는 맺지 않는다는 뜻으로,
어떤 물건이나 사람이 겉보기에는 좋은 것 같으나 속은 텅 빈 것을 비유함에 쓰인다.

　진나라의 대신 양처문은 위(衛)나라를 방문하러 갔다. 방문을 끝내고 돌아오는 길에 노나라의 영성(寧城)에 들렀다.

　영성에는 영영(贏贏)이라는 대부가 있었는데, 그는 기회를 보아 양처문에게 넘어가 기생할 작정이었다.

　영영은 며칠간 양처문을 따라다니더니 온지(溫地)에 갔다가 갑자기 양처문을 떠나 집으로 돌아갔다. 그가 집에 도착하자 그의 처는 하도 이상스러워 그에게 물었다.

　"왜 가다가 중도에 돌아왔어요?"

　그러자 영영이 대답했다.

　"양처문은 성격이 너무 괴팍하고 고집이 세며 큰 소리만 탕탕 칠 줄 알지 실속은 하나도 없어. 그래서 남하고 원수지간이 되지. 제 명대로 살지 못할 것 같아. 그런 사람을 따라다니다간 이득은커녕 화를 입을 게 뻔해. 그래서 일찌감치 그에게서 떠나 왔소."

　그후 양처문은 영영의 말처럼 누군가에게 맞아 목숨을 잃고 말았다.

改 過 遷 善 改 過 遷 善

화여복린 (禍如福鄰)
화복(禍福)은 언제나 함께 따른다는 말.

---

* **화용월태 (花容月態)**
꽃다운 얼굴과 달 같은 자태라는 뜻으로, 아름다운 여자의 고운 자태를 가리킴.

화이부동 (和而不同)
남과 사이좋게 지내기는 하나, 무턱대고 한데 어울리지 않는 일.

화자미이생 (禍自微而生)
화(禍)는 사소한 일로부터 생겨 마침내는 몹시 큰 결과를 나타낸다는 말.

화전충화 (花田衝火)
꽃밭에 불을 지른다는 뜻으로, 젊은이의 앞길을 막거나 그르쳐 줌을 비유.

화조풍월 (花鳥風月)
① 꽃과 새와 바람과 달을 이르는 말. ② 천지간의 아름다운 경치. 풍류.

화종구생 (禍從口生)
화가 되는 것은 입으로부터 나오니, 말을 삼가라는 뜻.

화중군자 (花中君子)
꽃 중의 군자라는 뜻으로, 연꽃을 달리 이르는 말.

화중신선 (花中神仙)
꽃 중의 신선이라는 뜻으로, 해당화(海棠花)를 달리 이르는 말.

---

* **화중지병 (畵中之餠)**
그림 속의 떡이라는 뜻으로, 실제로 아무 소용이 없는 것을 이름.

화풍감우 (和風甘雨)
화창한 바람과 알맞은 비.

화호불성 畫虎不成

畫 그릴 화   虎 호랑이 호   不 아니 불   成 이룰 성

호랑이를 그리려다 강아지를 그린다는 뜻으로,
서투른 솜씨로 남의 언행을 흉내내려 하거나,
어려운 일을 하려 하여도 되지 않음을 비유한 말이다.

후한의 장수 마원(馬援)은 조정을 위해 많은 전공을 세웠으며, 사물의 옳고 그름을 분명히 직언하는 소신이 있는 사람이었다.

마원은 자신의 일가 친척에게도 엄격하기로 소문이 난 사람이었다. 그에게는 마엄(馬嚴), 마돈(馬敦)이라는 두 조카가 있었다. 그런데 이들 두 사람은 몇몇 부랑자들과 어울리며 걸핏하면 사람들을 헐뜯는다는 소문이 돌았다. 이 소문을 들은 마원은 조카들의 행동거지에 불안을 느껴 그 두 사람에게 편지를 써보냈다.

"다른 사람들을 헐뜯을 때는 너희 부모의 이름을 말하도록 하거라. 만약 부모의 이름을 말하지 못하겠거든 다른 사람들도 헐뜯지 말아라. 그리고 너희는 항상 정직하고 신중했던 용백고(龍伯高)에게서 배울 바를 얻어라. 또한 호랑이를 그리다가 개를 그리고 말았던 두계량(杜季良)은 흉내내지 말아라. 만약 두계량을 닮으면 경박하고 어리숙한 사람이 될 것이 분명하기 때문이다."

畫 虎 不 成 畫 虎 不 成

화풍난양 (和風暖陽)
화창한 바람과 따스한 햇볕.

화피만방 (化被萬方)
교화(敎化)가 널리 만방(萬邦)에 미침.

확이충지 (擴而充之)
확장하여 충실하게 함. 확장하여 충족함.

확호불발 (確乎不拔)
몹시 든든하고 굳세어서 흔들리지 아니함.

환고일세 (環顧一世)
세상에 쓸 만한 사람이 없음을 탄식함을 이르는 말.

환과고독 (鰥寡孤獨)
늙고 아내 없는 홀아비. 또는 늙고 남편 없는 과부, 고아, 늙어 자식 없는 사람을 가리킴.

환고자제 (紈絝子弟)
지위가 높고 귀한 집안의 자제.

환난상구 (患難相求)
환난이 생겼을 때 서로 구하여 줌.

환난상사 (患難相死)
환난이 있을 때 서로 목숨을 내놓고 구제(救濟)하는 것.

환득환실 (患得患失)
물건이나 권세나 지위 같은 것을 얻기 전에는 그것을 얻으려고 걱정하고 얻은 후에는 그것을 잃지 않으려고 걱정함.

환천희지 (歡天喜地)
하늘이 즐기고 땅이 기뻐한다는 뜻으로, 몹시 기뻐하고 즐김을 이르는 말.

환호작약 (歡呼雀躍)
기뻐서 소리치며 날뜀.

확철부어 涸轍鮒魚

涸 물 잦을 **확**　轍 수레바퀴 자국 **철**　鮒 붕어 **부**　魚 물고기 **어**

수레바퀴 자국에 괸 물에 있는 붕어란 뜻으로, 긴급히 원조를 필요로 하는 경우나
몹시 고단하고 옹색함을 비유한 말이다.

　장자는 전국 시대의 유명한 철학자였다. 그의 집은 몹시 가난했으나
부유함보다는 자유로운 생활을 즐겨 어려움을 느끼지 못하며 살았다.
　어느 날 그는 감하후(監河候)라는 친구 집에 식량을 꾸러 갔다. 감하후
는 친구 면전에서 거절하기가 뭣해 핑계 아닌 핑계를 댔다."그렇게 하
지. 내 서민들에게서 조세를 거두어들일 때까지 기다리게나. 그때 3백
냥을 꿔줄 테니. 그래도 되겠지?"
　그 말에 장자는 화가 나서 이렇게 말했다.
　"어제 이리로 오는 길에 어디선가 살려달라는 다급한 소리를 들었네.
돌아다보니 마른 수레바퀴 자국 속에 붕어 한 마리가 들어 있는 것이 아
니겠는가. 그래서 내가 '넌 어떻게 여기까지 왔니?' 하고 물었더니, '내
집은 동해 바다에 있는데 오늘 불행히 이 수레바퀴 자리에 떨어져서 죽
게 되었으니 물을 가져다 저 좀 살려 주십시오' 하고 애원하더군. 그래
서 내가 대답해 주었네. '좋아 그렇게 하지. 내 2, 3일간 남방에 다녀올
일이 있으니, 그때 강물을 잔뜩 길어다 주지. 어때, 그때까지 기다릴 수
있겠나?'라고. 그랬더니 붕어는 격분해서 말하기를 '지금 약간의 물만
있으면 살 수 있는데 강물을 길어올 때까지 기다리라니. 차라리 나를 건
어물 가게로 데려가는 편이 훨씬 쉬울 것 같군'이라고 말하더군."

涸　轍　鮒　魚　涸　轍　鮒　魚

활인적덕 (活人積德)

사람의 목숨을 구원하여 음덕(陰德)을 쌓음.

황공무지 (惶恐無地)

몸가짐이나 몸둘 바를 모르게 매우 황공함.

황구소아 (黃口小兒)

참새 새끼의 주둥이가 황색(黃色)이므로 어린아이를 일컬음.

황구유치 (黃口乳齒)

어려서 아직 젖내가 난다는 뜻으로, 남을 어리고 하잘것 없다고 욕하는 말.

황당무계 (荒唐無稽)

말과 행동이 허황되어 믿을 수가 없음.

황당지언 (荒唐之言)

허황(虛荒)한 말. 터무니 없는 말.

황무사색 (黃霧四塞)

누런빛의 안개가 천지 사방에 가득 차 있는 것.

황연여격세 (恍然如隔世)

황홀(恍惚)하여 별세계(別世界)에 있는 것과 같은 심경(心境)임을 이름.

황음무도 (荒淫無道)

주색(酒色)에 빠져 사람으로서 마땅히 할 도리(道理)를 돌아보지 아니함.

황중내윤 (黃中內潤)

재덕(才德)을 깊이 감추고 겉으로 나타내지 않음.

황홀난측 (恍惚難測)

황홀하여 헤아리기 어려움.

황황망조 (遑遑罔措)

황황하여 어찌할 줄을 모르고 갈팡질팡함.

환골탈태 換骨奪胎

換 바꿀 환   骨 뼈 골   奪 빼앗을 탈   胎 태아 태

뼈대를 바꿔 끼고 태(胎)를 바꿔 쓴다는 뜻으로,
고인(古人)이 지은 시문(詩文)의 취의를 취하여
어구(語句)나 결구(結句)만을 바꾸어 자신의 작품처럼 꾸미는 것을 말한다.

  남송의 승려 황산곡은 이렇게 말했다.

  "시의 뜻에는 끝이 없고, 사람의 재주에는 한계가 있다. 한계가 있는
재주로 무궁한 뜻을 좇는다는 것은 도연명(陶淵明)이나 두보(杜甫)라 할지
라도 어려운 일이다. 그러나 그 뜻을 바꾸지 않고 그 말을 만드는 것, 이
것을 환골법(換骨法)이라 하며, 그 뜻을 본받아 형용하는 것을 일컬어 탈
태법(奪胎法)이라고 한다."

  도가(道家) 입장에서 보면, 영단(靈丹) 혹은 금단(金丹)을 먹어서 보통
사람의 뼈를 선골(仙骨)로 만드는 것을 '환골'이라 한다. 그리고 '탈태'
의 '태(胎)'도 선인의 시에 보이는 착상을 말하며, 시인의 시상이란 어머
니의 태내에 있는 것과 같은 것이므로 '태', 즉 착상을 나의 것으로 삼
아 자신의 시심으로 변화시키는 것을 '탈태'라고 말하고 있다.

換	骨	奪	胎	換	骨	奪	胎			

회과자책 (悔過自責)

잘못을 뉘우쳐 스스로 책망함.

회빈작주 (回賓作主)

남의 의견이나 주장을 무시하거나 주장하는 사람을 제쳐놓고 제멋대로
일을 처리하거나, 방자하게 구는 일을 두고 하는 말.

회설수 (回雪袖)

춤추는 모양의 묘절(妙絕)함을 이름.

회인불권 (誨人不倦)

사람을 조금도 권태를 느끼지 않고 성심 성의로 교회(敎誨)함.

＊ **회자 (膾炙)**

고기를 회친 것과 고기를 구운 것이라는 뜻으로, 누구나 맛있다 하는
것이므로 글귀가 널리 사람의 입에 오르내림을 뜻함.

＊ **회자정리 (會者定離)**

만나면 반드시 헤어지게 마련이니 세상 만사의 무상(無常)함을 이름.

회피부득 (回避不得)

일을 하지 않으려고 피하려 하나 피할 수가 없음.

횡래지액 (橫來之厄)

뜻밖에 당하게 되는 재액.

＊ **횡설수설 (橫說竪說)**

조리가 없는 말을 되는 대로 이러쿵저러쿵 지껄임.

횡초지공 (橫草之功)

싸움터의 풀을 가로 쓰러뜨린 공이란 뜻으로, 전쟁터에 나아가 크게 세
운 공로를 이르는 말.

횡행천하 (橫行天下)

세상에서 제멋대로 날뜀.

황포가신 黃袍加身

黃 누를 **황** 袍 솜옷 **포** 加 더할 **가** 身 몸 **신**

황포를 몸에 둘러주다라는 뜻으로, 천자가 된다는 말이다.

송조(宋朝)의 태조 황제 조광윤은 후주(後周) 조정의 검교태위(檢校太尉)로 있다가 진교역(陳橋驛)에서 병변을 일으켜 황제가 된 인물이다.

북한(北漢)과 거란이 연합해 후주에 침입하자 조광윤은 명령을 받들고 출병하여 적을 막았다. 그의 군대가 진교역이라는 곳에 이르자 병사들은 조광윤에게, "각 방의 군대에 주장이 없는 형편이니 우리는 태위를 천자로 추대하려 합니다."라고 하고는 그가 대답할 새도 없이 황포를 몸에 둘러주었다. 그리고는 모두가 그 앞에 꿇어 엎드려 만세를 높이 부르며 말에 오르라고 했다.

조광윤은 말 위에서, "내가 명령을 내리면 모두들 복종하겠는가?" 하고 여러 사람들에게 물었다.

"명령만 내리십시오. 절대 복종하겠습니다." 하고 병사들이 대답했다.

이에 조광윤은, "태후와 임금을 놀라게 해선 안 되며, 대신들을 능욕하지 말아라. 그리고 조정의 창고나 선비와 서민들의 집을 약탈하지 말아라. 명령을 잘 지키는 자는 크게 표창을 할 것이고, 만약 명령을 어기는 자가 있다면 목을 벨 것이다."라고 명령을 내렸다.

그리하여 모두가 조광윤을 받들어 황궁으로 모셔 들어가니 그가 바로 송조의 첫 황제이다.

효시 (嚆矢)

사물의 처음을 뜻하므로, 옛날 군진(軍陳)에서는 제일 처음에 울리는 화살을 쏘아 전쟁을 시작하였다는 데서 나온 말.

효학반 (斅學半)

남에게 학문을 가르치는 일은 자기에게도 학력을 더하는 이익이 된다는 말.

후덕군자 (厚德君子)

덕행(德行)이 두텁고 점잖은 사람.

후생가외 (後生可畏)

후배 제자들은 가히 두려운 존재라는 말.

후설지관 (喉舌之官)

임금의 명령을 아래로 전달한다는 뜻으로, 즉 재상(宰相)을 이름.

후설지신 (喉舌之臣)

왕명 출납(王命出納)과 정부의 중대한 언론을 맡았다는 뜻으로, 승지(承旨)의 직임(職任)을 이르는 말.

후시지탄 (後時之嘆)

기회를 놓쳐 안타깝다는 뜻.

-----

* **후안무치 (厚顔無恥)**

뻔뻔스럽고 부끄러워함이 없음.

훈이향자소 (薰以香自燒)

재주 있는 자는 그 재주 때문에 스스로 몸을 망침을 비유한 말.

훈지상화 (壎箎相和)

고전 악기인 훈(壎)이 부르면 지(箎)가 화답한다는 뜻으로, 형제 간의 화목함을 비유.

훼장삼척 (喙長三尺)

허물이 드러나서 감출래야 감출 수가 없음을 이르는 말.

회벽유죄 懷璧有罪

懷 품을 회   璧 도리옥 벽   有 있을 유   罪 재앙 죄

죄가 없는 사람이 보옥을 가지고 있기 때문에 죄인으로 몰리는 경우를 뜻하는 것으로,
신분에 어울리지 않는 것을 가지면 재앙을 부르기 쉽다는 말이다.

노(魯)나라의 우공(虞公)은 자기는 갖고 있지 않은 보옥을 동생 우숙(虞
叔)이 가지고 있는 것이 부러워 그 보옥을 탐냈다. 우숙은 보옥이 너무
귀한 거라 형에게 양보하지 않으려 했으나, '속담에도 필부무죄 회옥기
죄(匹夫無罪 懷玉其罪, 소인은 그 몸에 죄가 없더라, 신분에 어울리지 않는 보물을
가지고 있는 것 자체가 죄다)라고 했다. 이런 걸 가지고 있으면 오히려 화를
부를 따름이다.' 는 생각이 미쳐 형에게 주었다. 그러자 형 우공이 이번
에는 검을 요구했다. 우숙이 생각했다.

'형님은 만족이라는 것을 모르는 사람이다. 형이 원하는 대로 다 주
다가는 내 목숨마저 내놓아야 할 때가 틀림없이 오고 말 것이다.'

그는 형의 요구를 거절하고, 신변의 위협을 느껴 형을 급습했다. 우
공은 동생을 피해 다른 나라로 도망갔다.

懷	璧	有	罪	懷	璧	有	罪				

휘지비지 (諱之秘之)
남을 꺼리어 우물쭈물 얼버무려 대충 넘김.

흉중생진 (胸中生塵)
사람을 잊지 않고 생각은 오래 하면서 만나지 못함.

흉충반흉 (凶蟲反凶)
가뜩이나 보기 싫은 것이 더 미운 짓을 하고 못되게 굴 때 이르는 말.

흑두재상 (黑頭宰相)
젊은 재상을 말함.

흥망성쇠 (興亡盛衰)
흥하고 망하고 성하고 쇠함.

흥망치란 (興亡治亂)
나라가 흥하고 망하는 것과 잘 다스리는 세상과 어지러운 세상.

희대미문 (稀代未聞)
썩 드물어 좀처럼 듣지 못함.

희동안색 (喜動顔色)
기쁜빛이 얼굴에 드러남.

희로애락 (喜怒哀樂)
기쁨과 노염과 슬픔과 즐거움.

희불자승 (喜不自勝)
매우 기뻐서 어찌할 바를 모름.

희비애락 (喜悲哀樂)
기쁨과 슬픔과 애처로움과 즐거움.

희세지재 (稀世之才)
세상에 드문 재주.

희희호호 (熙熙皞皞)
백성의 생활이 몹시 즐겁고 화평함.

효빈 效矉

效 본받을 **효**   矉 눈살 찌푸릴 **빈**

쓸데없이 남의 흉내를 내어 세상의 웃음거리가 되는 것을 말한다.

월(越)나라의 미녀 서시(西施)는 심장병을 앓고 있었다. 그래서 항상 눈썹을 찌푸리고, 가슴에 손을 얹고 다녔다. 그것을 본 마을 사람들은 그 모습에서 평소와는 다른 아름다움을 발견하고 이야깃거리로 삼았다.

그 마을에 못생긴 여자가 있었는데, 어느 날 우연히 서시가 눈썹을 찌푸리고 가슴에 손을 댄 모습을 보고는 자신도 그 모습을 흉내내려고, 똑같이 눈썹을 찌푸리고 손을 가슴에 대고 거리를 천천히 걸어다녔다.

그 모습을 본 마을 사람들은 아내와 딸이 흉내내면 큰일이라며 서둘러 문을 걸어 닫고 그녀를 보지 못하게 했다.

이 못생긴 여자는 눈썹을 찌푸린 모습이 아름답다는 것만 생각했지, 서시와 자신이 얼굴 생김이 근본적으로 다르다는 것에 대해서는 생각하지 못했던 것이다.

效	矉	效	矉						